Tributos Indiretos

Tributos Indiretos

Análise Comparativa União Europeia e Mercosul

2024

Fábio Luiz Gomes

ALMEDINA

TRIBUTOS INDIRETOS
ANÁLISE COMPARATIVA UNIÃO EUROPEIA E MERCOSUL

AUTOR: Fábio Luiz Gomes

DIRETOR ALMEDINA BRASIL: Rodrigo Mentz
EDITORA-CHEFE: Manuella Santos de Castro
EDITOR PLENO: Aurélio Cesar Nogueira
PRODUTORA EDITORIAL: Erika Alonso
ASSISTENTES EDITORIAIS: Letícia Gabriella Batista, Tacila da Silva Souza e Laura Pereira

DIAGRAMAÇÃO: Almedina
DESIGN DE CAPA: FBA

ISBN: 9788584936878
Março, 2024

Dados Internacionais de Catalogação na Publicação (CIP)
(Câmara Brasileira do Livro, SP, Brasil)

Gomes, Fábio Luiz
Tributos indiretos : análise comparativa União Europeia e Mercosul / Fábio Luiz Gomes. – São Paulo: Almedina, 2024.

Bibliografia.
ISBN 978-85-8493-687-8

1. Brasil. Leis etc. Regulamento aduaneiro 2. Comércio internacional 3. Direito tributário 4. Mercosul – Comércio 5. Reforma tributária 6. Tributos – Leis e legislação 7. União Europeia I. Título.

24-192453 CDU-341:336.2

Índices para catálogo sistemático:

1. Direito tributário internacional 341:336.2
Eliane de Freitas Leite – Bibliotecária – CRB 8/8415

Este livro segue as regras do novo Acordo Ortográfico da Língua Portuguesa (1990).

EDITORA: Almedina Brasil
Rua José Maria Lisboa, 860, Conj.131 e 132, Jardim Paulista | 01423-001 São Paulo | Brasil
www.almedina.com.br

AGRADECIMENTOS

O presente trabalho de investigação é fruto da realização do doutoramento na Faculdade de Direito da Universidade de Salamanca, sobre o tema Harmonização Internacional dos Tributos Indiretos por Força dos Blocos Regionais, tendo como Subtítulo: União Europeia, Mercosul e Tratado Inter-regional União Europeia e Mercosul.

Cabe-me agradecer de forma especial ao Professor Doutor José Antonio Chamorro y Zarza a orientação da tese, com os valiosos ensinamentos e o apoio constante desde a candidatura ao doutoramento até o seu resultado na tese.

Acrescento, ainda, as críticas e manifestações de apoio, bem como sua permanente disponibilidade em me responder ao longo da elaboração da tese, e em me transmitir inestimáveis ensinamentos científicos em todas as etapas superadas na construção desse trabalho de investigação.

PREFACIO

La amable petición del Dr. Fábio Luiz Gomes para que redacte el prefacio de su libro me produce unos sentimientos de honra y satisfacción y, a la vez, de agradecimiento por la confianza que ha depositado en mí. También supone, no lo niego, una responsabilidad y un reto para quien escribe estas palabras pues, como comprobará el lector, no se trata de una obra irrelevante. Pero, antes de ofrecer unas pinceladas de este magnífico trabajo, creo necesario mencionar su origen universitario. Y es que el fundamento de esta obra no es otro que la Tesis Doctoral, que tuve el placer de dirigir, y que Fábio Luiz Gomes elaboró y defendió con brillantez en la Universidad de Salamanca ante un Tribunal de prestigiosos profesores conformado por la Drª. Ana María Delgado, el Dr. Diogo Leite de Campos y la Drª. María Consolación Arranz. Prueba de la calidad de su trabajo es la calificación de Sobresaliente Cum Laude que obtuvo, la máxima prevista por la normativa universitaria en España. Sin embargo, su origen académico no debe inducir al error de creer que se trata de una investigación más, una más de tantas, diríamos, con un planteamiento basado en la abstracción y sin mayor trascendencia. Esta percepción, insisto, sería desacertada por las razones que paso a exponer y que, es obligado, han de ser lo más concisas posible, pues el protagonismo es de la obra y de su autor.

Su libro trata un problema de indudable dificultad y relevancia como es la armonización de los impuestos indirectos en un escenario internacional, que el autor delimita de forma muy precisa en torno a dos bloques regionales, la Unión Europea y el Mercado Común del Sur, conocido ordinariamente por Mercosur[1], y la relación establecida entre ambas entidades

[1] El Mercado Común del Sur (Mercosur) fue fundado por Argentina, Brasil, Paraguay y Uruguay a través del Tratado de Asunción de 26 de marzo de 1991.

a través del Tratado Interregional entre la Unión Europea y el Mercosur[2]. En este punto he de aclarar que, si bien se refiere a los impuestos indirectos, lo cierto es que fija su atención principalmente en el Impuesto sobre el Valor Añadido (IVA). Una decisión que estimo acertada por dos razones: la primera, por la propia relevancia del IVA, pues es el impuesto más importante de la categoría de los impuestos indirectos; la segunda, porque extender el estudio a toda la imposición indirecta haría inabarcable el trabajo académico original. En cualquier caso, lo señalado pone de manifiesto que estamos ante una obra compleja tanto por la dificultad que entraña el tema estudiado, como por el examen que realiza de varios problemas interrelacionados y que, en algún caso, inducen a reflexionar sobre cuestiones que traspasan el núcleo de su investigación.

La adecuada estructura de su obra, por otro lado, permite al lector un fácil seguimiento del hilo discursivo que mantiene. De este modo, su punto de partida es el estudio de la reforma de la imposición indirecta en la Unión Europea, con referencia especial al IVA, y, tras una completa exposición del estado de la cuestión en los países que integran el Mercosur, culmina con el tratamiento de la reforma de la imposición indirecta a nivel internacional como premisa para el avance en la creación efectiva de una zona de libre comercio entre la Unión Europea y el Mercosur. Este esquema en apariencia sencillo encierra, sin embargo, una importante labor de recopilación normativa y doctrinal con la que el autor hace una revisión crítica de los diferentes aspectos estudiados. La primera parte de su libro, dedicada a la experiencia de la integración europea, ya introduce los elementos que estarán presentes en el resto de su obra. La armonización de los tributos indirectos como componente esencial para la formación de un gran espacio común de transacciones y el análisis del IVA como figura primordial; la necesidad de una mejora conceptual de los términos "entrega de bienes" y "prestación de servicios", en especial a la luz del impacto de la era digital en las transacciones; el estudio del comercio internacional desde tres dimensiones (interna, intracomunitaria e internacional) o el perfeccionamiento de la colaboración entre las Administraciones fiscales y la cooperación en el intercambio de información dirigida a reducir el fraude fiscal,

[2] En su nomenclatura oficial, Acuerdo Marco Interregional de Cooperación entre la Comunidad Europea y sus Estados miembros, por una parte, y el Mercado Común del Sur y sus Estados Partes, hecho en Madrid el 15 de diciembre de 1995.

no sólo son los pilares de la integración europea, que somete a un interesante examen crítico, sino que, como he apuntado, también serán la base del posterior desarrollo de los dos capítulos subsiguientes. En el segundo capítulo de su obra se ocupa de la reforma de los tributos indirectos en el Mercosur, una reforma a la que el autor añade el significativo apunte de constituir "una necesidad urgente" para la consolidación de este espacio regional. Y así es, pues cualquier proceso de integración económica en el sentido que se pretende ha de pasar de forma obligada por una armonización fiscal, en especial, de la imposición indirecta, y, por supuesto, por una integración aduanera formal y material, cuestión esta última que tampoco elude el Dr. Fábio Luiz Gomes en su trabajo. Tras un interesante repaso a la evolución histórica de los procesos de colaboración y de integración en América, con referencias a distintos instrumentos internacionales como, entre otros, la CEPAL, la ALALC o la ALADI[3], inspiradores del Mercosur, pasa a fijar su atención en este último. Justamente el Acuerdo Marco Interregional del Mercosur con la Unión Europea da pie al autor para efectuar un profundo análisis de la situación en los países del Mercosur y su grado de integración, tomando como referencia a la Unión Europea y los objetivos pretendidos por el Acuerdo Marco. Con base en los pilares a los que me refería antes, el Dr. Fábio Luiz Gomes revela las carencias aun presentes en el Mercosur para lograr una auténtica integración regional y, por consiguiente, los aspectos que dificultan la puesta en funcionamiento del acuerdo con la Unión Europea. Que el autor fije su atención en Brasil no es trivial pues, al margen de ser su país de origen, el profundo y acreditado conocimiento de su realidad le permite situarlo como paradigma de las dificultades de la integración regional. Subraya, por ello, la compli-

[3] La CEPAL (Comisión Económica para América Latina) fue establecida el 25 de febrero de 1948 por el Consejo Económico y Social de las Naciones Unidas mediante la Resolución 106 (VI). En 1984 pasará a llamarse Comisión Económica para América Latina y el Caribe, decisión adoptada por el Consejo a través de su Resolución 1984/67, de 27 de julio. La ALALC (Asociación Latinoamericana de Libre Comercio), creada por el Tratado de Montevideo de 18 de febrero de 1960, tenía como objetivo la creación de una zona de libre comercio en el ámbito de los Estados que lo suscribieron, todos los países de América del Sur y México. Finalmente, esta asociación fue sustituida por la ALADI (Asociación Latinoamericana de Integración), abierta a todos los Estados de Latinoamérica y establecida por el Tratado de Montevideo de 12 de agosto de 1980, en la actualidad la conforman trece países y que pretende, entre otros fines, la convergencia progresiva hacia la formación de un mercado común latinoamericano. Al margen de los mencionados, el autor alude a otros acuerdos sectoriales y parciales.

cada distribución interna de las competencias fiscales y la ausencia de un impuesto unificado similar al IVA, un tributo que, como manifiesta a lo largo de su obra, es fundamental a la hora de llevar a cabo una integración de estas características[4]. Apunta, en este orden de cosas, la necesidad no sólo de una armonización en las tres dimensiones reiteradas a lo largo de su obra (interna, regional e interregional) sino también de una reforma de los ordenamientos tributarios del Mercosur como fundamento de un fortalecimiento del bloque regional que favorezca las transacciones interregionales.

El último capítulo, al que no le falta un carácter propositivo, es un interesante compendio expositivo de las ideas del autor acerca del tema en el que se basa su obra, aunque no se detiene solamente en la armonización de los tributos indirectos, con el IVA inevitablemente presente, como condición para el establecimiento de una zona de libre comercio entre la Unión Europea y el Mercosur. Este planteamiento deviene en un pretexto para proponer, superando el ámbito birregional, una reforma más ambiciosa de la imposición indirecta a nivel internacional y, así mismo, para introducir otras figuras recientes que, en el contexto actual de crisis, afectan al tratamiento fiscal de las transacciones de bienes y la prestación de servicios en la era digital. No puedo dejar de mencionar, en fin, otros dos aspectos llamativos de su estudio: uno de ellos es el interesante llamamiento a establecer un marco común internacional de conceptos y definiciones de naturaleza tributaria; el otro aspecto, más llamativo aún, es la ampliación de esta petición a los términos empleados en el ámbito comercial o mercantil, en definitiva, de Derecho privado. Éstos son sin duda unos problemas de obligada discusión para un perfeccionamiento de la armonización fiscal, pero hemos de ser conscientes que, de momento, conducen a un campo complejo e incierto.

Para concluir, reitero mi agradecimiento al Dr. Fábio Luiz Gomes y mi más sincera felicitación por un magnífico trabajo en el que muestra su profundo conocimiento de la materia estudiada. Esta obra va a ser, sin

[4] Las dificultades de cualquier proceso de integración regional son obvias. Incluso la Unión Europea, un modelo avanzado con un IVA armonizado en los veintisiete países que la integran, no está exenta de la presencia de disfunciones, tal como demuestra el Dr. Manuel Pereira en su interesante obra Impacto do IVA nas Regiões Fronteiriças da União Europeia (edición del autor, Bragança, 2019).

duda, de obligada consulta para quienes tengan interés en los procesos de integración económica regional y las relaciones entre bloques regionales a través de instrumentos de armonización fiscal. Su meritorio valor científico y divulgativo me permite predecir que será un éxito.

Dr. José Antonio Chamorro y Zarza
Universidad de Salamanca (España)
Octubre de 2023

ABREVIATURAS

AO – Abgabenordnung (Código Tributário Alemão)
ARSP – Archiv für Rechtsthorie und Sozialphilosophie (revista)
BFH – Bundesfinanzhof
BStBl – Bundessteuerblatt
BVerfG – Bundesverfassungsgericht
BVerfGE – Entscheidungen des Bundesverfassungsgerichts
CC – Código Civil
CDTFP – Cadernos de Direito Tributário e Finanças Públicas
CF – Constituição Federal de 1988
CTN – Código Tributário Nacional
DJ – Juristisches Amtsblatt
DÖV – Die Öffentliche Verwaltung (revista)
DStJG – Deutsche Steuerjuristische Gesellschaft (revista)
DVBl – Deutsches Verwaltungsblatt (revista)
EuGRZ – Europäische Grundrechte-Zeitschrift
FS – Festschrift
GG – Grudgesetz (Lei Fundamental Alemã)
HStR – Handbuch des Staatsrechts, orgs. Josef Isensee und Paul Kirchhof
ICMS – Imposto sobre Circulação de Mercadorias e Prestação de Serviços de Transporte e de Comunicação
IE – Imposto sobre a Exportação de Produtos Nacionais ou Nacionalizados
II – Imposto sobre a Importação de Produtos Estrangeiros
IOF – imposto sobre Operações de Crédito, Câmbio e Seguro, ou relativas a títulos ou valores mobiliários
IPI – Imposto sobre Produtos Industrializados
IR – Imposto sobre a Renda e Proventos de Qualquer Natureza
ISSQN – Imposto sobre Serviços de Qualquer Natureza
ITBI – Imposto sobre a Transmissão de Bens Imóveis
ITCD – Imposto sobre a Transmissão Causa Mortis e Doação
JZ – Juristische Zeitung (revista)

KÖSDL – Schriftenreihe des Kölner Steuerdialogs
NJW – Neue Juristiche Wochenschrift (revista)
NVwZ – Neue Zeitschrift für Verwaltungsrecht
RDA – Revista de Direito Administrativo
RDDT – Revista Dialética de Direito Tributário
RDP – Revista de Direito Público
RDT – Revista de Direito Tributário
RT – Revista de Tribunais
RTDP – Revista Trimestral de Direito Público
StB – Der Steuerberater (revista)
Stbg – Die Steuerberatung (revista)
STF – Supremo Tribunal Federal
STJ – Supremo Tribunal de Justiça
StuW – Steuer und Wirtschaft (revista)
VVDStRL – Veröffentlichunger Der Vereinigung Der Deutschen Staatsrechetslehree
AAFDL – Associação de Alunos da Faculdade de Direito de Lisboa
AD – Acórdãos Doutrinais
CA – Contribuição Autárquica
CEF – Centro de Estudos Fiscais
CPCI – Código de Processo de Contribuições e Impostos
CPT – Código de Processo Tributário
CTF – Caderno de Ciência Técnica Fiscal
DGCI/DGI – Direção Geral da Contribuições e Impostos/Direcção Geral dos Impostos
EBF – Estatuto dos Benefícios Fiscais
FDL – Faculdade de Direito de Lisboa
IEC's – Impostos Especiais sobre o Consumo
INCM – Imprensa Nacional Casa da Moeda
IRC – Imposto sobre o Rendimento das Pessoas Coletivas
IRS – Imposto sobre o Rendimento das Pessoas Singulares
ISCSP – Instituto Superior de Ciências Sociais e Políticas
ISSD – Imposto sobre as Sucessões e Doações
IVA – Imposto sobre o Valor Acrescentado
OCDE – Organização de Cooperação e Desenvolvimento Econômico
RCM – Resolução do Conselho de Ministros
STJ – Supremo Tribunal de Justiça

SUMÁRIO

INTRODUÇÃO

No início do terceiro milênio, a sociedade mundial se depara com diversos desafios, dentre eles os sistemas tributários nacionais e o complexo transacional internacional de bens e serviços entre os países.

As necessidades humanas transbordam os espaços, as soberanias são interdependentes, repensam-se as sociedades e o próprio direito.

Observa-se que a superação da miséria humana causada pela Segunda Guerra Mundial perpassou pelo desenvolvimento tecnológico, sobretudo nos meios de comunicação, e aproximaram países e povos do mundo inteiro.

Acrescente-se que a dinamização e maior rapidez dos meios de transporte aceleraram a troca de mercadorias e serviços.

Os conceitos tradicionais de soberania, território, estabelecimento empresarial, prestação de serviços, bens etc. devem ser revisados neste momento tendo em vista que o desenvolvimento tecnológico propulsionou o comércio eletrônico.

Esse 'big bang" tecnológico mudou o comportamento humano, estreitou as distâncias, reforçou as transações internacionais.

Isso tudo foi temperado e acelerado por uma pandemia com amplitude mundial, quando as pessoas se protegeram atrás das telas e com isso as plataformas foram mais usadas, os aplicativos expandiram e a oferta de bens e serviços romperam as fronteiras tradicionais.

Todas essas questões substantivas tornam o direito fiscal o protagonista nesse novo cenário, afinal, com todas essas transformações os Estados buscam mecanismos para evitar as fugas fiscais, seja por transações lícitas ou ilícitas, de modo a preservar suas soberanias e conciliar com o desenvolvimento tecnológico do comércio eletrônico internacional. regional e interno de bens e serviços.

Deve-se buscar uma legislação fiscal que permita o crescimento econômico e universalizar as garantias dos contribuintes, de modo que se estabeleçam critérios que imponham limites à própria tributação com o desenvolvimento econômico.

Neste sentido, os sistemas tributários dos Estados, fixados por suas soberanias fiscais, devem possuir uma harmonização tributária no âmbito internacional e os elementos de conexão que permitam adaptação normativa na dimensão interna, dimensão regional, dimensão inter-regional e internacional.

Portanto, deve ser expandido às garantias dos contribuintes, de modo a evitar que o tributo imponha desvios ou distorções no comportamento fiscal dos contribuintes, ou mesmo dos Estados ou Blocos Regionais.

A OCDE realiza estudos para buscar uniformização de dois tributos, o imposto de renda – IR (pessoa física e jurídica) e o imposto sobre valor acrescentado – IVA.

A União Europeia, ainda na sua fase embrionária, teve que impactar os seus sistemas tributários com grandes reformas tributárias, para que pudesse adotar um único modelo de tributação indireta, e, de forma visionária estaria ali o primeiro e decisivo passo para que fosse não só estabelecido um Mercado Comum, mas se avançasse para a União Política e Financeira.

Por óbvio, os desafios se perpetram no tempo, neste momento a União Europeia busca formas de evitar evasões fiscais decorrentes do desenvolvimento tecnológico e, portanto, no comércio eletrônico realizado dentro de cada Estado-membro, deste com outros Estados-membros dentro do Bloco regional e por fim com Estados terceiros.

Outras pessoas internacionais entram nesse cenário, os blocos regionais, aqui também se desenvolvem outros complexos relacionais, como a transação entre Estados e Blocos regionais e entre Blocos regionais, e esse movimento por ajuntamento entre os Estados permitem também o desenvolvimento do próprio direito internacional, por conseguinte, esse estreitamento entre os Estados, com suas soberanias compartilhadas facilitam uma harmonização internacional dos impostos indiretos.

Deparamo-nos com uma tridimensionalidade da tributação: dimensão internacional, dimensão regional e dimensão interna; acrescente-se aqui o desenvolvimento tecnológico que impõe compatibilizar todas essas dimensões, como subdivisão, no âmbito internacional, as transações inter-

-regionais avançarão para sistemas jurídicos muito mais estreitos e, portanto, ampliando as necessidades humanas de circulação de bens e serviços.

O Mercosul desde a sua formação busca estreitar suas relações com a União Europeia, contudo, ainda não há uma reforma tributária dentro do bloco, apesar desde o seu ato constitutivo estabelecer a formação de um mercado comum, porém ainda não resultou nesse avanço.

São dois blocos regionais de grande relevância mundial que estão a buscar uma maior integração entre si, inicialmente através de um acordo internacional da parte comercial do Acordo de Associação entre a União Europeia e o Mercosul.

Adjudicando a possibilidade de expansão do comércio internacional entre esses dois grandes blocos regionais, representariam cerca de 25% (vinte e cinco por cento) do PIB Mundial e um mercado de 780 (setecentos e oitenta) milhões de pessoas.

Portanto, seria impulsionada a concorrência internacional nas transações de bens e serviços, formando, assim, uma área de livre comércio entre os blocos regionais.

Tomar-se-ia como base a harmonização fiscal como elemento essencial, diante disso será desenvolvido no presente trabalho os princípios fundamentais para sua implementação.

Consoante ao que se propõe, o IVA, por ser um tributo de dimensão global, devido à sua imersão globalizante, pode exercer um papel de protagonista e assim nesse cenário internacional restará adaptado a iniciar o terceiro milênio.

Veja-se o contato estreito que se faz para aprimorar os sistemas jurídicos entre os blocos regionais, o IVA exerceria uma função essencial nessa relação inter-regional.

Lógico que as legislações ainda esparsas no âmbito internacional não conferem os parâmetros necessários para que se possa realizar essa fusão no livre comércio inter-regional, portanto, é necessária uma reforma tributária internacional, ao menos com a intenção de uma maior aproximação dos sistemas tributários dos países.

Apesar dos esforços hercúleos realizados pela OCDE, inclusive buscando estudos dos sistemas tributários dos países de forma mais ampla possível, ainda está em fase embrionária.

O tema proposto impõe uma série de dificuldades, pois faz-se necessário compatibilizar muitas soberanias fiscais de diversos países, portanto, um complexo normativo oriundo de vários continentes, com culturas e línguas diferentes, dessa forma, com entendimentos do que seja o direito fiscal de forma igualmente diferentes.

Verifica-se, portanto, que no plano do internacional faz-se necessária a adoção de mecanismos indispensáveis para ações globais, firmando assim políticas comerciais e fiscais como forma de permitir o crescimento econômico.

Esse movimento parte de um microssistema oriundos de atores como pessoas naturais até os Estados e Organizações Internacionais, essa expansão impulsiona o próprio desenvolvimento da sociedade internacional.

Por essa razão, a formação de um grande espaço inter-regional, uma grande zona de livre comércio poderá gerar a necessidade da adaptação, já não dual (nacional e internacional), mas quadrimensional, isto é, os ordenamentos jurídicos de cada Estado envolvido; o ordenamento jurídico de cada bloco regional individualmente considerado; o ordenamento jurídico inter-regional e, finalmente, o ordenamento jurídico internacional.

Esse movimento por afunilamento permitirá o desenvolvimento do direito internacional.

A globalização tecnológica vem impondo um ritmo frenético e com isso as transações internacionais de bens e serviços impõe mudanças para evitar a fuga ou evasão fiscal, neste sentido se desenvolve no presente trabalho não só os meios tecnológicos que podem estar a serviço das administrações tributárias, mas o desenvolvimento das normas internacionais tributárias.

Veja-se, em paralelo, já se fala em uma necessidade de globalização na proteção dos dados, aproximação dos direitos contratuais, e, para a proteção das soberanias fiscais precisará também movimentos no âmbito tributário.

Restará demonstrado no presente trabalho que a evolução necessária do direito internacional tributário não precisa passar pela tábula rasa, sim pela União Europeia.

A União Europeia pode servir de parâmetro inicial, que apesar também dos desenvolvimentos necessários, serve de exemplo de sucesso do que representa uma reforma tributária dos tributos indiretos com muitos Estados envolvidos, tornando inclusive o imposto sobre valor acrescentado – IVA um tributo global.

Portanto, como se verá, é necessário fazer uma reforma tributária internacional.

O estudo conceitual dos signos consubstanciados como elemento essencial do fato gerador do IVA – entrega de bens e prestação de serviços, possuem diversos significados nos diversos países, portanto, deve-se elaborar um estudo semiológico destes conceitos, de modo a constar em normas internacionais tributário e civil, este último oriundo dos contratos de compra e venda de bens e serviços.

A seguir nesse raciocínio, observa-se que os grandes desafios atuais da União Europeia estão justamente no prosseguimento do processo de harmonização do IVA e a busca pela harmonização do direito privado.

No **CAPÍTULO 1,** debruçamo-nos na dimensão regional do IVA na União Europeia, este servindo de padrão não só para o Mercosul, mas também para o desenvolvimento do direito internacional através do Acordo birregional de livre comércio entre a União Europeia e Mercosul, criando fundações para a ampliação das transações internacionais de bens e serviços.

Neste Capítulo foi desenvolvida a parte histórica dos desafios superados até os dias atuais.

Ciente dos desafios a serem superados, nomeadamente no grande aumento da evasão e fraude fiscal, a União Europeia criou normas de âmbito de integração, oriundas de profundos estudos.

Neste momento, com a crise pandêmica e mais recente a guerra da Rússia e Ucrânia serão necessários grandes ajustes fiscais, o que apesar de não ser o tema do presente trabalho ingressa no quadro dos grandes desafios a serem superados.

A proteção dos dados dos contribuintes, bem como a língua a ser utilização no cumprimento da obrigação tributária, conforme irá se demonstrar, os desafios a serem perseguidos nesse sentido.

Destacam-se o Programa *Fiscalis,* as Diretivas para o desenvolvimento do comércio eletrônico; o prosseguimento e adaptação do Mercado Único através de um Mercado Único Digital etc.

Todas essas medidas visam ao pleno desenvolvimento humano, aqui como ponto de partida a preservação das soberanias fiscais.

Pretende-se demonstrar que essas medidas servirão de parâmetros não só para o desenvolvimento do Mercosul, mas também para o processo de integração inter-regional entre a União Europeia e Mercosul e, em última análise para o próprio direito internacional.

No **CAPÍTULO 2,** o Mercosul o processo de integração encontra-se adormecido em uma União Aduaneira Imperfeita, porém não representam entrave para o prosseguimento da formação de um Mercado Comum. No presente trabalho se desenvolveu a gênese do processo de integração latino-americano, até se chegar ao Mercosul. As reformas tributárias que se passaram a Argentina, o Paraguai e o Uruguai com a finalidade de sistematizar de forma racional os seus sistemas jurídicos, implantando um IVA aos seus sistemas tributários. Não tendo como se furtar às necessárias adaptações que precisarão fazer em razão do desenvolvimento tecnológico que impõe às suas administrações tributárias uma modernização e comunicação, conforme será desenvolvido no curso do trabalho.

As instituições do Mercosul encontram-se enfraquecidas, não representam e nem apresentam avanços significativos no que concerne ao direito fiscal. Nesse diapasão, foi editado um Código Aduaneiro, aqui serão estabelecidas críticas e far-se-á análise dos seus dispositivos.

Em relação aos Estados Partes do Mercosul, o Brasil foi necessário um destaque especial, tendo em vista os camaleões normativos no Sistema Jurídico dos Impostos sobre o Consumo Brasileiro, como exemplo a não ser seguido, de um sistema inadaptado e ineficiente para os dias atuais.

Merecendo destaque que o Brasil é o único país da América do Sul a não adotar o IVA como um imposto geral sobre o consumo, isso impede o avanço no processo de integração no Mercosul.

Há reformas tributárias em trânsito no Brasil com o objetivo de tentar tornar o sistema tributário brasileiro mais racional, mas devido a diversas questões políticas, algumas enfrentadas nesse trabalho, o avanço pode ainda ser muito tímido as necessidades do Brasil no cenário internacional.

No **CAPÍTULO 3,** estabeleceu-se os movimentos em âmbito internacional, nomeadamente da OCDE, que buscam no IVA a solução para a tributação indireta a ser utilizada em todos os países.

Contudo, depara-se não só na resistência dos países em adotar um único modelo de tributação indireta, mas também como tornar viável e apresentar um projeto factível para que possa servir de parâmetro de convencimento a uma reforma tributária internacional dos tributos indiretos.

Neste diapasão, o tangenciamento entre a harmonização do IVA e a harmonização do direito privado seria um dos aspectos que poderiam tornar os conceitos de direito privado através de normas internacionais a ser utilizado no direito fiscal, nomeadamente o conceito de "bens" e "prestação de serviços".

Além disso, os conceitos linguísticos representam um desafio na formação das normas fiscais, aqui entra o estudo semiótico na elaboração dessas normas.

As fronteiras fiscais, a soberania fiscal e o princípio da territorialidade, sobretudo com a propulsão do comércio eletrônico representam um grande desafio a ser superado.

Essa tecnologia, se bem utilizada, poderá conferir uma maior transparência e comunicação entre as administrações tributárias e assim desenvolver não só o aspecto econômico dessas transações internacionais, mas também ao caráter humano, na medida em que tornará ainda mais acessíveis os bens e serviços.

Nestes termos, o modelo do IVA adotado pela União Europeia como um modelo a ser utilizado tanto nas transações inter-regionais, todavia no âmbito internacional.

Observa-se que o processo de integração, através dos blocos regionais, vem a gerar pressão na transformação do direito internacional, e no aspecto tributário a primeira minuta dela já está pronta, seria a União Europeia.

Essa tendência atual será aprofundada no curso deste trabalho, de relações birregionais que transformarão muito as relações internacionais, na medida em que o espaço territorial ficará muito maior, ainda que não se pense em ampliar essa relação jurídica para a formação de um único bloco, essa transformação exercerá influência em todos os países do mundo, mudando e aprofundando a medida em que eles se relacionarem entre si.

Desenvolver-se-á a necessidade de reforma tributária dos tributos indiretos como condicionante para a formação de uma zona de livre comércio birregional entre União Europeia e Mercosul, servindo ainda como elemento de propulsão para uma reforma tributária com extensão global.

Expor a gênese de Acordo Birregional entre Mercosul e União Europeia fixará também os alicerces necessários a serem provados para sua estabilização.

Demonstrar-se-á outras condicionantes para uma reforma tributária de grandes extensões, assim uma harmonização do direito privado, sobretudo os conceitos estabelecidos nos contratos de compra e venda, bem como os aspectos linguísticos servirão para aprimorar as transações de bens e serviços.

Não se pode recursar que a evolução tecnológica assumiu um grande protagonismo atualmente, seja nas transações digitais propriamente ditas, mas também a utilização desses meios para o aprimoramento das administrações fiscais dos países na perspectiva internacional, birregional, regional e interno, assim houve uma preocupação do autor em não só desenvolver essas premissas, mas mostrar que será essencial esse desenvolvimento.

Por fim, essa tendência já seria avançada de forma irreversível, mas o avanço da pandemia COVID-19 impulsionou e antecipou esses resultados, esperados sim, contudo, não com a velocidade em que está acontecendo.

Portanto, não só esse movimento através do tratado birregional entre o Mercosul e a União Europeia será analisado no curso do trabalho, bem como a formação das fundações necessárias para uma harmonização dos tributos indiretos internacionais.

CAPÍTULO 1
REFORMA TRIBUTÁRIA DOS TRIBUTOS INDIRETOS NA UNIÃO EUROPEIA

1.1. Desafios frequentes do iva na união europeia

1.1.1. Aperfeiçoamento da União Europeia – breviário normativo

A gênese da União Europeia ocorreu sob o alicerce de três tratados internacionais. O primeiro tratado, fundado em 18 de abril de 1951 (vigorou a partir de 23 de julho de 1952), foi a Comunidade Europeia do Carvão e do Aço;

Segundo e o terceiros tratados foram assinados em 25 de março de 1957 (passou a vigorar a partir de 1º de janeiro de 1958) – Comunidade Econômica Europeia e a Comunidade Europeia da Energia Atômica – Euratom. Todos fundados por seis países: Alemanha, França, Bélgica, Luxemburgo e Holanda.

Destaca-se que as experiências passadas de história de conflitos, denota-se a ulceração europeia estava muito próxima – Segunda Guerra Mundial, fazia- se necessária uma percepção vindoura em dois aspectos: no carvão – presente naquela época e a energia atômica – um futuro prospectivo.

O Plano Schuman apregoou a aproximação franco-alemã e estabeleceu o início da União Europeia impulsionando a criação do Tratado da Comunidade do Carvão e do Aço – CECA (Tratado de Paris), este tratado durou cinquenta anos, pois nos termos do seu Art. 97 estabelecia que este tratado era por prazo determinado e o mesmo expirou em 23 de julho de 2002.

O ponto fulcral do Tratado do CECA era integrar a produção de energia de carvão e do aço, nomeadamente a produção franco-alemã.

No Tratado Euratom a vanguarda europeia foi buscar a utilização pacífica da energia atômica como fonte propulsora de energia elétrica, apesar dos Estados Unidos terem desenvolvido a tecnologia nuclear para formação da energia elétrica[5], foi a Europa que normatizou essa forma de energia para o desenvolvimento e manutenção da paz.

O Tratado da Comunidade Econômica Europeia foi um grande marco, neste o processo de integração avançou para um mercado comum, isto é, além das três liberdades – liberdade de circulação de bens, pessoas e capital, foi estabelecida uma pauta comum externa.

Portanto, os outros dois tratados estabeleciam a estabilidade necessária para que o TCEE avançasse no processo de integração, a manutenção da paz através do controle presente e futuro energético, permitindo assim o desenvolvimento econômico.

Observa-se que essa tripla fundação foram elementos propulsores do desenvolvimento do projeto europeu econômico e social.

Em 1965 essas três comunidades criaram um quadro comum jurídico, os seus executivos tornaram-se um, assim, foi instituído o Tratado das Comunidades Europeias (Tratado Fusão) – assinado em 8 de abril de 1965 e entrou em vigor em 1 de julho de 1967.

Dessa forma, Comunidade Econômica Europeia prosseguiu no desenvolvimento europeu, já o tratado da Comunidade Europeia do Carvão e Aço terminou a sua vigência em 2002.

O Tratado de Maastricht (assinado em 7 de fevereiro de 1992) fundou a União Europeia[6] – Tratado da União Europeia[7], retirando o condão meramente econômico e avançando no mercado interno, nomeadamente na segurança, cooperação judicial[8] e política externa comum, além dos domínios sociais, educacionais, culturais etc.[9]

Ocupou-se também em estabelecer institutos jurídicos buscando como referência as tradições romano-germânica e anglo-saxônica, os Estados possuíam elementos de conexão históricos, a língua latina, a religião e, sobretudo para fins do presente trabalho, o direito romano.

Também foi instituída a União Monetária Europeia[10], cumpre destacar que o Reino Unido não fazia parte da união financeira.

[5] Cf. OECD Nuclear Energy Agency, 2003, p. 9.

[6] Art. A do Tratado de Maastricht.

[7] Vide Tesauro, Francisco. **Instituições de Direito Tributário**. Instituto Brasileiro de Direito Tributário: São Paulo, 2017, pp. 44 e ss.

[8] Art. E do Tratado de Maastricht.

[9] Art. B do Tratado de Maastricht.

[10] Art. G, b, 2 do Tratado de Maastricht.

Desde o Tratado de Lisboa (2009) não se fala mais em Comunidade Europeia, somente em União Europeia, prosseguindo, portanto, no processo de integração.

Posteriormente passaram a integrar os Estados da Europa Oriental e expandindo o número de Estados para o total de vinte e oito, interessante notar que nos Estados aderidos então ex-Estados do Pacto de Varsóvia e, também, absorvendo Estados oriundos da fragmentação da ex-Iugoslávia.

Dessa forma a Europa passou a estabelecer a troca tecnologia-produção, ampliou-se o comércio e aproximou Estados separados por muros na busca da manutenção da paz.

Por último, o Reino Unido denunciou o Tratado da União Europeia com o objetivo de deixar de ser Estado membro, com fundamentação no Art. 50º do TUE em 2019.

1.1.2. Harmonização dos tributos indiretos na União Europeia

Na arquitetura global dos tributos indiretos, não resta dúvida que o imposto sobre o valor agregado é um grande protagonista.

Na Europa para o desenvolvimento no processo de integração era necessário que fosse adotado um modelo tributário que estabelecesse um imposto geral sobre consumo e que permitisse a formação de mercado comum.

Neste sentido, o imposto sobre valor agregado foi o tributo adotado pelos Estados membros da União Europeia, com diretrizes traçadas no âmbito normativo comunitário.

A formação e desenvolvimento do IVA na União Europeia, nos dias de hoje, fixa do desenho desse tributo e exerce influência global, podendo ser considerado uma tecnologia a ser importada.

Observa-se que, apesar da crise mundial decorrente da pandemia COVID- 19[11], ao futuro próximo, para retomada econômica dos países, a racionalidade tributária será um dos pontos cruciais, um dos alicerces principais.

Portanto, para o avanço das ambições integracionista era imprescindível a harmonização dos tributos indiretos e mais, a substituição dos tributos

[11] **O Estado Sanitário – A pessoa e seus direitos no Estado Constitucional de Exceção – Reflexões sobre a crise sanitária mundial.** Hamilton Sarto Serra de Carvalho e Diogo Leite de Campos. Editora Autografia: Barcelona: 2021, pp. 75 e ss.
Vide: https://www.consilium.europa.eu/media/45120/210720-euco-final- conclusions-pt.pdf.

cumulativos, pois esses levavam a distorções na concorrência na medida que não são tributos neutros, o controle desses tributos pela administração fiscal era quase impossível – o seu efeito em cascata não incentivava os agentes econômicos a faturar e, portanto, não efetuar o pagamento do tributo.

A adoção do imposto sobre o valor acrescentado – IVA, já laboratoriado na França, era somente questão de tempo, pois era um tributo moderno, não cumulativo – permitia a dedução o circuito econômico, assim os agentes econômicos têm interesse em controlar e faturar esse tributo para ter direito à dedução ou ao crédito.

Na Europa, desde os seus tratados fundacionais e os posteriores, sempre tencionaram não só a formação de um mercado interno, mas também o seguimento no processo de integração até, finalmente, a formação de uma União Política e Financeira.[12]

Para que fosse possível esse avanço, o IVA foi um dos grandes protagonistas, pois não só permitiu a harmonização fiscal dos tributos indiretos mas também mudou a forma como os Estados europeus se relacionavam.

No momento exato em que os Estados membros europeus harmonizaram e adotaram o IVA, as transações de bens e serviços entre esses Estados perpassaram as fronteiras, a soberania passou a ser considerada compartilhada. Esse avanço influenciou os direitos de todos os países do mundo.

Acrescenta-se que as soberanias fiscais desses países restaram marcadas por três dimensões, a interna, a intrabloco e a internacional, isto é, os bens e serviços que circulavam dentro de cada país passaram a ser regulados por esse novo tributo, também as relações entre si e finalmente as relações desses países com Estados terceiros ou da União Europeia com outros Estados ou outros blocos regionais.

As primeiras diretivas já estabeleciam que os Estados membros deveriam substituir os tributos cumulativos por um tributo que evitasse distorções econômicas e permitisse um controle mais eficaz sem que representasse perda de receita.

As opções que existiam eram os tributos monofásicos ou os tributos plurifásicos, os primeiros são de fácil controle, pois o tributo incide somente em uma das fases do circuito econômico, seja no início da produção ao varejo, contudo é uma espécie tributária que não gera tanta receita.

[12] Em relação a uma tributação proporcional, vide: ROLIM, João Dácio. **Proportionality and Fair Taxation**. Series on International Taxation. Wolters Kluver – Law & Business: The Netherlands, 2014, pp. 131 e ss.

Já o segundo, o pagamento ocorrem nas etapas do circuito econômico, desde a produção até chegar ao seu consumo, podendo ser cumulativo ou não cumulativo – se cumulativo causa grandes distorções no circuito econômico, o tributo incorpora ao preço em cada etapa, não ensejando empenho por parte dos agentes em faturar e pagar o tributo ao final, se a alíquota não for baixa, o preço final será muito alto ao consumo, podendo ultrapassar o valor do produto em si.

Como alternativa, tinha os tributos com o valor acrescentado, onde seria permitido o direito de deduzir o tributo pago na etapa anterior, considerando o ideal o modelo tipo-consumo, onde a repercussão se dá no consumidor final.

Após grandes estudos, as primeiras diretivas estabeleciam a substituição dos tributos cumulativos por modelos não cumulativos, e a opção foi o imposto sobre o valor agregado – IVA que substituísse todos os tributos cumulativos, mas não só, que fosse um imposto geral indireto, que permitisse a dedução em cada etapa do circuito econômico e repercutisse no consumidor final.

Inicialmente as normas que implementaram o IVA europeu, a sua normatização ainda era esparsa – como devia ser, avançou para um grande complexo normativo, afinal eram muitos os Estados envolvidos e expunham suas peculiaridades – algumas somente resolvidas no Tribunal de Justiça das Comunidades Europeias, e finalmente acabou por ser codificado.

Neste sentido, a Sexta Diretiva representou um grande marco normativo, aqui foi criado o complexo normativo tridimensional oriundo dessa tripla relação nas transações de bens e serviços – a interna, intrabloco e com Estados terceiros.

Com o tempo foi necessário atualizar essas normas, sobretudo com a sofisticação dos crimes de fraude e sonegação fiscal e o desenvolvimento do comércio eletrônico.

Os grandes conceitos do elemento essencial do fato gerador do IVA são: a “entrega de bens” e a “prestação de serviços”

Esses conceitos devem ser analisados de forma tridimensional, no âmbito interno, nas transações entre os Estados membros da União Europeia e finalmente nas transações com Estados terceiros ou Blocos regionais, ou quadridimensional se for acrescentada a integração birregional.

Observa-se que a formação dessas dimensões (interna, intrabloco, inter-regional e externa) são tangenciadas por esses dois conceitos: “entrega de bens” e “prestação de serviços”.

Por essa razão, foi necessária a codificação do IVA no âmbito do bloco europeu e as constantes alterações para adaptar esse tributo aos anseios e transformações sociais.

Um espaço sem fronteiras em um ambiente continental impõe grandes desafios, são muitas soberanias a serem compatibilizadas, portanto o seu aperfeiçoamento deve ser constante.

Recentemente, no Mercado Interno Europeu, foi necessário aperfeiçoar normativamente vários setores, dentre eles os de política energética – a exemplo do gás natural[13] e a eletricidade[14].

Ainda nesse esteio do Mercado Interno Europeu, as transações de bens e serviços no meio da cadeia produtiva, tanto no setor varejista, quanto no retalhista, ainda impõe desafios tributários.

Para o aprimoramento das transações de bens e serviços digitais, criou-se o Mercado Digital Único, afinal faz-se uma necessidade urgente, sobretudo com a pandemia do COVID-19[15] que acelerou muito as transações digitais.

Expondo como grande desafio o aprimoramento das administrações fiscais, não só adaptando-as às tecnologias do terceiro milênio, mas também buscar mecanismos de possam tributar adequadamente as transações de bens e serviços e ao mesmo tempo evitar distorções na concorrência nas transações entre dentro do Mercado Interno, mas também com o Estados ou blocos regionais extrabloco.

A inserção das pequenas e médias empresas no contexto europeu criou normas com o objetivo de facilitar a administração tributária e permitir que essas empresas possam transacionar no Mercado Interno Europeu.[16]

Por todos esses fatores mencionados, demonstra-se que a harmonização dos tributos indiretos e a instituição do IVA foi somente o primeiro passo para o desenvolvimento do Mercado Interno.

No exame conceitual dos elementos materiais do fato gerador do IVA, faz- se necessário um tangenciamento externo, intrabloco e interno, não em microssistemas conceituais e que podem configurar inúmeras exceções

[13] DIRETIVA (UE) 2019/692 DO PARLAMENTO EUROPEU E DO CONSELHO de 17 de abril de 2019.

[14] DIRETIVA (UE) 2019/944 DO PARLAMENTO EUROPEU E DO CONSELHO de 5 de junho de 2019.

[15] Vide: https://www.consilium.europa.eu/media/45120/210720-euco-final-conclusions-pt.pdf.

[16] Acerca da função social da empresa, vide: Frasão, Ana. **Função Social da Empresa – Repercussões sobre a responsabilidade civil de controladores e administradores** S/A. Editora Renovar: Rio de Janeiro, 2011.

– estas devem ser evitadas por sinal, porquanto tornam o sistema tributário demasiadamente complexo – mas os conceitos de "entrega de bens" e "prestação de serviços" devem ser pensados com esse objetivo.

Portanto, os verbos são "entregar" e "prestar", acrescidos com antecedência das "operações tributáveis".

As "operações" são transações, isto é formação de negócios jurídicos, sendo, contudo, firmado que esse conceito deve ser interpretado de acordo com as normas tributárias.

Assentado, contudo, que os conceitos de negócios jurídicos tributários devem estar previstos na legislação, o princípio regente aqui é o da legalidade, caso não estejam previstos em normas no âmbito da União Europeia, a legislação interna, nomeadamente do direito privado de cada Estado estabelecem os seus conceitos.

Portanto, o conceito de "entrega de bens" e "prestação de serviços" possuem três dimensões, as normas da União Europeia estabelecem definições aperfeiçoadas dependendo da dimensão em que esses conceitos são aplicados.

As operações tributárias podem ocorrer dentro de cada Estado (operação interna), no âmbito territorial da União Europeia – por isso aquisições de bens e serviços e no âmbito externo (intrabloco) – importação de bens e serviços (extrabloco).

Observa-se, portanto, que a precisão conceitual de "entrega de bens" e "prestação de serviços" configura um dos grandes desafios da União Europeia.

No terceiro milênio, com a extensão conceitual desses institutos em razão da ampliação do comércio eletrônico, o desafio se tornou maior ainda.

Delimitar o resultado da entrega de bens e da prestação de serviços estabelece, portanto, o tipo de operação, a própria natureza jurídica desta operação.

Destacada a natureza jurídica da operação ficará estabelecida também qual será a dimensão que será dada aos conceitos de "entrega de bens" e "prestação de serviços".

Neste sentido, quanto mais genérica forem essas normas, maior a estabilidade terão e por se tratarem de normas tributárias, deverão compatibilizar com normas mais precisas possível.

Quanto mais específica forem essas normas, mais complexo também se tornará esse sistema tributário e por englobar os vinte e sete países, com vinte e sete sistemas jurídicos fiscais, com suas administrações fiscais, os seus direitos internos etc.

Ao afunilar em questões específicas corre-se o risco de tratar de forma desigual um ou outro Estado, gerando conflitos entre os Estados membros.

A generalidade das normas (o quanto possível), a transparência na gestão desse tributo, a simplificação do sistema tributário, são necessários para o seu aperfeiçoamento e diminuirá a fraude e a evasão fiscal[17].

E todos esses aspectos partem dos conceitos de "entrega de bens" e "prestação de serviços", somando ao tipo de operação realizada.

Embora sejam necessárias as exceções e as isenções, o ideal que estas sejam evitadas, para não gerarem desigualdade predatórias entre os Estados membros, conflitos litigiosos entre eles, contrariedade ao princípio da neutralidade fiscal, concorrência fiscal etc.

Qualquer exceção ou isenção deverá considerar também os ordenamentos jurídicos dos vinte e sete Estados membros – fora que a isenção é incompatível com os tributos de valor agregado não cumulativos.

Verifica-se que um dos desafios nas transações de bens e serviços no âmbito do Mercado Interno da União Europeia é definir a tributação se no Estado de destino ou de origem.

Constatou-se que apesar do objetivo inicial ser a tributação no Estado produtor ou origem, com o tempo chegou-se a conclusão que seria impossível de acordo com a realidade estabelecida no âmbito do mercado interno da União Europeia.

No contexto atual a União Europeia vem buscando mecanismos de adaptação tecnológica com o aprimoramento de controle transfronteiriço feitas pelas administrações tributárias, nomeadamente oriundas de várias formas que a Internet permite.

Não só no controle, mas também na maior eficiência dos serviços prestados, um acesso ao mercado para um grande número de consumidores, mas também a inserção das pequenas e médias empresas.

Dessa forma, buscará evitar a evasão e fraude fiscal[18], o uso da tecnologia como meio de aprimoramento do próprio Mercado Interno.

[17] César García Novoa. *La conflictividad en los delitos y en las infracciones tributarias.* DOCUMENTOS DE TRABAJO 11/2019 VII Encuentro de Derecho Financiero y Tributario "Una estrategia global al servicio de la reducción de la conflictividad en materia tributaria" Cristina García-Herrera Blanco (coordinadora) Instituto de Estudios Fiscales.

[18] César García Novoa. *La conflictividad en los delitos y en las infracciones tributarias.* DOCUMENTOS DE TRABAJO 11/2019 VII Encuentro de Derecho Financiero y Tributario

Nestes termos, a União Europeia busca superar os desafios operacionais, tanto no controle, quanto na segurança jurídica, ao estabelecer a tributação no Estado de destino[19].

Ainda que não seja o objetivo inicial, o regime de tributação no País destino tornou-se uma realidade e com ela houve a necessidade de adaptações em nível comunitário no sentido de maior eficiência no sistema de fiscalidade indireta.

1.1.3. Administração fiscal europeia

Tornou-se necessária a criação de programas fiscais adaptados à realidade atual. Os programas instituídos no Mercado Interno também buscam estabelecer a maior qualificação dos funcionários operadores da administração dos impostos indiretos.

"Una estrategia global al servicio de la reducción de la conflictividad en materia tributaria" Cristina García-Herrera Blanco (coordinadora) Instituto de Estudios Fiscales.

[19] Vide: Manual sobre o IVA nas Comunidades Europeias e os Impostos sobre o Consumo no Mercosul. Fabio Luiz Gomes. Juruá: Paraná, 2006. Lineamenti di Diritto Tributario Internazionale. Loris Tosi e Roberto Baggio. Quarta Edizione. Cedam: 2013. Cnossen, Sijbren. Tax Coordination in the European Community. Kluwer Law and Taxation Publishers. Deventer. Antwerp. London. Frankfurt. Boston. New York. Campos, Diogo Leite de. Globalização e Regionalização em matéria de impostos. Revista Brasileira de Direito Comparado. Francesco Forte. IVA, Accise e Grande Mercado Europeu. Giuffrè: Milano, 1990. Ben Terra e Peter Wattel. European Tax Law.
Kluwer Law International. London – Boston – The Hague, 1997. Clotilde Celorico Palma. O IVA e o Mercado Interno. Reflexões sobre o Regime Tributário. Centro de Estudo Fiscal: Lisboa, 1998. Clotilde Celorico Palma. Estudos de IVA II. Almedina: Coimbra, 2012. José Xavier de Basto. Perpectivas de Evolução do Imposto sobre Valor Acrescentado em Portugal. Almedina: Coimbra, 1987. José Xavier de Basto. A tributação do Consumo e a sua Coordenação Internacional. Partes I e II. Boletim Ciências e Técnica Fiscal n. 361. Dominique Berlin. Droit Fiscal Communautaire. Presses Universitaires de France, 1988. Vinte Anos de Imposto sobre o Valor Acrescentado em Portugal: Jornadas Fiscais em Homenagem ao Professor José Guilherme Xavier de Basto. Almedina: Coimbra, 2008. European Tax Law. Ben J. M. Terra/ Peter J. Wattel. Kluber Law International: Netherlands, 2008. European Tax Law. Ben J. M. Terra/Peter J. Wattel. Kluber Law International: Netherlands, 2008. Em relação ao Regime de Preços de Transferência e o IVA, vide: Martins, Alexandra Coelho. O Regime dos Preços de Transferência e o IVA. Almedina: 2009. Vide também: Cadernos IVA 2014. Coordenação Sérgio Vasques. Almedina: Coimbra, 2014. Fiscalidade (s) na Vanguarda do Pensamento 2 anos, 104 reflexões. Almedina: 2015. Vide: When do dealings in shares fall within the scope of VAT? Rita de la Feria. EC Tax Review 2008.1. Volume 17, Issue 1. Vide: Spera, Mario.... pp. 115; Basilavecchia, Massimo...pp. 131 e ss. Celorico Palma, Clotilde. Estudos de Imposto sobre o Valor Acresdcentado. Almedina: Coimbra, pp. 20 e ss.

Portanto, os órgãos administrativos fiscais devem procurar simplificar constantemente os procedimentos[20], tanto no aspecto normativo, bem como nas práticas os seus funcionários, mediante aprimoramento constante e somado a atualização tecnológica, atentos ao princípio da eficiência administrativa.

Todas essas medidas minimizaram os efeitos das fraudes e evasões fiscais[21], que estão também em constante "aprimoramento", aproveitam-se das falhas do sistema, um sistema jurídico demasiadamente complexo, com uma administração fiscal obsoleta, leva a grandes perdas fiscais aos Estados membros.

Verificar-se-á um ambiente mais saudável para a concorrência das empresas intrabloco, atingindo empresas até então excluídas que são as pequenas e médias empresas[22], sobretudo no contexto de evolução tecnológica[23] constante na era digital que permeia o terceiro milênio.

Além disso, o princípio da neutralidade[24] deve ser visto como um princípio-garantia do contribuinte, como forma de permitir a igualdade entre as empresas[25] e consumidores, entre quem vende e quem compra.[26]

[20] Cárcomo Lobo, Maria Teresa. Op. cit., p. 144. Vide também: Matos, Catarina. Reforma Administrativa Local sujeita a IVA? In Fiscalidade na Vanguarda do Pensamento 2 anos, 104 reflexões. Almedina: 2015, pp. 27 e ss. Vide também: Value Added Tax – International Practice and Problems. Alan A. Tait. International Monetary Fund Washington, D.C., 1988, pp. 233 e ss.

[21] Santos, J. Albano. Teoria Fiscal. 2ª Edição. Instituto Superior de Ciências Sociais e Políticas: Lisboa, pp. 291 e ss. TOSI, Loris e Baggio, Roberto. Lineamenti di Diritto Tributario Internazionale. Quarta Edizione. CEDAM, 2013, pp. 85. Santos, Antônio Carlos dos. Sobre fraude carrocel em IVA: nem tudo que luz é oiro. Vinte Anos de Imposto sobre o Valor Acrescentado em Portugal – Jornadas Fiscais em Homenagem ao Professor José Guilherme Xavier de Basto. Editora Almedina: Coimbra, pp. 23 e ss. Fernandes, Raquel Montes e Scolari, Leonardo. O Mecanismo de Reação Rápida e a Luta Antifraude em Sede de IVA. Cadernos IVA 2014. Almedina: Coimbra, 2014, pp. 409 e ss.

[22] Em relação ao modelo empresarial: os grupos empresariais e as "multinacional enterprises", vide Coelho Martins, Alexandra. O Regime dos Preços de Transferências e o IVA. Cadernos IDEFF, Nº 10, Almedina: Coimbra, 2009.

[23] Em relação ao modelo empresarial: os grupos empresariais e as "multinacional enterprises", vide Coelho Martins, Alexandra. O Regime dos Preços de Transferências e o IVA. Cadernos IDEFF, Nº 10, Almedina: Coimbra, 2009.Mayer. Franz C. Europe and the Internet: The Old World and the New Medium. European Journal of International Law. Volume 11, Number 1, March 2000, pp. 156 e ss. Tax Reform and Employment in Europe. John P. Hutton / Anna Ruocco. International Tax and Public Finance, 6, 263-287 (1999).

[24] Celorico Palma entende que "Um imposto totalmente neutro parece estar fora de questão sempre se concedendo algumas isenções, existindo, eventualmente, diferenciações na taxa

1.1.3.1. Cooperação administrativa fiscal – aspecto linguístico da documentação

A cooperação administrativa constitui um dos pilares para o desenvolvimento da União Europeia.[27]

Como desdobramento da cooperação administrativa surge o conceito de assistência mútua, isto é, uma maior aproximação entre os sistemas jurídicos, nomeadamente do direito privado e tributário (processo de harmonização tributária).

O desenvolvimento tecnológico permite uma transmissão segura, de forma eletrônica, dos dados dos contribuintes e Estado. O Regulamento 2008/1179 da Diretiva 2008/55/EU exercem importante mecanismo para esse desenvolvimento como meio de aplicação de cooperação entre os Estados membros da União Europeia.[28]

Constata-se que a proteção normativa deve ser implementada através de maior proteção, a transmissão de documento através da rede CCN-CSI poderia garantir ao contribuinte e ao Estado destinatário um documento eletrônico com autenticação[29].[30]

aplicável às diferentes transações de bens e serviços. CELORICO PALMA, Clotilde. Estudos de IVA I. Almedina: Coimbra, 2012, p. 25. PALMA, Clotilde Celorico. Introdução ao Imposto sobre o Valor Acrescentado. Editora Almedina: Coimbra, 2005, p. 16.
Por essa razão, qualquer forma de isenção deve ser evitada, para não causar distorções concorrenciais e em última instância prejudicar o consumidor e causar um ônus administrativo desnecessário

[25] MENDONÇA, Paulo. O IVA nas Operações de Reorganização Empresariais – Alguns Apectos Problemáticos. In Cadernos IVA 2014. Almedina: Coimbra, pp. 383 e ss. CELORICO PALMA, Clotilde. Estudos de Imposto sobre o Valor Acrescentado. Almedina: Coimbra, pp. 26 e ss.

[26] Em relação as operações de reorganização empresarial sob a forma de fusão e cisão, vide: MENDONÇA, Paulo. O IVA nas Operações de Reorganização Empresariais: Alguns Aspectos Problemáticos. In Cadernos IVA 2014. Almedina: Coimbra, 2014, pp. 383 e ss.

[27] JEREZ, Diego Chacón. **La reformulación del mecanismo de asistencia mutua en materia recaudatoria en la Unión Europea: el nuevo modelo de la Directiva 2010/24/UE, de 16 de marzo.** Trabajo presentado al XIV Curso de Alta Especialización en Fiscalidad Internacional celebrado en la Escuela de la Hacienda Pública del Instituto de Estudios Fiscales en el primer semestre de 2012.

[28] VIDE 23

[29] Vide: Alexandre Dias Ferreira. **Notários, Certificadores e Comércio Eletrônico.** Estudos Multidisciplinares sobre Integração. Organizador Fabio Luiz Gomes. Editora Lumen Juris: Rio de Janeiro, 2004, pp. 5 e ss.

[30] Vide Art. 21.1 do Regulamento 1179/2008. Para o maior aprofundamento vide: JEREZ, Diego Chacón. **La reformulación del mecanismo de asistencia mutua en materia recaudatoria**

Um grande desafio também constitui a língua a ser utilizada nos documentos, afinal, além deles terem que ser válidos, precisam ser executáveis para serem cumpridos, principalmente aos contribuintes que realizarem essas transações intracomunitárias, precisam entender suas obrigações e como cumpri-las.

Por óbvio, as línguas oficiais da União Europeia são as utilizadas pelos Estados membros, contudo, o estudo da interpretação semiótica demonstra que o emissor e o receptor da norma, neste caso documento, pode haver uma distinção interpretativa, portanto, em nome do princípio da segurança jurídica, deve-se minorar esses aspectos interpretativos ao máximo possível.

A solução encontrada pelo legislador da União Europeia foi equacionar o envio desse documento digital transmitidos pela rede CCN-CSI aos documentos impressos enviados pelo correio, atribuindo-lhes os mesmos efeitos jurídicos.[31]

Esse sistema poderá ser utilizado em ocorrendo uma harmonização dos tributos indiretos internacionais, pois, já se utiliza de um mecanismo já consagrado no direito privado, isto é, a expedição de documentos a distância através dos correios, quando se equipara esse instituto ao documento digitalizado com a segurança da rede CCN-CSI.

Esse sistema utilizado pela União Europeia, além de digitalizar, informa o idioma do documento a ser encaminhado para a autoridade fiscal.

Se por lado, o documento emitido possa levar a algum tipo de insegurança jurídica se o destinatário do documento não compreender os efeitos da execução desse documento, por outro, ao equiparar esse documento aos enviados pelo correio, há a garantia de que esse documento corresponde aos exatos termos de quem emitiu.

Há a possibilidade do contribuinte, caso se sinta prejudicado, possa impugnar a referida execução do documento, apresentando fundamentadamente os elementos que considerou como prejudicado.[32]

en la Unión Europea: el nuevo modelo de la Directiva 2010/24/UE, de 16 de marzo. Trabajo presentado al XIV Curso de Alta Especialización en Fiscalidad Internacional celebrado en la Escuela de la Hacienda Pública del Instituto de Estudios Fiscales en el primer semestre de 2012.

31 Cf. Art. 21.1 do Regulamento nº 1179/2008.

32 JEREZ, Diego Chacón. **La reformulación del mecanismo de asistencia mutua en materia recaudatoria en la Unión Europea: el nuevo modelo de la Directiva 2010/24/UE, de 16 de**

Uma questão interessante, levantada pelo Advogado-Geral Ján Mazák em suas Conclusões, se neste sistema de cooperação mútua, em que local deverá ser impugnado a executoriedade do documento por aquele que vier questionar a falta de compreensão do documento por barreiras da língua, se no órgão jurisdicional do Estado membro que faça parte o impugnante, neste caso, poderia ser questionado ainda a legitimidade da notificação?[33]

Ficou estabelecida pelo Tribunal de Justiça da União Europeia (Primeira Seção) que os órgãos jurisdicionais do Estado membro não tem, em princípio, competência para verificar o caráter executório do título que permite a cobrança, de outro lado, este órgão jurisdicional tem competência para realizar a regularidade formal do referido título.[34]

Fixou ainda que a língua oficial do documento deverá ser aquela onde a autoridade requerida tem a sua sede, portanto, o Juiz Nacional decidirá nos termos da plena eficácia do direito comunitário.[35]

Observa-se, ainda, a título de exemplo, que esse modelo busca um conceito bem mais amplo de rendimento[36], pode ter natureza tributária ou não, com isso também amplia as funções administrativas, que, conforme o Diego Chacón Jeres:

> *"Un escenario como este, tan ambiciosamente diseñado, multiplica exponencialmente las posibilidades reales del mismo, pero también lo hace con el número de peticiones que puede generar. Y eso, apesar de profundizar aún más (como tendremos oportunidad*

marzo. Trabajo presentado al XIV Curso de Alta Especialización en Fiscalidad Internacional celebrado en la Escuela de la Hacienda Pública del Instituto de Estudios Fiscales en el primer semestre de 2012, p. 64.

33 Conclusões de J. Mazák — Processo C-233/08.

34 Cf. Processo C-233/08, publicado em 10/01/2010.

35 Cf. Processo C-233/08, publicado em 10/01/2010.

36 Um dos desafios conceituais tributários é definir "renda", esse conceito serve de aspecto material do fato gerador tributário de diversos tributos, destacando o imposto de renda, interagindo com as questões normativas mais amplas de desigualdade e justiça tributária. A definição de renda concorre necessariamente com questões de política fiscal, constatase que esses *insights* destacam o papel da análise dos gastos públicos e a teoria da "renda ideal". Portanto, a crescente dependência tributária na sociedade do terceiro milênio atinge diretamente o conceito de renda nos vários Estados modernos, sob o risco constante de decisões eminentemente política se sobrepondo as questões técnicas que deveria permear as normas tributárias, p. ex., estabelecimentos de isenções, subsídios, ou outros benefícios fiscais. O conceito de renda poderia incorporar o enriquecimento através de commodities e outras propriedades e benefícios não monetários, como alimentação para um empregado, pode incluir bens intangíveis como propriedade intelectual ou direitos contratuais etc.

de ver más adelante) en la modernización de los sistemas de comunicación y en la propia red de oficinas de enlace, amenazaba seriamente con colapsar la gestión diaria del propio modelo hasta llegar a poder hacerlo inaplicable."[37]

Constata-se, portanto, que o aspecto linguístico do documento e o delineamento estabelecido pelas normas da União Europeia, bem como as decisões do seu Tribunal de Justiça, também podem servir de norte para o desenvolvimento no âmbito internacional, pois, mais dificuldade que há na União Europeia, por óbvio, a língua pertencente a cada país e seus desdobramentos interpretativos, poderá ser um grande desafio para uma harmonização internacional tributária.

1.1.3.2. Administração fiscal, proteção de dados pessoais e fraudes e evasão fiscal[38]

Um dos grandes desafios no direito tributário é o contencioso[39] entre o fisco e o contribuinte, muitas vezes entra na esfera do direito penal tributário.[40]

Contudo, essa relação de desconfiança[41] que há entre o fisco e o contribuinte prolifera processos administrativos e judiciais, o que poderá tam-

[37] Jerez, Diego Chacón. **La reformulación del mecanismo de asistencia mutua en materia recaudatoria en la Unión Europea: el nuevo modelo de la Directiva 2010/24/UE, de 16 de marzo.** Trabajo presentado al XIV Curso de Alta Especialización en Fiscalidad Internacional celebrado en la Escuela de la Hacienda Pública del Instituto de Estudios Fiscales en el primer semestre de 2012, p. 67.

[38] César García Novoa. *La conflictividad en los delitos y en las infracciones tributarias.* DOCUMENTOS DE TRABAJO 11/2019 VII Encuentro de Derecho Financiero y Tributario "Una estrategia global al servicio de la reducción de la conflictividad en materia tributaria" Cristina García-Herrera Blanco (coordinadora) Instituto de Estudios Fiscales.

[39] Sobre formas alternativas de soluções de controvérsias vide: José A. Rozas. Conciliación y mediación judicial tributaria. Cristina García-Herrera Blanco (coordinadora) Instituto de Estudios Fiscales, pp. 36 e ss.

[40] Cf. César García Novoa. *La conflictividad en los delitos y en las infracciones tributarias.* DOCUMENTOS DE TRABAJO 11/2019 VII Encuentro de Derecho Financiero y Tributario "Una estrategia global al servicio de la reducción de la conflictividad en materia tributaria" Cristina García-Herrera Blanco (coordinadora) Instituto de Estudios Fiscales, pp. 11 e ss.

[41] Pode-se exemplificar, na Espanha, em relação ao procedimento de gestão e obtenção de informação com caráter geral e obrigação de informação sobre bens e direitos situados no exterior. Modelo 720. Posteriormente em Comunicado de 19 de novembro de 2015, a Comissão Europeia abriu um processo contra o Estado Espanhol por considerar as sanções desproporcionais aqueles que não o fizessem. O Estado Espanhol foi intimado a modificar a legislação interna. Vide: Juan Calvo Vérgez. *El incierto futuro de la declaración de bienes*

bém aumentar os gastos não só com a administração pública, mas também com o contencioso judicial tributário.

As administrações fiscais buscam solucionar esse problema impondo critérios aos contribuintes, ou interpretações das normas[42] e gerando grande insatisfação ao contribuinte, com isso aumentando ainda mais a litigiosidade.

Com o processo da globalização, a soberania fiscal cada vez mais assume maior relevo, afinal, qualquer implementação de normas regionais e internacionais devem considerar que os Estados possuem culturas jurídico-tributárias dissonantes.

A relação de confiança entre o fisco e o contribuinte deve ter como um dos alicerces a proteção dos dados do contribuinte.[43] Com essa base de dados confere não só ao fisco, como também ao contribuinte maior segurança jurídica.

Essa cooperação e troca de dados[44] entre as administrações fiscais dos Estados membros já opera na União Europeia há alguns anos, não só para evitar a fraude e evasão fiscal[45] e as adaptações para burlar o sistema[46], mas como mecanismo para prestar o serviço de forma eficiente.

y derechos en el extranjero (Modelo 720) tras el dictamen motivado de la Comisión Europea de 15 de febrero de 2017. CRISTINA GARCÍA-HERRERA BLANCO (coordinadora) Instituto de Estudios Fiscales, pp. 69 e ss. O pano de fundo por trás dessa decisão encontra-se na Diretiva 2011/16/EU, de 15 de fevereiro de 2011, que, ao regulamentar a cooperação administrativa em matéria fiscal, fixou o dever de informação ao contribuinte das suas movimentações bancárias, bem com todos os dados referentes a ela e outros títulos. Toda essa informação era obtida através da troca automática de informações. O que se constata são obrigações primárias e secundárias ao contribuinte, sendo considerada esse débito imprescritível. Posteriormente restou constatada a sanção desproporcional aplicada pelo Estado Espanhol ao contribuinte quando teve acesso a essas informações.

42 Alguns vão ainda mais longe, impondo a interpretação econômica como única solução a evitar que o contribuinte busque formas de evitar o pagamento do tributo. Vide: Luís Eduardo Schouri. Direito Tributário. Editora Saraiva: São Paulo, 615 e ss.

43 María Esther Sánchez López. **Los principios de confidencialidad y protección de datos en el intercambio de información como mecanismo de prevención de conflitos**. Cronica Tributaria, Boletín de Actualidad 2/2012, pp. 272 e ss.

44 A proteção aos dados é um direito fundamental, conforme o Art. 8º da Carta de Direitos Fundamentais da União Europeia.

Regulamento Geral sobre a Proteção de Dados (RGPD) (UE) 2016/679 é um regulamento do direito europeu sobre privacidade e proteção de dados pessoais, aplicável a todos os indivíduos na União Europeia e Espaço Económico Europeu que foi criado em 2018.

45 CÉSAR GARCÍA NOVOA. *La conflictividad en los delitos y en las infracciones tributarias.* DOCUMENTOS DE TRABAJO 11/2019 VII Encuentro de Derecho Financiero y Tributario

Para isso, se faz necessário um sistema de comunicação com informações pré-estabelecidas, isto é, o sistema é constantemente abastecido pelos operadores transfronteiriços e essa troca deveria ser automática para que possa ser eficiente, o que a Professora María Esther Sánchez López chama de sistema harmonizado de troca de informações tributárias[47], esclarece, ainda, que será preciso avançar em uma harmonização de proteção de dados[48].

Nota-se, portanto, que o avanço do desenvolvimento do comércio transfronteiriço vai exigindo, ao menos, uma aproximação do direito privado[49], no caso, conforme sugerido pela Professora Sánchez López, deveria uma harmonização da proteção de dados.

A harmonização dos tributos indiretos, mesmo no campo da União Europeia, envolve um processo de transformação constante no direito, pois, são entrelaçados o sistema jurídico e, portanto, as grandes mudanças repercutem nas demais áreas do conhecimento jurídico.

No caso em questão, a gestão tributária seria um ato de cooperação e confiança entre o Fisco e o contribuinte, e, também assistência mútua entre as autoridades fiscais dos Estados membros da União Europeia.

E nessa teia normativa vão surgindo outros desafios, e a proteção dos dados do contribuinte e o desenvolvimento de trocas de informações entre as autoridades fiscais de cada Estado produz efeitos no próprio desenvolvimento do comércio internacional de bens e serviços, afinal, os Estados terceiros também são personagens nessa teia jurídica.

"Una estrategia global al servicio de la reducción de la conflictividad en materia tributaria" Cristina García-Herrera Blanco (coordinadora) Instituto de Estudios Fiscales.

[46] Cf. María Esther Sánchez López. **Los principios de confidencialidad y protección de datos en el intercambio de información como mecanismo de prevención de conflitos**. Cronica Tributaria, Boletín de Actualidad 2/2012, pp. 272.

[47] María Esther Sánchez López. **Los principios de confidencialidad y protección de datos en el intercambio de información como mecanismo de prevención de conflitos**. Cronica Tributaria, Boletín de Actualidad 2/2012, p. 273.

[48] María Esther Sánchez López. **Los principios de confidencialidad y protección de datos en el intercambio de información como mecanismo de prevención de conflitos**. Cronica Tributaria, Boletín de Actualidad 2/2012, p. 275.

[49] Fabíola Vianna Morais. **Aproximação do Direito Contratual dos Estados Membros da União Europeia**. Editora Renovar, Rio de Janeiro, 2007.

1.1.3.3. OCDE e a União Europeia – assistência mutúa da administração fiscal entre os estados

Foi firmada uma Convenção sobre Assistência Mútua Administrativa em Matéria Fiscal, entre os Estados membros do Conselho Europeu e os Países Membros da Organização para a Cooperação e Desenvolvimento Econômico – OCDE.[50]

Essa Convenção prossegue no objetivo do desenvolvimento econômico internacional, nomeadamente nas transações de bens e serviços entre Estados terceiros e o Bloco União Europeia, ampliando os objetivos para movimentação de pessoas, bens e serviços[51], alicerce este fundacional do Mercado Interno Europeu.

Portanto, a força de um bloco regional não só o torna protagonista no cenário internacional, como também permite a ampliação e desenvolvimento econômico dos Estados.

Esse caminho parece irreversível e necessário, afinal, esse desenvolvimento econômico internacional traz consigo enormes desafios, e, no campo tributário o de evasão fiscal.

Fica assim desenhada a necessidade de cooperação internacional entre as autoridades fiscais dos países no âmbito internacional.

Os desafios da cooperação regional, isto é, dentro do território da União Europeia, já ficou desenhado, além da utilização da tecnologia como ferramenta útil a ser utilizada pelas autoridades fiscais, ter-se-ia a proteção dos dados dos contribuintes como um grande desafio.

Não será diferente as relações das autoridades fiscais dos Estados signatários da OCDE nas relações internacionais com os Estados membros da União Europeia, mas já rascunhados os desafios, estes servem de ponto de partida para que seja ampliada essas transações internacionais.

Essa Convenção, portanto, visa garantir aos contribuintes um ambiente mais amplo de cooperação entre as autoridades administrativas fiscais, portanto, uma prestação administrativa mais transparente e eficiente em matéria tributária.

[50] O Brasil também se tornou signatário da Convenção de Assistência Mútua Administrativa em Matéria fiscal, tendo internalizado através do Decreto nº 8842, de 29 de Agosto de 2016 e do Decreto Legislativo nº 105, de 14 de Abril de 2016.

[51] Primeiro Considerando do Preâmbulo do JEFATURA DEL ESTADO 17153 Instrumento de Ratificación del Convenio de Asistencia Administrativa Mutua en Materia Fiscal, hecho en Estrasburgo el 25 de enero de 1988. JUAN CARLOS I REY DE ESPAÑA. Publicado em 08 de Novembro de 2010.

Em um cenário com mais proteção aos dados do contribuintes o acesso as informações mais relevantes para tributação, poder-se-á combater os crimes tributários internacionais, isto é, a evasão e a fraude fiscal.

No ambiente sem qualquer controle só beneficia os que cometem esses ilícitos tributários, portanto, causa distorções na concorrência.

A delimitação substantiva da Convenção estabelece a assistência entre as autoridades fiscais no que concerne a troca de informações, a cobraça de créditos fiscais e a notificação de documentos.[52]

Esse pode ser um dos alicerces para a possibilidade de se ter uma harmonização dos tributos indiretos, pois, com essa cooperação entre os órgãos das administrações fiscais dos Estados pertencentes a essa Convenção poderá se avançar nesse sentido, levando-se em consideração que a CISG poderá ser um importante instrumento no que concerne aos contratos internacionais.

Já faz inclusive como imposto a ser abarcado pela Convenção o Imposto sobre Valor Agregado – IVA[53], não poderia ser diferente, além de estar harmonizado na União Europeia é o imposto indireto mais utilizado nos Estados do mundo.

Objetiva-se com essa Convenção instrumentalizar os Estados com outras convenções bilaterais, e uma vez padronizado esses acordos nos termos da Convenção, poderá se avançar em efeito cascata.

Dito de outra forma, essa Convenção poderá abrir as portas para tratados mais profundos, como seria um tratado que versasse sobre harmonização fiscal dos tributos indiretos.

A forma clássica de mútua assistência seria a troca de informações entre as autoridades administrativas fiscais.[54]

Os Estados podem acordar em firmar a troca automática de dados[55], pode ser mais celére, mas depende desse acordo posterior; podendo ainda ser espontânea, nesta a parte comunicará, sem pedido prévio, à outra Parte as informações que tenha conhecimento.[56]

Nestas duas hipóteses, o procedimento administrativo fiscal será mais célere e eficiente, portanto, com menos burocracia, apresentando ao

[52] Art. 1º, 1 e 2 da Convenção sobre Assistência Mútua Administrativa em Matéria Fiscal.

[53] Art. 2, b, iii, A da Convenção sobre Assistência Mútua Administrativa em Matéria Fiscal.

[54] Art. 4º da Convenção sobre Assistência Mútua Administrativa em Matéria Fiscal.

[55] Art. 6º da Convenção sobre Assistência Mútua Administrativa em Matéria Fiscal.

[56] Art. 7º da Convenção sobre Assistência Mútua Administrativa em Matéria Fiscal.

contribuinte ou Estado um resultado com menor tempo, espelhando uma maior confiança entre as administrações fiscais e, portanto, maior segurança jurídica.

Observa-se, no entanto, que foi mantida a soberania fiscal de cada Estado as informações a serem trocadas acerca de uma pessoa e a transação determinada.[57]

Um outro instrumento interessante que poderá ser utilizado pelas partes é o da verificação fiscal simultânea, os dados lá consubstanciados poderão ser verificados simultaneamente, desde que as Partes acordem nesse sentido.[58]

Novamente se apresenta uma forma mais segura e simplificada em que as Partes poderão se instrumentalizar e com resultados mais seguros.

Na hipótese acima, isto é, de verificação simultânea, caso haja contradição, uma Parte comunicará a outra.[59]

Enfim, para que funcione e se avance na cooperação fiscal administrativa deve haver confiança entre as Partes, ressaltando, sempre, a preservação das garantias dos contribuintes, para que não haja produção de provas sem a sua participação ou possibilidade de impugnação.

Os créditos tributários poderão ser executados, basta que um Estado Parte faça o requerimento de execução a um Estado Parte requerido.[60] Neste caso, há de se observar as regras de direito internacional vertentes a soberania fiscal, portanto, o direito interno do Estado Parte requerente e requerido deverão ser observados.

Por último, caberá providências cautelares assecuratórias do direito[61], observados novamente o interesse das partes, a garantia dos contribuintes e o direito internacional e interno das partes envolvidas.

Observa-se que essa Convenção fixa importantes procedimentos de assistência mútua entre os Estados, servirá, portanto, de orientação para o maior aprofundamento nas relações internacionais, fomentando, portanto, uma maior aproximação entre as administrações fiscais.

Com isso também, abre-se a possibilidade de se estreitar também e harmonizar os sistemas tributários dos Estados.

[57] Art. 5º da Convenção sobre Assistência Mútua Administrativa em Matéria Fiscal.

[58] Art. 8º da Convenção sobre Assistência Mútua Administrativa em Matéria Fiscal.

[59] Art. 10 da Convenção sobre Assistência Mútua Administrativa em Matéria Fiscal.

[60] Art. 11 da Convenção sobre Assistência Mútua Administrativa em Matéria Fiscal.

[61] Art. 12 da Convenção sobre Assistência Mútua Administrativa em Matéria Fiscal.

Observa-se que o referido acordo foi celebrado entre a União Europeia e a OCDE, importantes organizações internacionais no cenário internacional, ampliando assim os objetivos de assistências mútuas.

Na medida em que forem incorporando outros blocos regionais e Estados, essa Convenção tomará a forma pretendida, qual seja, uma assistência mútua internacional entre os Estados.

1.1.4. Tridimensionalidade da administração fiscal na União Europeia – gênese e prospecção

1.1.4.1. Administração fiscal europeia – gênese

Conforme se constatou acima, o desenvolvimento da administração fazendária europeia deveria caminhar junto com os desafios decorrentes da complexidade natural de tantos sistemas tributários a serem conciliados nas suas três dimensões: dentro de cada Estado membro (interna), intrabloco e nas relações externas.

Nestes termos, foi desenvolvido um programa plurianual denominado Programa *Fiscalis* destinado a compor ações que objetivavam racionalizar a gestão dos tributos indiretos no mercado interno.

Essas metas buscavam um sistema administrativo mais eficiente na sua dupla acepção: qualificação dos administradores[62] e desenvolvimento da tecnologia adequada na prestação desse serviço aos administrados.

Denota-se, portanto, que o Programa *Fiscalis* busca o fortalecimento das administrações fiscais internas de cada Estado membro, estabelecendo uma intercomunicação entre eles, criou-se uma base de dados de modo que essa comunicação seja eficiente.

Com essas medidas o combate as atividades nocivas fraudulentas ou evasivas se torna mais eficiente, além da transparência e a simplificação dos procedimentos administrativos fiscais que permita o cumprimento das obrigações fiscais pelos empresários e consumidores.

Portanto, essa constante reforma administrativa fiscal compõe um elemento essencial no desenvolvimento do Mercado Interno e neste cenário

[62] Vide Decisão nº 888/98/CE do Parlamento Europeu e do Conselho que estabelece um programa de ação comunitário destinado a melhorar o funcionamento dos sistemas de fiscalidade indireta do mercado interno (programa Fiscalis), J O L 126 de 28.4.1998, p.1.Decisão 2235/2002/CE do Parlamento Europeu e do Conselho, de 3 de Dezembro de 2002, relativa à adoção de um programa comunitário destinado a melhorar o funcionamento dos sistemas de tributação no mercado interno (Programa Fiscalis 2003-2007), JO L 341 de 17.12.2002.

mais racional a competição empresarial, em todas as dimensões, será mais neutra no aspecto fiscal e administrativo.

Essa intercomunicação entre as administrações deve ser a mais ampla possível para que possa obter os resultados de maior controle e transparência, isto é, deve-se se dar a maior publicidade ao contribuinte para que possam ser implementados os procedimentos de boas práticas administrativas[63].[64]

Ademais, ao firmar essa intercomunicação entre os Estados membros, far-se-á o intercâmbio de medidas eficientes entre eles adotadas por cada um deles, dessa forma aprimora-se o mercado interno e a tributação indireta através do IVA serve de instrumento.

Dessa forma, revela-se o controle eficaz, transparente, público e eficaz da administração fiscal com o fito de evitar a fraude e evasão fiscal.[65]

Verifica-se a simplificação e a modernização das regras em vigor (incluindo a adaptação das administrações fiscais à era do comércio eletrônico), uma aplicação mais uniforme das mesmas.

O aprimoramento decorrente do Programa *Fiscalis*, ao estabelecer boas práticas e um rigor no controle das transações de bens e serviços nas suas três dimensões faz parte essencial da política orçamentária da União Europeia[66], na medida em que não só reduz os crimes fiscais, mas também

[63] Julien Guez: "L'interprèter a pour tâche d'expliciter le sens et le contenu d'une norme." L'interprétation em Droit Fiscal. L.G.D.J.: 2007, p. 16-17.

[64] TESAURO, Francisco. **Instituições de Direito Tributário**. Instituto Brasileiro de Direito Tributário: São Paulo, 2017, pp.173 e ss,

[65] Segundo Santos: "Desde há muito que o IVA, como qualquer outro imposto, conhece sistemas típicos de fraude, como "fraude em cadeia" nas operações internas ou a "fraude nas exportações". De algum modo, a "fraude carrocel" surge como prolongamento do mecanismo de "fraude em cadeia" nas transações intracomunitárias, sendo assim designada pelo fato de o adquirente dos bens no EM de destino voltar a enviá- los para o EM de origem, efectuando transmissões intracomunitárias de bens com isenção completa de imposto, tendo, na sua forma mais típica, como destinatário desta operação o vendedor ou fornecedor incial dos bens." SANTOS, Antônio Carlos dos. Sobre a "Fraude Carrocel" em IVA: Nem tudo que Luz é Oiro. In Vinte Anos de Imposto sobre o Valor Acrescentado em Portugal: Jornadas Fiscais em Homenagem ao Professor José Guilherme Xavier de Basto. Almedina, Coimbra, 2008, p. 24. CÉSAR GARCÍA NOVOA. *La conflictividad en los delitos y en las infracciones tributarias.* DOCUMENTOS DE TRABAJO 11/2019 VII Encuentro de Derecho Financiero y Tributario "Una estrategia global al servicio de la reducción de la conflictividad en materia tributaria" CRISTINA GARCÍA-HERRERA BLANCO (coordinadora) Instituto de Estudios Fiscales.

[66] Comunicação COM (2002) 10 final – Não publicada no Jornal Oficial.

permite que os contribuintes entendam como funciona o sistema administrativo e possam fazer os devidos ajustes fiscais.

Destaca-se que o Programa *Fiscalis* busca prestar a ordenação, o apetrecho e o desempenho de um ponto central administrativo, com a intercomunicação ativo e passivo, com elemento informacional e o seu procedimento.

O armazenamento na base de dados configura um grande instrumento na tributação de bens e serviços nas transações intracomunitárias.

Em razão das trocas informacionais entre as administrações fazendárias dos Estados membros permite não só combater, mas prevenir os crimes fiscais, com as normas antielisivas e a sua adequada aplicação, de modo a ser permitida a apuração fiscal de maneira simultânea pelos diversos Estados membros[67].

Prosseguindo no processo de desenvolvimento, atento as transformações que a sociedade exige, foi instituído o Programa *Fiscalis* 2007, tencionando o reforço e aprimoramento do Mercado Interno, para tributos diretos, nomeadamente o imposto de renda-IR[68].

Os dois tributos globalizantes – o IVA e o IR compõe elementos propulsores do desenvolvimento do Mercado Interno, nessa fase de aprimoramento, a administração fiscal devem avançar para os bons procedimentos também ao IR.

O funcionamento do mercado interno, e em especial, dos sistemas de tributação, é uma matéria da competência da Comunidade agindo em parceria com os Estados membros.

Novamente deve ser ressaltado, que o combate aos crimes fiscais, bem como o princípio da liberdade de concorrência[69], e a simplificação, racionalização e transparência nos procedimentos administrativos compõe o núcleo principal do Programa *Fiscalis*.

Em conclusão, essa uniformização de procedimentos e com a abrangência também para os tributos diretos, fixa o aprimoramento do Mercado Interno.

[67] Artigos 11º e 12º do Regulamento nº 1798/2003

[68] Comunicação da Comissão ao Parlamento Europeu e ao Conselho relativa à oportunidade de prosseguir um programa de acção destinado a melhorar os sistemas de fiscalidades do mercado interno. (Bruxelas 17.01.2002) COM (2002) 10 final «2002/0015 (COD)»+0.

[69] Em relação ao IVA e o princípio da neutralidade no comércio externo, vide SANTOS, Antônio Carlos dos. Sobre a "Fraude Carrocel" em IVA: Nem tudo que Luz é Oiro............., pp. 37 e ss.

1.1.4.2. Administração fiscal europeia – Programa *Fiscalis 2014*-2020

Em prosseguimento ao aprimoramento da administração fiscal, foi editado o Programa *Fiscalis* 2014-2020 (1 de janeiro de 2014 – 31 de dezembro de 2020) esse programa visa a aperfeiçoar e dar andamento aos programas anteriores, onde designadamente aperfeiçoou a cooperação entre as autoridades fiscais na União Europeia.

Neste programa convoca-se os Estados[70] a olharem além das fronteiras dos respectivos territórios administrativos[71], assim, a terceira dimensão – a externa, passou alhures a ser um objetivo, na exportação ou importação extrabloco.

Esse programa, portanto, proporciona aos Estados-membros um enquadramento da União para desenvolver estas atividades de cooperação mais eficaz do que cada Estado firmasse regimes próprios através de cooperação bilateral ou multilateral.[72]

Neste sentido, o referido programa, repita-se, além de dar continuidade aos demais anteriores, quer ampliar essa cooperação em matéria fiscal.[73]

Atentos à necessidade de estreitamento comercial de bens e serviços, a União Europeia[74] busca a abertura da participação dos países candidatos e dos países em vias de adesão, bem como os países potencialmente candidatos e dos países parceiros da Política Europeia de vizinhança.

[70] Vide BUDGET LINE 140301: Fiscalis 2020 Work Programme for 2016.

[71] Em relação a Justiça Administrativa e Justiça Fiscal, vide: Casalta Nabais, José. Por um Estado Fiscal Suportável – Estudos de Direito Fiscal. Almedina: Coimbra, 2005, pp. 477 e ss.

[72] Considerando 1 do Regulamento (EU) Nº 1286/2013 do Parlamento Europeu e do Conselho de 11 de dezembro de 2013. Aqui vale a menção: Value Added Tax – International Practice and Problems. Alan A.
Tait. International Monetary Fund Washington, D.C., 1988, pp. 233 e ss. Vide: La réforme des relations commerciales par la LME est-elle compatible avec la directive TVA? Valluis, Nathalie; Delannoy, Virgine e Manin, Frédéric. Revue de Droit Fiscal. 5 Mars 2009, Nº 10. European Tax Law. Bem J. M. Terra/Peter J. Wattel. Kluwer Law International: 2008.

[73] Fundamentado no Artigo 190 (1) (d) da Regulamentação por Delegação (EU) No 1268/2012, financiará: a melhoria dos Sistemas de Informação Europeia em matéria de tributação; apoiar atividades de cooperação administrativa; reforçar a capacitação dos funcionários da administração fiscal; apoiar a melhoria dos procedimentos administrativos e o compartilhamento das boas práticas administrativas. Annual Work Programme for 2016 – Final Draft.

[74] Em junho de 2014 o Conselho Europeu frisou a prioridade que ser dada ao desenvolmento de medidas para combater a fraude e a evasão fiscal, acrescentando a necessidade de ampliar essa discussão em nível mundial. Doc. EUCO 79/14 CO EUR 4 CONCL 2, point 2.

Verifica-se, portanto, certas condições e se sua participação apoiar apenas atividades do programa *Fiscalis* 2020 que tenham por objetivo lutar contra a fraude fiscal[75] e a evasão fiscal[76] oriundos de ilicitudes cometidas por empresas e pessoas naturais.[77]

Buscará, ainda, a redução dos encargos administrativos das autoridades fiscais, a redução dos custos de cumprimento dos contribuintes e que se evitem os casos de dupla tributação.[78]

Conforme já visto aquando do estudo no âmbito internacional, esse problema da fraude fiscal[79] e evasão[80] é o mal que destrói as soberanias fiscais dos Estados.[81]

[75] Vide SANTOS, Antônio Carlos dos. Sobre Fraude Carrocel em IVA , pp. 28 e ss. SILVA PINTO, Miguel. Fraude ao IVA – Um Imposto na Encruzilhada. In Vinte Anos de Imposto sobre Valor Acrescentado em Portugal: Jornadas Fiscais em Homenagem ao Professor José Guilherme Xavier Basto. Almedina: Coimbra, 2008, pp. 181 e ss.

[76] NABAIS, José Casalta. Por um Estado Fiscal Suportável (Vol II) , pp. 104 e ss.
CÉSAR GARCÍA NOVOA. *La conflictividad en los delitos y en las infracciones tributarias.* DOCUMENTOS DE TRABAJO 11/2019 VII Encuentro de Derecho Financiero y Tributario "Una estrategia global al servicio de la reducción de la conflictividad en materia tributaria" CRISTINA GARCÍA-HERRERA BLANCO (coordinadora) Instituto de Estudios Fiscales.

[77] Considerando nº 5 e o Art. 3º do Regulamento (EU) Nº 1286/2013 do Parlamento Europeu e do Conselho de 11 de dezembro de 2013.

[78] Considerando nº 6 e Art. 5º do Regulamento (EU) Nº 1286/2013 do Parlamento Europeu e do Conselho de 11 de dezembro de 2013.

[79] SILVA PINTO, Miguel. Fraude ao IVA – Um imposto na encruzilhada., pp. 182 e ss

[80] Dispõe o Artigo 5º, 2, do Regulamento nº 1286/2013:
"Art. 5º
2. The specific objective of the programme shall be to support the fight against tax fraud, tax evasion and aggressive tax planning and the implementation of Union law in the field of taxation by ensuring exchange of information, by supporting administrative cooperation and, where necessary and appropriate, by enhancing the administrative capacity of participating countries with a view to assisting in reducing the administrative burden on tax authorities and the compliance costs for taxpayers."
CÉSAR GARCÍA NOVOA. *La conflictividad en los delitos y en las infracciones tributarias.* DOCUMENTOS DE TRABAJO 11/2019 VII Encuentro de Derecho Financiero y Tributario "Una estrategia global al servicio de la reducción de la conflictividad en materia tributaria" CRISTINA GARCÍA-HERRERA BLANCO (coordinadora) Instituto de Estudios Fiscales.

[81] Vide: SCHOUERI, Luís Eduardo. Planejamento Tributário e Garantias dos Contribuintes: entre a Norma Geral Antielisão Portuguesa e seus Paralelos Portugueses. In Garantias dos Contribuintes no Sistema Tributário – Homenagem a Diogo Leite de Campos. Editora Saraiva: 2013, pp. 371 e ss. TESAURO, Francisco. **Instituições de Direito Tributário.** Instituto Brasileiro de Direito Tributário: São Paulo, 2017, pp. 245 ss.

Observa-se que posteriormente esse programa deverá ampliar ainda mais os horizontes, contudo como não há ainda uma harmonização fiscal em âmbito internacional[82], sobretudo no que concerne aos tributos indiretos, essa ampliação ainda é inviável ou muito difícil e custoso aos Estados envolvidos.

Razão pela qual, considera-se esse programa realista, dadas as circunstâncias. Mesmo assim, ainda que venham a considerar os Estados mais próximos com o objetivo de cooperação administrativa[83], ou mesmo estreitamento do comércio desses Estados com a União Europeia, esses sistemas tributários deveriam estar também mais próximos, de modo em que facilite as comunicações entre as administrações[84] envolvidas.

Ademais, faz-se necessário para o prosseguimento dos objetivos de desenvolvimento do comércio internacional uma maior aproximação do direito privado, nomeadamente, no direito privado.

Em que pese os estudos aprofundados e bem elaborados que consubstanciam e avançaram no domínio do direito contratual, as instituições trabalham como se não fosse necessário funcionarem em conjunto, isto é, as instituições do domínio fiscal e direito privado se aprofundarem.

Acrescenta-se, como se verá, que o desenvolvimento do comércio eletrônico também deveria fazer parte desses estudos de forma coordenada.

1.1.4.3. Administração fiscal europeia – Programa *Fiscalis* 2021-2027

Prosseguindo no desenvolvimento nos sistemas fiscais dos Estados membros da União Europeia, as administrações fiscais precisam ser constante-

[82] Em relação ao IVA na Impostação, vide: PEREIRA, Tânia Carvalhais. Introdução ao IVA na Importação. In Cadernos IVA 2014. Almedina: Coimbra, 2014, pp. 489 e ss.

[83] Acrescente-se a necessidade de aprimoramento na área da Tecnologia da Informação (TI), dessa forma permitirá a comunicação entre as várias administrações fiscais dos Estados-membros da União Europeia.

[84] John f. Due acrescenta: "Nenhum imposto poderá ter êxito em seus objetivos, se não for arrecadado com razoável eficiência: esta regra vale sobretudo para impostos de vendas, consumo e direitos aduaneiros. Sonegação e anulação não só resultam na redução de receita e equidade, como também em sérios distúrbios de concorrência, interferindo na eficácia da organização econômica." DUE, John F. Tributação Indireta nas Economias em Desenvolvimento. Editora Perspectiva, p. 209. Sob a perspectiva concorrencial merece ressaltar a neutralidade fiscal, aqui, vide: GOMES, Fabio Luiz. Princípio da Neutralidade aplicado ao IVA e ao ICMS. In Garantias dos Contribuintes no Sistema Tributário – Homenagem a Diogo Leite de Campos. Editora Saraiva: São Paulo, 2013, pp. 171 e ss.

mente aprimoradas de forma transparente de modo em haja um programa de cooperação.[85]

Assim como os programas anteriores, a grande preocupação é a luta contra a fraude e a evasão fiscal[86], acrescentando aqui o planejamento fiscal agressivo.

A delimitação do que seja o planejamento fiscal agressivo será um dos grandes desafios, qual será o liame com o planejamento fiscal?

Destacando-se a proteção aos interesses financeiros dos Estados membros e dos contribuintes honestos, tudo isso relacionado ao Imposto sobre o Valor Acrescentado – IVA.

Verifica-se, portanto, precisar-se-á aprimorar a cooperação entre as administrações fiscais dos Estados membros, com troca de informações, além de diminuir os custos administrativos.

Esses custos poderão ser diminuídos com a utilização racional da tecnologia, é inevitável que o desenvolvimento tecnológico trouxe grandes desafios as administrações fiscais dos Estados, contudo, encontrar-se-á nela a solução para o aprimoramento da gestão fiscal.

Interessante notar que há uma preocupação tanto no âmbito internacional, como no regional com a concorrência fiscal desleal, pois poderia ser objeto de distorções de concorrência, na medida em que haveria uma fragilidade a ser explorada por planejamentos fiscais agressivos ou mesmo fraudadores.

Esses intercâmbios entre as administrações fiscais deverão ser desenvolvidos nos três planos dimensionais: dentro da gestão internada de cada Estado membro, dentro da gestão regional e na gestão internacional. Acrescente-se, aqui, o inter-regional caso seja avançado o processo de integração entre a União Europeia e o Mercosul.

Constata-se, ainda, a pressão que parte de dentro da União Europeia para o desenvolvimento de medidas similares no âmbito internacional, afinal todo esse trabalho oriundo do Programa *Fiscalis*, nas suas diversas escalas, restaria fragilizado se não houver medidas similares na dimensão

[85] Fora disponibilizado ao Programa Fiscalis um orçamento de 269 (duzentos e sessenta e nove) milhões de euros.

[86] César García Novoa. *La conflictividad en los delitos y en las infracciones tributarias.* DOCUMENTOS DE TRABAJO 11/2019 VII Encuentro de Derecho Financiero y Tributario "Una estrategia global al servicio de la reducción de la conflictividad en materia tributaria" Cristina García-Herrera Blanco (coordinadora) Instituto de Estudios Fiscales.

internacional do comércio de bens e serviços, com destaque ao desenvolvimento do comércio eletrônico.

Deve ser destacado o princípio da eficiência, na medida que de nada adiantaria o investimento em tecnologia se não houver o treinamento humano, neste sentido, faz parte do Programa *Fiscalis* a capacitação humana.

Fora criado um Sistema de Intercâmbio de Informações sobre o IVA (VIES)[87] da Comissão, com base nesse sistema as empresas e indivíduos podem realizar consultas se uma empresa está registrada[88] para realizar transações transfronteiriças no âmbito da União Europeia.

A realização de auditorias dentro dos Estados membros podem ser também uma medida eficaz e preventiva, dessa forma esse programa também apoia os Estados membros.

1.2. Desenvolvimento do comércio eletrônico de bens e serviços[290]

1.2.1. Internet e as diversas transações *online*

Muitas empresas buscam nos dados pessoais obtidos através da Internet inúmeros benefícios econômicos.

Se de um lado o próprio Estado pode fazer o bom uso dessas informações, desde que obtida de acordo com o sistema jurídico, de outro, o controle tributário das empresas que obtêm benefícios econômicos com o domínio desses dados[89].

Atualmente, na ciranda do Vale do Silício abarca as empresas que tem como maior benefício econômico a informação obtida através dos dados capturados pelos algoritmos, assim, a utilização da inteligência artificial consegue descrever comportamentos, tendências, manipular consumo etc. Pode-se exemplificar as cinco gigantes: Facebook, Google, Microsoft, Amazon e Apple.

[87] O VIES configura um sistema eletrônico com dados de identificação para que os agentes atuantes no circuito econômicos possam buscar nessa base empresas cadastradas para realizar transações de bens e serviços. Para maiores informações vide: https://ec.europa.eu/taxation_customs/vies/?locale=pt.

[88] As respostas devem ser objetivas, "sim" ou "não". Já há propostas para proteção mais rigorosas dos dados, vide: file:///C:/Users/Fabiola/Downloads/Data_Act__Commission_proposes_measures_for_a_fair_and_innovative_dat a_economy.pdf

[89] Guillermo Sanchez-Archidona Hidalgo. **La tributación de los servicios digitales y la conflictividad tributaria: entre una deficiente técnica legislativa y la imposibilidad de someter a gravamen los algoritmos y los datos**. Cronica Tributaria, Boletín de Actualidad 2/2012, p. 288.

Deve-se lembrar, que por mais que se pense em atribuir personalidade jurídica a inteligência artificial, está sempre estará limitada e direcionada por quem a programou.[90]

Portanto, qualquer responsabilidade, mesma a tributária, atribui-se a uma pessoa humana, seja o programador, ou aquela empresa que obtêm lucro pela atuação daquela automação.

No caso do direito tributos indiretos, o fato gerador será oriundo ou da prestação de serviços ou da entrega de bens, no caso deste último, bens intangíveis.

De um modo geral, procura-se enquadrar o benefício econômico obtido por essas empresas que se utilizam da inteligência artificial para obter dados, como "serviços digitais".

Obviamente, muito do que é produzido com os dados podem gerar bens intangíveis, ao exemplo, a inteligência artificial procura comparar os gostos das pessoas para determinadas obras de arte e desenvolve um quadro com a perspectiva sinapse dos dados obtidos.

Nestes casos, ou esse agente econômico, será tributado por serviços digitais, ou por serviços digitais por assimilação, ou, por último, por bens intangíveis.

O importante nesse caso é que a legislação seja a mais transparente possível e sem elementos complicadores.

Deve o Estado ter acesso a essa movimentação dos dados, claro, devem ser autorizados pelos seus titulares, para a possibilidade real de tributar, senão, no dizer Hidalgo, serão "fantasmas"[91], portanto, impossível de ser tributado.

Os destinatários desse serviço ou bem devem participar ativamente, junto com o Estado, para que se possa efetivamente cruzar os dados fornecidos pela empresa com os usuários do serviço.

Pode-se criticar os modelos clássicos de tributação[92], o imposto de renda e o imposto sobre o valor agregado, por entender que a capacidade contri-

[90] Fabio Luiz Gomes e Fabíola Vianna Morais. **Inteligência Artificial – Desafios Acerca do seu Estatuto Jurídico**. Fundamentos do Direito – Estudos em Homenagem ao Professor Francisco dos Santos Amaral Neto. Processo, 2021, pp. 617 e ss.

[91] Guillermo Sanchez-Archidona Hidalgo. **La tributación de los servicios digitales y la conflictividad tributaria: entre una deficiente técnica legislativa y la imposibilidad de someter a gravamen los algoritmos y los datos**. Cronica Tributaria, Boletín de Actualidad 2/2012, p. 294.

[92] Guillermo Sanchez-Archidona Hidalgo. **La tributación de los servicios digitales y la conflictividad tributaria: entre una deficiente técnica legislativa y la imposibilidad de**

butiva e os seus critérios de análise não fariam frente aos desafios tecnológicos. Contudo, entende-se que a relação fisco e contribuinte, através de um dever de coadjuvação, deve ser estreitada, pois senão não serão os tributos clássicos e nem os do terceiro milênio que irão resolver. Conforme já analisado nos capítulos anteriores, a tributação na Internet[93] tem sido atualmente o grande desafio dos juristas tributaristas contemporâneos.[94] A Internet é ande mais o resultado da massificação do acesso à informação[95] e à possibilidade de comunicar em tempo real sobre um qualquer tema, além da realização de diversas transações *online.*

Múltiplas iniciativas vêm sendo desenvolvidas objetivando adaptar o direito à nova realidade. Nomeadamente no seio da OCDE e da União Europeia[96].

De fato, o desenvolvimento da Internet foi muito maior do que as previsões iniciais, ainda nos dias de hoje não se tem a exata dimensão do que pode ainda ser desenvolvido.

Portanto, faz-se necessário olhar adiante e entender que o direito não apresenta estas soluções.

someter a gravamen los algoritmos y los datos. Cronica Tributaria, Boletín de Actualidad 2/2012, p. 298.

[93] Vide ALMEIDA, Daniel Freire. A Tributação do Comércio Electrónico nos Estados Unidos da América e na União Europeia. Dissertação apresentada à Faculdade de Direito da Universidade de Coimbra, para obtenção do título de Mestre em Direito, Área de Especialização em Ciências Jurídico- Comunitárias, sob orientação do Professor Doutor Diogo Leite de Campos. Arquivado na Biblioteca da Faculdade de Direito setor de Mestrado em 29.07.02. CELORICO PALMA, Clotilde. Estudos de Imposto sobre o Valor Acrescentado. Almedina: Coimbra, pp. 33 e ss.Juan Jesús Martos. Imposición Indirecta Del Comercio Electrónico. Tirant lo Blanch, Valencia, 2006, pp. 105 e ss.

[94] Cf. Daniel Freire e Almeida. Privilégios dos Contribuintes na Tributação do Comércio Eletrônico nos Estados Unidos da América. Garantias dos Contribuintes no Sistema Tributário... pp. 131 e ss. O Direito Tributário face à Internet e ao Comércio Electrónico Internacional. Panorama do Direito ... pp.27 e ss.Em relação ao princípio da neutralidade e o comércio eletrônico, vide McLure Jr., Charles E./CORABI, Giampaolo. La Tributación sobre el Comercio Electrónico Objetivos Económicos, Restricciones Tecnológicas Y Legislación Tributaria. Ediciones Dejalma Buenos Aires, 2000, pp. 35 e ss.

[95] Sobre a origem da Internet, vide: PINTO, Adério Vaz. A Tributação do Comércio Electrónico. Faculdade de Direito da Universidade de Coimbra. URI:http://hdl.handle.net/10316.2/24803, pp. 6 e ss.

[96] McLure Jr., Charles E./CORABI, Giampaolo. La Tributación sobre el Comercio Electrónico Objetivos Económicos, Restricciones Tecnológicas Y Legislación Tributaria. Ediciones Dejalma Buenos Aires, 2000. Vide: EU VAT FORUM – Meeting of 14 de October 2015, First Mandate Report (2012-2015).

Essas preocupações e normatizações são fundadas, não só como meio de acompanhar as inúmeras transações que são realizadas por meio eletrônico, mas também no receio da evasão fiscal[97]. O comércio eletrônico põe em causa a cobrança do IVA, ou mesmo sua função globalizadora.

A era digital impõe profundas mudanças tanto no aspecto da sociabilidade e interpessoalidade, quanto na mudança comportamental de se transacionar.

Já havia um crescimento muito grande nas empresas que desenvolvem negócios digitais, neste momento estão mais impulsionadas ainda, isto é, com a crise pandêmica COVID-19[98], a expansão foi acelerada ao ponto de exigirem de todas as empresas e consumidores uma adaptação rápida a essa nova realidade.

Na ótica tributária, para que possa ser adaptada a era digital impulsionada no início do terceiro milênio, devem desenvolver suas administrações fiscais se beneficiando também do aspecto tecnológico, com armazenamento das informações dos dados em *i-cloud*, utilização de plataformas que agilizem o pagamento dos tributos e o cumprimento das obrigações tributárias, dessa forma combater os crimes fiscais – no cumprimento das obrigações principais ou procedimentais.

De qualquer maneira, a gestão administrativa deve ser eficiente[99] na sua acepção ampla, isto é, deve haver a qualificação dos gestores administrativos e a adaptação tecnológica.

1.2.2. Antecedentes históricos

Inicialmente, em 1997, houve uma Comunicação da Comissão que chamava a atenção para a necessidade de assegurar um contexto fiscal que permitisse o desenvolvimento do comércio eletrônico, em que as obrigações fiscais fossem claras, transparentes e previsíveis e uma tributação neutra.[100]

Em relatório provisório, apresentado em abril de 1998, concluía que o quadro jurídico existente era adequado às transações efetuadas por via eletrônica, tendo em consideração as transações de mercadorias físicas.

[97] César García Novoa. *La conflictividad en los delitos y en las infracciones tributarias.* DOCUMENTOS DE TRABAJO 11/2019 VII Encuentro de Derecho Financiero y Tributario "Una estrategia global al servicio de la reducción de la conflictividad en materia tributaria" Cristina García-Herrera Blanco (coordinadora) Instituto de Estudios Fiscales.

[98] https://www.consilium.europa.eu/media/45120/210720-euco-final-conclusions-pt.pdf.

[99] European Council meeting (19 October 2017) – Conclusions (doc. EUCO 14/17).

[100] COM(97)157

O regime existente fornece resposta adequada: as mercadorias provenientes de países terceiros são tributadas na importação e, nas transações intracomunitárias, os bens destinados a consumidores finais são submetidos ao regime de "vendas à distância" (tributação no Estado membro do fornecedor até um certo limite e no Estado membro da residência dos adquirentes a partir desse limiar). Os fornecimentos para adquirentes em países terceiros são exonerados do IVA (taxa zero).

Não havia a previsão legal do fornecimento *online* de bens digitais; isso conduz a que os fornecimentos efetuados por empresas estabelecidas fora da comunidade não sejam sujeitos à tributação.

Assim, o Conselho do ECOFIN de 6 de julho de 1998 adotou relativamente a esta matéria os seguintes princípios:

A) Não deveriam ser criados novos impostos relativamente ao comércio eletrônico, devendo antes adaptarem-se os regimes tributários existentes, nomeadamente o IVA;
B) A entrega de produtos sob forma eletrônica deveria, para efeitos do IVA, ser considerada como prestações de serviços;
C) Apenas as prestações respeitantes a serviços consumidos na Europa deveriam ser sujeitos de tributação na Europa.

Na tributação sobre consumo concluía-se que esta deveria ocorrer na jurisdição em que o consumo tivesse lugar, acordando que para aplicação das regras de conexão territorial o fornecimento de produtos digitalizados não deveria ser tratado como fornecimento de bens.

Na União Europeia foram apresentadas propostas de Diretivas sobre a tributação do comércio eletrônico, teve por objetivo os princípios relativos ao fornecimento *on-line* de bens digitais adotados na primeira tomada de posição da União Europeia sobre esta matéria que teve lugar no Conselho ECOFIN de julho de 1998.

Verificou-se ser necessária uma cooperação internacional global nesta matéria.

A Comissão reteve seis pontos que servem de base ao debate:

a. Não será aplicado qualquer novo imposto.
b. Todas as transmissões eletrônicas e os bens incorpóreos transacionados desta forma são considerados prestações de serviços, sujeitas ao IVA.

c. Os serviços introduzidos no consumo na União Europeia são tributados pelos Estados membros da União, independentemente da sua origem. Do mesmo modo, os serviços fornecidos por operadores comunitários e destinados a países não membros da União não estão sujeitos ao IVA (princípio da neutralidade da tributação).
d. A tributação do comércio eletrônico deve ser adaptada às práticas comerciais e não deve dificultar as tarefas dos operadores. Para garantir a eficiência da tributação, é fundamental que exista uma boa coordenação entre os operadores e as administrações fiscais.
e. Devem ser desenvolvidos instrumentos de controle de modo a garantir a tributação dos serviços prestados por empresas e particulares através da Internet no interior da União Europeia.
f. A faturação dos serviços prestados na Internet assumirá, fundamentalmente, uma forma eletrônica. Após a definição de normas comunitárias, os operadores poderão cumprir as suas obrigações graças a uma contabilidade e a declarações de IVA eletrônicas. A existência de um quadro de cooperação internacional permitiria aplicar este princípio à totalidade da faturação eletrônica internacional.

Estes princípios constituem simultaneamente uma base de debate no interior da União Europeia e ao nível internacional e um fundamento para a tributação do comércio eletrônico, permitindo que as empresas europeias beneficiem do mesmo regime fiscal, independentemente do modo de venda.

Em 6 de Julho de 1998, o Conselho adotou conclusões nas quais retoma as orientações definidas pela Comissão e aceita que estas sirvam de base à contribuição da União Europeia e dos Estados membros para a conferência ministerial da OCDE de Otawa, em outubro de 1998.

Diversas normas comunitárias foram elaboradas e outras, em fase de elaboração, com o intuito de harmonizar os tributos no comércio eletrônico.[54] Posteriormente serão analisadas algumas Diretivas.

Posteriormente veio a Diretiva nº 2002/38/CE do Conselho[101] que alterava a Sexta Diretiva do IVA, no que se refere ao regime do IVA aplicável

[101] Publicado o Regulamento (CE) nº 792/2002 do Conselho de 7 de maio de 2002, que alarga o sistema comum de intercâmbio de informações relativas ao IVA respeitante a transacções intracomunitárias e serviços prestados por via electrónica, bem como qualquer outra troca de informações para a transferência de dinheiro entre as autoridades competentes dos Estados Membros. A Comissão Europeia emitiu uma comunicação congratulando-se com a adopção,

aos serviços de radiodifusão e televisão e a determinados serviços prestados por via eletrônica.

Essa Diretiva representou um importante passo na via da harmonização das regras de tributação dos serviços prestados a título oneroso e consumidos por clientes estabelecidos na Comunidade Europeia. Acaso sejam consumidos fora da Comunidade não ocorrerá tributação.

Estabelecia a Diretiva que nos serviços de radiodifusão e televisão de serviços prestados por via eletrônica a partir de países terceiros a pessoas estabelecidas na Comunidade ou a partir da Comunidade a destinatários estabelecidos em países terceiros devem ser tributados no lugar do destinatário de tais serviços.

Na verdade, o objetivo era suprimir a distorção que existe ainda hoje no nível da concorrência, submetendo os prestadores de países terceiros às mesmas regras do IVA que os prestadores da União Europeia quando eles fornecem serviços eletrônicos aos consumidores da União Europeia, o que as empresas da União Europeia já reclamavam com insistência.

Essas regras do IVA eram aplicadas aos prestadores de países terceiros que vendem a clientes profissionais dentro da União Europeia, entretanto, permaneceram imutáveis.

Prosseguindo no desenvolvimento, foi editada a Diretiva 2000/31/CE, do Parlamento Europeu e do Conselho de 8 de junho de 2000, relativa a certos aspectos legais dos serviços da sociedade de informação, em especial do comercio eletrônico, no mercado interno.[102]

pelo Conselho, da directiva que altera a aplicação do IVA ao "produtos digitalizados" (em inglês). As novas regras, que terão que estar transpostas até 1 de julho de 2003, prevêem a tributação em IVA destes produtos quando comercializados no espaço europeu mas a sua isenção se destinados ao consumo fora da União Europeia. O Conselho de Ministros Europeu, de 12 de fevereiro de 2001 (em inglês), aprovou a proposta de Directiva e de Regulamento, proposta pela Comissão em junho de 2000, para aplicação do IVA aos "produtos digitalizados". São abrangidos pelas novas regras os serviços fornecidos através de redes electrónicas, tais como: jogos de computador, software, subscrição de canais de rádio ou de televisão "pay-per-view", entre outros.
MEMO/02/21: Preparação do Conselho de Ministros Europeu, Bruxelas 11 e 12 de fevereiro de 2002 (em inglês).
A Proposta de Directiva que altera a Directiva 77/388/CEE no que se refere ao regime do IVA aplicável a determinados serviços prestados por via electrónica: COM (2000) 349 final, de 7.6.2000

[102] De 8 de Junho de 2000 relativa a certos aspectos legais dos serviços da sociedade de informação, em especial do comércio eletrónico, no mercado interno. JO nº L 178 de 17.07.2000 p. 0001-0016.

Tendo em vista essa realidade já constatada, um mercado virtual não adaptado às noções de soberania fiscal de outrora e outros conceitos tradicionais.

A Diretiva 2000/31/CE estabeleceu alguns conceitos.[103]

Nesse novo contexto buscou-se regulamentar as relações das partes envolvidas no comércio e aproximar as administrações fiscais.

Entende-se por comércio eletrônico todo o comércio em que está presente um meio de comunicação eletrônico.

A Diretiva trouxe um conceito de estabelecimento no Considerando 19, segundo o qual "estabelecimento é indissociável a prossecução efetiva de uma atividade econômica, através de um estabelecimento igualmente preenchido no caso de uma sociedade constituída por um período determinado." Em relação às sociedades prestadoras de serviço é o local em que essa sociedade desenvolve a sua atividade econômica. Caso haja vários locais, é importante determinar de que local de estabelecimento é prestado o serviço, senão considera-se que esse local é aquele em que o prestador tem o centro das suas atividades relacionadas com esse serviço.

Já o Considerando nº 20 definiu o "destinatário de um serviço": "abrange todos os tipos de utilização dos serviços da sociedade da informação, tanto por pessoas que prestem informações na internet como por pessoas que procuram informações na internet por razões privadas ou profissionais".

1.3. Análise do IVA no desenvolvimento do comércio eletrônico europeu[104] – Diretiva 2008/8/ce – métodos e conceitos do fato gerador – problemáticas[105]

1.3.1. Aspectos gerais – comércio eletrônico europeu – Diretiva 2008/8/CE

Constata-se que no limiar do terceiro milênio faz-se necessário realizar o desenvolvimento dos institutos clássicos do direito.[106]

[103] Idem.

[104] McLURE, Charles E. The Value Added Tax on Electronic Commerce in The European Union. International Tax and Public Finance, 10, 753-762, 2003.

[105] Em relação ao impacto das novas tecnologias nos ordenamentos jurídicos tributários, vide: Juan Jesús Martos. Imposición Indirecta Del Comercio Electrónico. Tirant lo Blanch, Valencia, 2006, pp. 105 e ss.O e-business e, consequentemente, o e-commerce podem promover a integração comercial entre inúmeros agentes, quais sejam: B2B (business-to-business) –

Nesta busca de adaptar o sistema jurídico no âmbito da União Europeia[107], sobretudo no desenvolvimento do seu potencial, representa o comércio eletrônico a "realização do mercado interno, a globalização, a desregulamentação e a inovação tecnológica contribuíram conjuntamente, para uma alteração profunda do volume e da estrutura do comércio de serviços.

A Diretiva de 2008/8/CE a partir de 01 de janeiro de 2015 passou a vigorar alterações nas transações através da via digital, aqui se incluem as vendas de *software, e-book*, jogos *online*[108], aplicativos, músicas etc.

Assim, o princípio adotado passou a ser o do Estado de destino[109], isto é, o do Estado de consumo, independente de ser compra de app ou da contratação de ser serviços de *cloud computing.*

Essas alterações, já previstas desde 2008[110], com prazo de *vacatio legis* a partir de 01 de janeiro de 2015[111].[112]

transações entre empresas (exemplos: EDI, portais verticais de negócios); B2C/C2B (business-to-consumer/consumer-to-business) – transações entre empresas e consumidores (exemplo: lojas virtuais); B2G/G2B (business-to-government-to-business) – transações envolvendo empresas e governo (exemplo EDI, portais, compras etc); C2C (consumer-to- consumer) – transações entre consumidores finais (exemplos: sites de leilões, classificados on line); G2C/C2G (government-to-consumer/consumer-to-government) – transações envolvendo governo e consumidores finais (exemplos: pagamentos de tributos, serviços de comunicação etc) e G2C (government-to-government) – transações realizadas entre governos.

106 Observa-se que através do desenvolvimento da economia digital, nomeadamente nas transações B2C, as normas comunitárias estão a buscar igual desenvolvimento, projeta-se o futuro através do comercio eletrônico transfronteiriço. Contudo, ainda precisa ser desenvolvido um sistema adaptado do IVA com bases sólidas e resistentes a fraudes e, assim, colher os frutos do Mercado Digital Único. Neste sentido a Comissão vem promovendo estudos e propostas.

107 GOMES, Fabio Luiz. Manual sobre o IVA nas Comunidades Europeias e os Impostos sobre Consumo no Mercosul. Editora Juruá: Paraná, 2006, pp. 89 e ss.ALTAMIRANO, Alejandro C. Tributación Directa ante el Comercio Electrônico y la Fiscalización de las Operaciones Desarrolladas Através de Internet. Ciência e Técnica Fiscal nº 397, pp. 16 e ss.

108 Vide o Regulamento de Execução (EU), nº 282/2011, de 15 de março de 2011, Art. 7º

109 Considerando 3 da Diretiva 2008/8/CE.

110 Em Portugal, a Diretiva 2008/8/CE, foi transposta através do Decreto-lei 158/2014.
Y en Espaa mediante la Ley 2/2010, de 1 de marzo, por la que se transponen determinadas Directivas en el imbito de la imposicin indirecta y se modifica la Ley del impuesto sobre la Renta de no Residentes para adaptarla a la normativa comunitaria.

111 Cf. MATOS, Catarina. IVA 2015: curto ou médio prazo? In Fiscalidade (s) na Vanguarda do Pensamento – 2 anos, 104 Reflexões. Almedina: Coimbra, 2015, pp. 175-176.

112 Art. 5º da Diretiva 2008/8/CE.

Assim como no desenvolvimento do comércio eletrônico internacional, a União vem destacando esforços sobre questão tributária, nomeadamente o IVA[113].[114]

Dessa forma, assume grande relevância, não só no aspecto de gerar receitas auferidas nas transações realizadas, mas também a implementação de uma concorrência internacional fiscal justa.

Alinhavado com essa tendência mundial, a União Europeia assume uma relevância pioneira em conjugar esforços e alterar normativas que sejam mais adaptadas à realidade econômica que está em saltos largos desenvolvendo.

Caracteriza-se que para que possa efetivamente assumir um mercado não só intracomunitário, mas também internacional[115], e evitar a proliferação de evasões, sonegações, etc., esse desenvolvimento deve correr proximamente, influenciando, inclusive, os ordenamentos jurídicos internos (de cada Estado membro da União Europeia).

A harmonização fiscal foi o primeiro grande passo neste sentido[116], contudo, esse processo é dinâmico, e está em constante ebulição, e neste momento, deve prosseguir no sentido de permitir o desenvolvimento das transações de bens e serviços.

Deve-se buscar esse desenvolvimento não só na acepção clássica (conceitos oriundos do direito romano), mas também na acepção contemporânea (as novas dimensões de bens e serviços[117]), através do comércio eletrônico.

[113] CATARINO, João Ricardo. Para uma Teoria Política do Tributo. 2ª Edição. Cadernos de Ciência e Técnica Fiscal, 184, p. 452.

[114] Vide: Juan Jesús Martos. Imposición Indirecta Del Comercio Electrónico. Tirant lo Blanch, Valencia, 2006, pp. 105 e ss.

[115] Sinalizava Palma: "Tratando-se este tributo do imposto mais harmonizado da União Europeia, poder-se-á ser tentado a pensar que a internacionalização do Imposto sobre o Valor Acrescentado (IVA) está deveras condicionada, dadas as apertadas malhas em que nos movemos. Contudo, assim o é parcialmente. O nosso modelo de IVA tem subjacente uma matriz comunitária, facto que condiciona a margem de manobra do legislador nacional relativamente a este tributo." PALMA, Clotilde Celorico. Estudos de Iva II. Almedina: Coimbra, 2012, p. 77. De fato resulta diversas regras do Direito da União Europeia diferentes em cada Estado-membro, dentre eles destaca-se a falta de uma harmonização dos conceitos do direito privado, nomeadamente o direito contratual, estes poderão ser utilizados subsidiariamente em âmbito comunitário.

[116] PALMA, Clotilde Celorico. Estudos de IVA II. Almedina: Coimbra, 2012, pp. 7 e ss.

[117] Regulamento de Execução (EU), nº 282/2011, de 15 de março de 2011, Art. 7º

Além disso, a própria velocidade em que esses contratos são celebrados, muitas transações sem uma barreira física, isto é, transações por meio digitais[118].

Deve-se, portanto, ter especial atenção, principalmente no que concerne ao aspecto fiscal, sobretudo, a tributação indireta, para os objetivos aqui traçados, o IVA.

Atenta a essas transformações, a União Europeia vem desenvolvendo normas comunitárias inovadoras.

Contudo verifica-se a necessidade de prosseguir não só numa visão interna (dentro da comunidade e ordenamentos jurídicos de cada Estado membro), mas também com uma dimensão internacional[119].

Denota-se, a constante dificuldade, não só em desenvolver normas para regulamentar as transações de bens e serviços, mas também aprimorar e inovar os estudos dessa nova realidade.

Observa-se que dado o volume de negócios realizados, associados a uma velocidade digital, não há como dissociar o direito fiscal dos demais ramos do direito.

Neste sentido, o estudo dos aspectos essenciais do fato gerador tributário do IVA, deve caminhar em conjunto com o estudo dos conceitos utilizados no direito privado, o estudo semiótico desses conceitos (aqui entra a questão linguística).

Destarte impõe-se como uma grande dificuldade no desenvolvimento do comércio eletrônico, pois é um mercado promissor (sim, pois ainda sequer iniciou o seu desenvolvimento) que caso não seja acompanhado normativamente gerará uma significativa evasão fiscal.[120]

[118] Vide: Juan Jesús Martos. Imposición Indirecta Del Comercio Electrónico. Tirant lo Blanch, Valencia, 2006, pp. 134 e ss.

[119] Em relação a análise da competitividade e a especialização internacional, vide: MEDEIROS, Eduardo Raposo de. Economica Internacional. Instituto Superior de Ciências Sociais e Políticas: Lisboa, 2003, pp. 93 e ss. Também nesse mesmo autor e livro, quando se tratar de direito aduaneiro, pp. 133 e ss.

[120] Esclarece Pinto que: "O comércio electrónico indirecto no qual se contrata on-line mas a que se segue a entrega física da mercadoria e o comércio electrónico directo que compreende as transacções e entrega em tempo real on- line mediante envio de dados, download de música, software, transferência de fundos, operações de bolsa, etc18 e é nesta segunda vertente que os problemas de fiscalização mais se fazem sentir dadas as maiores facilidades de os contribuintes se subtraírem com êxito à imposição." PINTO, Adério Vaz. A Tributação no Comércio Electronico. Faculdade de Direito da Universidade de Coimbra. URI:http://hdl.handle.net/10316.2/24803 . Neste mesmo sentido, o direito brasileiro também faz igual

Atribui-se mudanças significativas nos conceitos clássicos (como já se disse)[121], estabelecendo, diga-se, até, impondo, aos Estados membros, organizações internacionais, das academias de um modo geral, um aprofundamento das diversas vertentes que decorrem desse desenvolvimento.

Obviamente neste arriscar de criação de normas, observam-se diversos problemas a serem enfrentados, e outros que ainda não foram sequer vislumbrados.

1.3.2. *Moss: mini one stop shop*[122] – mini balcão único

As corporações são sujeitos tributários autônomos, na relação entre a corporação e o acionista prevalece o princípio da separação, apesar da interconexão entre a corporação e o acionista, essa relação deve ser entre estranhos; possuem esferas patrimoniais distintas.

Constata-se que as pessoas físicas ou jurídicas podem agrupar-se, mantendo-se, no entanto, sua personalidade jurídica, tencionando aperfeiçoar as condições de exercício ou de resultado nas atividades econômicas, configurando assim agrupamentos empresarial.

Como sabido, a contabilidade espelha em números uma empresa, torna transparente aos acionistas e a sociedade em geral a saúde daquela empresa, de modo a dar maior segurança nas relações jurídicas entre a empresa e terceiros, inclusive o próprio Estado no aspecto tributário.

O princípio da transparência[123] que deve reger as informações contábeis tornando acessíveis não só aos credores, mas também aos empregados, Estado, investidores, fornecedores e os terceiros interessados.

distinção, contudo, só por objetivos distintos, caso seja um software vendido em larga escala será tributado por ICMS, caso seja um software feito sob encomenda, será tributado por ISSQN. César García Novoa. *La conflictividad en los delitos y en las infracciones tributarias.* DOCUMENTOS DE TRABAJO 11/2019 VII Encuentro de Derecho Financiero y Tributario "Una estrategia global al servicio de la reducción de la conflictividad en materia tributaria" Cristina García-Herrera Blanco (coordinadora) Instituto de Estudios Fiscales.

[121] Vide: Juan Jesús Martos. Imposición Indirecta Del Comercio Electrónico. Tirant lo Blanch, Valencia, 2006, pp. 134 e ss.

[122] Francisco Miguel Carrasco González e Ana María Fernández Gómez del Castilho. ASPECTOS PROCEDIMENTALES DE LA PROPUESTA DE DIRECTIVA RELATIVA A UNA BASE IMPONIBLE CONSOLIDADA COMÚN EN EL IMPUESTO SOBRE SOCIEDADES.). Cronica Tributaria, Boletín de Actualidad 2/2012.

[123] Pedro M. Herrera Molina e Ada V. Tandazo Rodríguez. Justicia y claridad de las normas: la mejor estrategia global para prevenir la conflictividad en materia tributaria, . Cronica Tributaria, Boletín de Actualidad 2/2012, pp. 188 e ss.

A preocupação com as pequenas e médias empresas não se restringe a um Estado isoladamente, mas, como elemento propulsor de uma economia, merecem o destaque e um tratamento mais favorável, não só no aspecto normativo, mas também como política fiscal.[124]

Para além das dificuldades estruturais que essas empresas possuem no setor contábil, isto é, a gestão fiscal, precisará também adaptar-se as constantes mudanças legislativas que qualquer sistema fiscal gera.[125]

Analisando por outro prisma, essas empresas devem pagar tributos (como qualquer outra), por essa razão os Estados devem buscar viabilizar esse pagamento, com normas transparentes e simplificadas, além dos princípios da simplicidade, praticidade e realismo administrativo[126].

Poder-se-ia acrescentar que a tecnologia também pode representar uma barreira ao pequeno empresário, não esqueçamos que as empresas são compostas por pessoas e estas podem não ter acesso ao domínio tecnológico[127], quando se tratar de pequenas e médias empresas, mas isto não escusará o contribuinte de cumprir suas obrigações fiscais.

Portanto, deve haver a simplificação dos meios tecnológicos para tornar acessível ao contribuinte.

Portanto, normas simplificadas e transparentes[128], com o devido acesso tecnológico, são princípios mais são do que o norte legislativo, mas também prático com que devem ser regulamentadas os procedimentos para as pequenas e médias empresas.

Por outro lado, corre-se o risco de a administração fiscal possuir menos informações, dados, enfim capacidade de pleno controle dos pos-

[124] Na Espanha o Real Decreto Legislativo 4/2004, de 5 de marzo, por el que se aprueba el texto refundido de la Ley del Impuesto sobre Sociedades, aponta essa preocupação como prioridade no seu direito interno, artigos 108 *usque* 114.

[125] Vide Domingo Carbajo Vasco. *UNA CRÍTICA DE LOS REGÍMENES FISCALES EN FAVOR DE LAS PEQUEÑAS Y MEDIANAS EMPRESAS (PYME)*. Cronica Tributaria, Boletín de Actualidad 2/2012, p. 3.

[126] Cf. Domingo Carbajo Vasco. *UNA CRÍTICA DE LOS REGÍMENES FISCALES EN FAVOR DE LAS PEQUEÑAS Y MEDIANAS EMPRESAS (PYME)*. Cronica Tributaria, Boletín de Actualidad 2/2012, p. 4.

[127] FLORES, Rosa Galapero. ***Sobre el procedimiento relativo a los mecanismos de resolución de litigios fiscales en la Unión Europea***. Cronica Tributaria, Boletín de Actualidad 2/2012, p. 135.

[128] Pedro M. Herrera Molina e Ada V. Tandazo Rodríguez. Justicia y claridad de las normas: la mejor estrategia global para prevenir la conflictividad en materia tributaria, . Cronica Tributaria, Boletín de Actualidad 2/2012, pp. 188 e ss.

síveis devedores tributários, com isso existiria a possibilidade de fragilizar as administrações fiscais, tanto nas obrigações[129] fiscais formais e materiais.[130]

Levando-se em consideração a relevância dos Estados, das relações entre si, dos blocos regionais e das relações entre si, o conceito de pequenas e médias empresas ganha grande relevo, nomeadamente pois cada Estado possui internamente nos seus sistemas jurídicos peculiaridades conceituais em relação ao que seria pequena e média empresa.

Por essa razão, na tentativa de maior abrangência se utiliza de conceitos jurídicos indeterminados[131], sobretudo nos blocos regionais.

Contudo, ao se utilizar e conceitos jurídicos indeterminado[132], com ele vem a insegurança jurídica, portanto, a garantia do contribuinte da certeza do tributo a ser cobrado fica também com a norma aberta.[133]

Portanto, normas que se utilizam do critério da especialidade em relação as pequenas e médias empresas é a melhor solução.

A criação do Mini Balcão Único busca tornar viável a aplicação do Princípio do Estado de destino[134] nas transações intracomunitárias no comércio

[129] Vide: Francisco Miguel Carrasco González e Ana María Fernández Gómez del Castilho. ASPECTOS PROCEDIMENTALES DE LA PROPUESTA DE DIRECTIVA RELATIVA A UNA BASE IMPONIBLE CONSOLIDADA COMÚN EN EL IMPUESTO SOBRE SOCIEDADES.). Cronica Tributaria, Boletín de Actualidad 2/2012.

[130] Cf. Domingo Carbajo Vasco. *UNA CRÍTICA DE LOS REGÍMENES FISCALES EN FAVOR DE LAS PEQUEÑAS Y MEDIANAS EMPRESAS (PYME).* Cronica Tributaria, Boletín de Actualidad 2/2012, p. 6.

[131] Vide: Domingo Carbajo Vasco. *UNA CRÍTICA DE LOS REGÍMENES FISCALES EN FAVOR DE LAS PEQUEÑAS Y MEDIANAS EMPRESAS (PYME).* Cronica Tributaria, Boletín de Actualidad 2/2012, p. 5. Para aprofundar também esse estudo, vide: Francisco Miguel Carrasco González e Ana María Fernández Gómez del Castilho. ASPECTOS PROCEDIMENTALES DE LA PROPUESTA DE DIRECTIVA RELATIVA A UNA BASE IMPONIBLE CONSOLIDADA COMÚN EN EL IMPUESTO SOBRE SOCIEDADES.). Cronica Tributaria, Boletín de Actualidad 2/2012.

[132] Vide: Ana Paula Dourado. O Princípio da Legalidade Fiscal. Editora Almedina: Coimbra, 2007, pp. 357 e ss.

[133] Cf. Alberto Xavier. Conceitos e natureza do acto tributário. Coimbra, 1972 e Alberto Xavier. Os Princípios da Legalidade e da Tipicidade da Tributação, São Paulo, 1981.

[134] Conforme sinalizava Palma, que estabelecia como características fundamentais de um novo sistema de IVA um sistema com base no princípio do destino, acrescentando o que considerava um mito romântico do princípio de tributação no país de origem. PALMA, Clotilde Celorico. Estudos de IVA II, ..., p. 15.

eletrônico, pois, evita-se que as empresas tenham que realizar o registro fiscal em cada Estado-Membro de consumo em que tenham clientes.[135]

Além disso, viabilizaria a vida fiscal (em que pese os problemas que serão posteriormente enfrentados) da pequena e média empresa no que concerne a tributação no comércio eletrônico, estabelecendo um modelo mais simplificado[136] e acessível.

Essas transações comerciais realizadas em mais de um Estado- Membro implicaria em várias administrações fiscais, encarecendo por demais a gestão fiscal das empresas, em alguns casos até inviabilizaria a existência dessas empresas, nomeadamente a pequena e média empresas.

Reportamo-nos, na perspectiva dos Estados, a criação de diversas autoridades fiscais, também geraria um gasto imenso, uma gestão que viesse a cruzar dados complexa de todas as transações realizadas.[137]

Acrescente-se, ainda, não um problema de ordem fiscal, mas sim de gestão fiscal, que seriam Administrações Fiscais com diferentes línguas, dificultando a comunicação em casos de dúvidas, por parte dos agentes fiscais, em relação, p. ex., ao cruzamento entre dados fiscais.

A barreira da língua poderia gerar a perda de muitas informações que poderiam ser relevantes na comunicação entre as Administrações que pudessem implicar em fraudes fiscais ou mesmo descaracterizar como fato gerador numa perspectiva de planejamento fiscal.

Realizar essas múltiplas obrigações tributárias em diversos países praticamente inviabilizariam a sua realização, sobretudo, se levarmos em consideração as pequenas empresas.[138]

Mesmo as empresas de médio ou grande porte, haveria um ônus muito maior, o que recairia sobre o consumidor. Acrescente-se que reduziria os custos com a administração fiscal dos Estados.

[135] Vide MAURÍCIO, Olívia. O Mini Balcão (MOSS) – Um Passo em Frente na Simplificação do Cumprimento das Obrigações do IVA a Nível da União Europeia. In Cadernos IVA 2014. Almedina: Coimbra, pp. 363 e ss.

[136] Cf. ALEXANDRE, Mário Alberto. A Evolução do Sistema Comum do IVA – O Mecanismo de "Balcão Único" ou "One Stop Shop". In Vinte Anos de Imposto sobre o Valor Acrescentado em Portugal: Jornadas Fiscais em Homenagem ao Professor José Guilherme Xavier de Basto. Almedina: Coimbra, 2008, p. 153.

[137] Uma empresa que possuir registro para MOSS terá de apresentar declarações trimestrais do IVA detalhando suas vendas através de telecomunicações, radiodifusão e serviços electrónicos a pessoas que não sejam sujeitos passivos de outros Estados-Membros, juntamente com o IVA devido.

[138] Cf. ALEXANDRE, Mário Alberto. A evolução do Sistema Comum do IVA , p. 157.

Em 13 de Janeiro de 2012 a Comissão Europeia apresentou uma proposta para criação de um Balcão Único, buscando que futuramente fosse estendida para outras transações que envolvam alargar o balcão único a outros bens e serviços.[139]

Verifica-se que já nessa Comunicação da Comissão Europeia estabelecia a criação a partir de 1 de janeiro de 2015 de um Mini Balcão[140], com objetivo de permitir que as empresas possam declarar e pagar o IVA no Estado-Membro em que estejam estabelecidas e não no do cliente.[141]

Assim, cria-se um regime especial aplicado ao IVA, onde trimestralmente as empresas deverão, por via eletrônica, realizar declarações das prestações de serviços eletrônicos realizados naquele período.[142]

Dessa forma, o Estado de origem deverá repartir a declaração do IVA e todas as demais informações com cada Estado de consumo.[143]

Verifica-se, contudo, que a adesão a esse regime pelas empresas é facultativa[144], caso não faça essa adesão cada Estado-Membro deve buscar meios de controle de modo a viabilizar a entrega do pagamento desse tributo no país de modo em que possa repassá-lo ao Estado de destino. Portanto, deveriam, os Estados membros, buscar normatizar as hipóteses em que as empresas não aderissem ao Balcão Único[145].

[139] Comunicação da Comissão sobre o futuro do IVA – IP/11/1508.

[140] Vide Diretiva 2008/8/CE do Conselho; Regulamento (CE) nº 143/2008; Regulamento (CE) nº 1798/2003 e Diretiva 2008/8/CE do Conselho.

[141] Comunicação da Comissão – IP/12/17.

[142] Caso não realizem qualquer transação deveram apresentar declaração com alíquota zero. Vid. en Espaa art culos 163 bis y siguientes de la Ley 37/1992, de 28 de diciembre, del Impuesto sobre el valor Aadido

[143] O Estado-membro de identificação gera depois um número de referência único para cada declaração de IVA apresentada através do minibalcão único e comunica esse número ao sujeito passivo. Esse número é importante, na medida em que o sujeito passivo deve mencioná-lo ao efetuar o pagamento correspondente.

[144] Aos Estados-membros são obrigatório.

[145] Olívia Mauricio faz as seguintes ponderações: "Para que esse objetivo fosse alcançado foi necessário proceder a alterações significativas no âmbito das administrações tributárias, as quais passam a utilizar tecnologias mais avançadas que permitam o intercâmbio alargado da informação relevante e a resposta às solicitações dos operadores econômicos."MAURICIO, Olívia. O Mini Balcão Único (MOSS) – Um passo em Frente na Simplificação do Cumprimento das Obrigações do IVA a Nível da União Europeia. In Cadernos IVA 2014. Almedina: Coimbra, 2014, p. 373.

Segundo Alexandre: "Relativamente aos serviços de telecomunicações, de radiofusão e televisão e de comércio eletrônico, quando se trate de operações efectuadas entre sujeitos

1.3.3. Implementação da Diretiva 2008/8/CE

Constata-se que muitos países não providenciaram de forma adequada as devidas adaptações, apesar de essa Diretiva ser de 2008.

Obviamente são os países do Estado de destino que estão a se beneficiar destas novas regras. Dessa forma, não importa mais a localização da empresa prestadora de serviços dentro da União Europeia.

Para que pudessem ser implementadas essas mudanças, estabeleceu-se a criação de um balcão único, o MOSS: Mini One Stop Shop[146] – Mini Balcão Único.

Neste sentido, criou-se um regime especial de IVA aplicado aos prestadores de serviços digitais, com o objetivo de facilitar o cumprimento das obrigações tributárias em transações extrafronteiras.[147]

Todavia, a exemplo das empresas britânicas, essas empresas são responsáveis por identificar corretamente o destino dessa prestação de serviços.

Buscam-se maneiras determinantes para não só identificar, mas documentar, a localização real de cada consumidor desse serviço, para se evitar e combater tentativas fraudulentas de consumo e, portanto, meios para falsificar a localização da empresa de destino.

Observa-se que a aplicação do Princípio do Estado de destino, isto é, nos países do consumo, as alíquotas serão maiores ou menores de acordo com o país destinatário.

passivos (B2B) mantêm-se a regra de tributação no lugar da sede do adquirente dos serviços. No entanto, quando os serviços são prestados a um particular (B2C), quer oprestador dos serviços esteja estabelecido num país terceiro quer esteja estabelecido na União Europeia, propõe-se a alteração do lugar da tributação para o Estado membro da residência do adquirente." ALEXANDRE, Mário Alberto. A Evolução do Sistema Comum do IVA..., p. 159.

[146] Francisco Miguel Carrasco González e Ana María Fernández Gómez del Castilho. ASPECTOS PROCEDIMENTALES DE LA PROPUESTA DE DIRECTIVA RELATIVA A UNA BASE IMPONIBLE CONSOLIDADA COMÚN EN EL IMPUESTO SOBRE SOCIEDADES.). Cronica Tributaria, Boletín de Actualidad 2/2012.

[147] Exem plifica Maurício: "Em Portugal essa obrigatoriedade de registo ocorre sempre que, não possuindo sede nem estabelecimento estável no território nacional, sejam efetuadas operações sujeitas a imposto no território nacional e cuja responsabilidade de liquidação não caiba ao adquirente, sendo ele sujeito passivo. No caso das prestações de serviços efetuadas a adquirentes que não sejam sujeitos passivos, existe sempre a obrigatoriedade de registo no território nacional." MAURÍCIO, Olívia. O Mini Balcão Único (MOSS) – Um Passo em Frente na Simplificação do Cumprimento das Obrigações do IVA a Nível da União Europeia. In Cadernos IVA 2014. Coordenação Sérgio Vasques. Almedina: Coimbra, 2014, pp. 363-364.

Neste sentido, as alíquotas são diferentes de país para país, variando de 3% a 25%.[148] As menores alíquotas estão em Luxemburgo, lá se encontram, p. ex., as empresas Google, Amazon, Apple, dentre outras grandes empresas que tem suas sedes na União Europeia.[149]

Configurava-se uma estratégia que objetivava, obviamente, pagar uma menor alíquota de IVA.

Com essa alteração, essas empresas deverão levar em consideração as alíquotas do País de destino, portanto, buscarão uma reestruturação organizacional, pois as vantagens que possuíam já não existem.

Constata-se que várias empresas do Reino Unido que prestam serviços através da Internet, não se adaptaram às mudanças oriundas da Diretiva 2008/8/CE, já, como se disse acima, produzindo efeitos a partir de 01 de janeiro de 2015. Podendo, portanto, serem sancionadas por descumprirem suas obrigações fiscais.

A maior parte dessas empresas são pequenas e médias, que ainda não conseguiram realizar a reestruturação necessária para que viabilizassem o pagamento do IVA através de um Mini Balcão.[150]

Observa-se, ainda, que o governo britânico também não havia pensado em uma solução caso os Estados viessem a não aderir ao Balcão Único, portanto, estão por surgir diversas celeumas daí decorrentes.

1.3.4. *Download* de músicas, imagens e *software*, jogos online etc.

Constata-se que haverá grande dificuldade em identificar os consumidores desse tipo de serviço/bens digitais.

Conforme se verificou acima, a partir de 1 de janeiro de 2015 os serviços de telecomunicações e de radiofusão prestados por via eletrônica são – em geral – tributados no local de consumo, independentemente de ser o cliente sujeito passivo/empresa (B2B) ou um consumidor (B2C).

Neste caso, dever-se-á informar o local de destino.

[148] Em relação ao Reino Unido, vide: https://www.gov.uk/vat-rates

[149] Sobre as alíquotas do IVA, vide: http://www.vatlive.com/vat-rates/european-vat-rates/eu-vat-rates/

[150] Muitos empresários reclamam por terem que enfrentar longas filas e pagar alguns cêntimos de euro. Neste caso, teriam três alternativas: a primeira, enfrentar as filas e pagar; a segunda, arcar com as consequências de não pagar e a terceira, não realizar transações com outros países dentro do continente. Já há uma pressão para que a Comissão Europeia estabeleça isenções para as pequenas empresas.

Percebe-se que se esses serviços forem prestados por via eletrônica através de telecomunicações ou radiofusão só pode ser recebido em um determinado local e para que seja considerado, deve haver a presença física dos meios de recepção, p. ex. telefone, acesso de Internet através de Wi- Fi, Ciber Café etc, presumindo que o consumidor esteja estabelecido neste local.

Agora se os serviços forem prestados através de rede móvel (telemóvel), deve ser determinado o cartão SIM utilizado quando receber esse serviço.

Em princípio parece que estaria resolvido.

Porém observa-se a dificuldade que se teria para identificar o endereço de cobrança, o endereço do IP, os dados bancários, ou mesmos dados pessoais para que se possa fazer esta cobrança.

É pressuposto de fato que o local da prestação de serviço é o próprio serviço em si considerado.

Nestas hipóteses, como uma empresa localizada em outro Estado- Membro poderá fazer para identificar todos esses dados? Qual é endereço do IP do serviço prestado? Ou mesmo, onde a linha telefônica está localizada? Ou mesmo, o código do cartão SIM do equipamento telemóvel?

Em 03 de abril de 2014, a Comissão Europeia emitiu notas explicativas sobre as mudanças do IVA dentro da União Europeia.

Observa-se essas empresas, sobretudo, as pequenas empresas precisarão e mecanismos que facilitem o acesso a estas informações de modo que possa ser efetiva a aplicação do princípio do Estado de destino.

As administradoras fiscais dos 28 Estados-Membros devem uniformizar condutas de modo que possam não só cruzar informações, mas também colaborar com essas empresas para que possam cumprir suas obrigações acessórias. Devem, as administradoras fiscais, orientar acerca dos meios de identificação do contribuinte do IVA.

1.3.5. Mercado único digital (*digital single market*)

1.3.5.1. Desenvolvimento recente

A Comissão Europeia elaborou, através de uma Comunicação[151], diretrizes para a elaboração de um Mercado Único Digital (digital single Market)[152] e essa discussão será debatida no Parlamento Europeu.

[151] Brussels, 6.5.2015 COM(2015) 192 final.

[152] Vide as breves anotações: The European Union's Digital Single Market Strategy – A conflict between government's desire for certainty and rapid marketplace innovation? BRONTMAN, Stuart. https://www.brookings.edu/wp-content/uploads/2016/07/digital-single-market.pdf

De acordo com a Diretiva 2008/8/CE, desde 1 de janeiro, qualquer produto ou serviço digital deve ser tributado no Estado de Destino.

Almeja-se uma reformulação no sistema jurídico através da criação de um Mercado Único Digital, assim, seriam atendidos os objetivos principais dos tratados constitutivos da União Europeia, isto é, o aprimoramento do Mercado Único.

De fato, assim como as orientações que estão sendo elaboradas pela OCDE, devem ser feitos aprimoramentos no sentido de atender a essas novas realidades decorrentes da "era digital".

Assim, como foco inicial de discussão, deve-se ter consciência dessa nova realidade com repercussões em todos os setores, inclusive o tributário.

Afinal, esse mercado digital não conhece fronteira, o seu manuseio está extremamente simplificado, inicialmente só através de computadores, depois somaram-se os notebooks e agora nas mãos das pessoas (celulares).

Estas celebram infindáveis transações por via eletrônica, através de simples aplicativos, ou e-books[153], músicas etc., que podem ser onerosas ou não, este último, inicialmente pode ser não oneroso, contudo, através de propagandas ou outros mecanismos pode gerar receita às empresas que fornecem esse serviço.

Segundo propõe Jean-Claude Juncker: – *To do so, we will need to have the courage to break down national silos in telecoms regulation, in copyright and data protection legislation, in the management of radio waves and in the application of competition law.*[154]

Interessante notar que Juncker ao final demonstra a concorrência como um dos princípios chaves para essa alteração.

[153] Em relação aos e-books, a França e Luxemburgo aplicavam alíquotas reduzidas do IVA ao fornecimento de livros eletrônicos por entenderem que deveriam ter o mesmo tratamento dos livros produzidos em papel. Entende-se como livro eletrônico os livros fornecidos por dowload ou web streaming, isto é, a partir de um site, este pode vir no computador adquirido, ou num smartphone, ou leitores de livros eletrônicos ou outro sistema de leitura. Em conclusão, o Tribunal de Justiça das Comunidades Europeias entende que não se aplica alíquota reduzida aos livros eletrônicos, tendo como fundamento a Diretiva do IVA, e que não se trataria de entrega de bens e que apenas o suporte físico permitiria o livro eletrônico ser lido, portanto, uma prestação de serviços. C-479/13 e C-502/13. A Alemanha, a Itália e a Polônia (com o apoio de Luxemburgo) entendem que esse posicionamento distintivo entre os livros eletrônicos e os livros em papel gera distorções na concorrência na medida em que impõe comportamento e acabam por impor o livro impresso. Tambin en Espaa se aplica desde 2020 un tipo de IVA reducido (el 4%) igual que a los libros en papel.

[154] Brussels, 6.5.2015 COM(2015) 192 final.

E acrescenta: "*If we do this, we can ensure that European citizens will soon be able to use their mobile phones across Europe without having to pay roaming charges. We can ensure that consumers can access services, music, movies and sports events on their electronic devices wherever they are in Europe and regardless of borders.*

O comércio eletrônico configura-se uma realidade, que abrange desde a produção, diga-se até o meio, de produção, meios de transmissão, forma de prestação desse serviço, ou até aspectos que abrangem a propriedade intelectual.

Infindáveis transações, num mercado sem fronteiras, que vão abranger desde pessoas jurídicas (estatais ou não, públicas ou privadas) até pessoas físicas, localizado ou não dentro do âmbito da União Europeia, com acesso imediato ao consumo.[155]

Com o aprimorando o Mercado Único Europeu, através do estabelecimento de um Mercado Único Digital, a União Europeia, segundo a Comissão Europeia, crescerá algo em torno de 250 milhões de Euros.[156] Dessa forma, criaria também diversos postos de trabalho.

Observa-se que através da "era digital" ocorreram mudanças em todas as esferas, nas relações humanas, inclusive na sua forma de interagir consigo mesmo e em relação às pessoas que a cercam, nas suas ambições de consumo, enfim, o direito deve adaptar-se ao mundo digital.

A União Europeia vem buscando meios de acelerar o desenvolvimento dos Estados-membros envolvidos na busca dessas soluções desafiadoras que deverá buscar coordenações de ações, em algumas situações a aproximação ou mesmo a harmonização jurídica.[157]

Neste sentido, todos os Estados-Membros da União Europeia deverão buscar uma conexão de soluções no âmbito interno das suas legislações, nas relações entre os Estados-Membros nas relações intracomunitárias, e, mesmo nas relações do Bloco Regional e países terceiros.

O aprimoramento do Mercado Único exige mudanças ousadas e o apoio integral de todos os Estados envolvidos.

Assim, a Comissão Europeia tenciona aprimorar/realizar/adaptar as três liberdades (pessoas, bens e capital) ao terceiro milênio, considerando,

[155] Vide: BROTMAN, Stuart. The European...

[156] COM(2015) 192 final

[157] European Commission, A Digital Single Market Strategy for Europe – Analysis and Evidence, COM (2015) 192, p 52.

assim, a implementação de um Mercado Único Digital como medida necessária para essa transição/transformação mundial.

Neste Mercado Único Digital as três liberdades (pessoas, bens e capital) possibilitariam as pessoas (natural e jurídica) exercer atividades *online* em condições seguras e concorrenciais, além de aumentar/facilitar o consumo, a proteção de dados pessoais[158], independentemente da sua nacionalidade ou local de residência.[159]

Estabelecem-se essas alterações como medidas necessárias para aprimorar o crescimento global da União Europeia.

Dentro da União Europeia ainda há fragmentação e barreiras que impedem esse desenvolvimento.[160]

1.3.5.2. Princípios fundamentais para a implementação do mercado único digital

Para implementar essas medidas a Comissão Europeia firmou os três pilares:

a. facilitar o acesso entre os consumidores e empresas – para que possa isso ocorrer é necessário remover as diferenças fundamentais entre o mundo online e off-line;
b. criar condições certas para o desenvolvimento das redes de serviços – para que isso ocorra é necessário que esses serviços sejam fornecidos em alta velocidade, com infraestruturas seguras e confiáveis
c. maximizar o potencial de crescimento da economia digital europeia.

[158] Vide: file:///C:/Users/Fabiola/Downloads/Data_Act Commission_proposes_measures_for_a_fair_and_innovative_dat a_economy.pdf.

[159] Não se deve perder de vista também o desenvolvimento da propriedade intelectual, aqui, vale a leitura do Pablo Ibáñez Colomo. Forthcoming in Roger D. Blair and D. Daniel Sokol, eds. (2016) Handbook of Antitrust, Intellectual Property and High Technology. New York: Cambridge University Press. LSE Law, Society and Economy Working Papers 19/2015 London School of Economics and Political Science Law Department. http://papers.ssrn.com/sol3/papers.cfm?abstract_id=2697178.

[160] Segundo a Comissão Europeia: Europe has the capabilities to lead in the global digital economy but we are currently not making the most of them. Fragmentation and barriers that do not exist in the physical Single Market are holding the EU back. Bringing down these barriers within Europe could contribute an additional EUR 415 billion to European GDP1. The digital economy can expand markets and foster better services at better prices, offer more choice and create new sources of employment. A Digital Single Market can create opportunities for new start-ups and allowexisting companies to grow and profit from the scale of a market of over 500 million people." COM(2015) 192 final

Não obstante esses princípios sejam de fato muito importantes, não há como desconsiderar as três dimensões do IVA, isto é, a dimensão interna (ordenamento jurídico interno dos Estados), a dimensão intracomunitária e a dimensão internacional.

Considera-se que um princípio complementa o outro, mas para que possa maximizar o potencial de crescimento não pode ser desconsiderado o aspecto tributário

Recentemente passaram a vigorar as regras estabelecidas na Diretiva 2008/8/CE, um dos pilares firmados nela foi o princípio da tributação no Estado de destino.

Observa-se que o prosseguimento da harmonização tributária, o desenvolvimento do comércio eletrônico, a proteção do consumidor, a aproximação do direito contratual, a simplificação dos mecanismos administrativos dos sistemas tributários, enfim, os próprios conceitos utilizados nestas transações e que servem de suporte fático para tributação através do IVA, devem andar juntos.

Não há como conceber um sem que o outro não venha junto, são siameses, portanto, cabeças do mesmo corpo, a União Europeia.

1.3.6. Necessidade de uma visão tridimensional do IVA nas transações digitais interna/intrabloco/internacional

Toda essa estrutura deve observar as normas em desenvolvimento na OCDE, não só as concernentes a prestações de serviços eletrônicos, mas também a própria base conceitual que está se buscando estabelecer entre todos os países do mundo.

A dimensão internacional do IVA vem cada vez mais impondo comportamentos a todos os Estados, observa-se, que esse fio condutor que tangencia a tridimensionalidade do IVA não pode ser negligenciado, sob pena de haver necessidade de novas reformas, nas três órbitas.

Observa-se que atualmente configuram-se 28 Estados[161] pertencentes à União Europeia, portanto, qualquer operação transacional de bens e serviços que se realizem, sejam elas digitais ou não envolvem uma complexidade enorme.

[161] 27 Estados desde la salida del Reino Unido el 31 de enero de 2020, y con plenos efectos desde el 1 de enero de 2021.

Para o desenvolvimento do e-commerce faz-se necessário estabelecer fios condutores entre os ordenamentos jurídicos internos, intrabloco e internacional.

Obviamente que medidas que garantam a proteção ao consumidor vão aumentar a confiabilidade e, portanto, desenvolvem mais ainda o e-commerce.

Contudo, essa medida, embora necessária, não se consubstancia, como se verá, suficiente.

Quando essas mudanças começarem a ocorrer, os consumidores membros da União Europeia buscarão ampliar mais ainda seus desejos de consumo para outros países, como, p. ex., os EUA.

Aqui esbarrariam nos mesmos problemas enfrentados quando desenvolveram sua normativa intrabloco.

Neste sentido, as administrações fazendárias, já por demais complexas internamente dentro de cada Estado-Membro, deverão desenvolver mecanismos anti-elisivos dentro das transações intracomunitárias, e, agora sob a perspectiva aventada, no âmbito internacional.

Sustenta-se que não haja a possibilidade de implementação desses avanços necessários sem que venha acompanhado de uma aproximação conceitual dos aspectos do fato gerador do IVA, sobretudo, aqui no e-commerce.

A simplificação das normas transfronteiriças e o seu entrelaçamento com os ordenamentos jurídicos internos, intracomunitário e internacional poderia não só incentivar as empresas a desenvolver transações de bens e serviços *online*, mas aumentaria a confiança do consumidor.

Essa harmonização fiscal justa que pudessem estabelecer as mesmas regras jurídicas entre os diversos Estados-membros e Estados terceiros permitiria o ambiente adequado para o desenvolvimento do comércio eletrônico.

Faz-se, necessário, ainda, harmonizar os principais direitos e obrigações relacionados, sobretudo, a contratos de compra e venda (esse ponto será posteriormente abordado).

Dessa forma, obter-se-ia o ambiente necessário para que os empresários saibam quais são as normas aplicadas, seus direitos e suas obrigações, aqui, não numa dimensão exclusivamente do consumidor, mas também em uma perspectiva empresarial.

Incentivando a modernização e o investimento em uma área que demonstra a efetiva necessidade de ser atribuído maior dinamismo e adaptação à realidade já tão evidente.[162]

[162] Basta observar o grande número de transações já celebradas através do meio digital.

Observa-se que os sistemas jurídicos já impõem um rótulo para investimento ou não, neste sentido, o direito fiscal estabelece um papel fundamental.[163]

1.3.7. Mercado único digital e a concorrência fiscal

No que concerne à concorrência, sobretudo, a fiscal, faz-se necessário um regramento que permita às empresas a realização de suas obrigações fiscais, de modo que possam ter o mesmo tratamento fiscal em todos os Estados membros da União Europeia.[164]

Em que pese já ter se estabilizado uma harmonização fiscal dos tributos indiretos com a adoção do IVA, neste momento, a realidade impõe alterações significativas em toda a sistemática adotada.

[163] Observa-se que os cidadãos europeus em breve serão capazes de usar seus telefones móveis em toda a Europa sem ter que pagar tarifas de roaming. Neste sentido, os consumidores possam aceder aos serviços, música, filmes e eventos desportivos em seus dispositivos eletrônicos onde quer que estejam na Europa e independentemente das fronteiras.

[164] Muitas organizações seguem no caminho a buscar desenvolver uma solução para o grande mercado digital que inicia o terceiro milênio, neste sentido, o Eurocommerce dispõe: "EuroCommerce welcomes the Commission's vision to create a truly Single Market fit for the digital age. While recognising how complex the challenges are, we encourage the Commission to put forward ambitious rules that will not only open the markets for consumers but also remove barriers for businesses. EuroCommerce has long campaigned for harmonised consumer protection rules, as well as simplified VAT arrangements, more ICT investments and promotion of digital skills. We are happy to see that the Commission will take actions in these areas. Home Option There are still too many barriers for businesses wanting to sell goods cross-border, and these need to be removed. Even in the digital age, selling goods online, requires them to be moved from one place to another. And this is where most barriers arise, both legal and commercial. These include differences in labelling, language, product safety requirements, VAT and payment systems, delivery costs and services, territorial supply contract and consumer protection rules. European traders need rules that allow them to trade cross-border on the basis of the home option – using the law of the country in which they are based – to all areas concerning cross- border trading, including labelling and product safety. This will create more legal certainty and reduce costs, and will encourage new companies to offer goods and services online to consumers across the EU. One-stop shop (Single Digital Gateway) EuroCommerce would like to see a true portal aimed at helping EU businesses looking to sell online. Such a tool could help retail and wholesale businesses entering or adapting to the digital economy, including user-friendly information about EU and national consumer protection rules, VAT regimes, administrative cross-border requirements, product testing, information and labelling requirements, and best practice on how to enter into or adapt to ecommerce. Equal treatment There needs businesses." http://www.eurocommerce.eu/resource-centre.aspx#IssueBriefing/9488.

A opção da localização de uma empresa em um ou outro Estado membro não pode ser por razões fiscais, ao exemplo, como se verá, o Estado de Luxemburgo, possuía até então localizadas em seu território grandes empresas no setor do comércio eletrônico (p. ex., a Google) em razão da diferenciação de alíquotas, e nestes países seriam bem menores.

Neste sentido, o regramento do comércio eletrônico, com a criação de um Mini-Balcão e com uma uniformização de alíquotas, tornaria a concorrência mais justa.

Obviamente, com um mercado estabelecendo uma concorrência mais justa geraria um crescimento econômico e social.

Seria estabelecido um novo horizonte para as empresas – um novo mercado a ser explorado, e, ao consumidor seria garantida a segurança necessária para o seu desenvolvimento.

No que tange ao fisco, aumentará a arrecadação dos Estados membros com um maior controle fiscal, uma gestão complexa, mais viável.

2. Economia global e o desenvolvimento normativo e conceitual das normas do fato gerador do IVA – ampliação do comércio eletrônico

Observa-se que vivemos a era digital, tornando, assim, o desenvolvimento econômico como uma projeção real.

E neste momento o desenvolvimento digital depende em grande medida do desenvolvimento fiscal.

Como se sabe, a dimensão das transações de bens e serviços digitais não se restringe a fronteiras dos Estados ou dos Blocos Regionais, mas também em âmbito global.

Portanto os trabalhos desenvolvidos na União Europeia deveriam buscar um fio condutor conceitual com normas de referências internacionais.

Desta forma a criação de um Mercado Único Digital consagra o objetivo primordial do processo evolutivo do Mercado Único, e, não só, mais estaria adequado ao prosseguimento evolutivo das três liberdades: circulação de pessoas, bens/serviços e capital, pois estas ocorrem cada vez mais por via digital.

O que em situação ideal, o Mercado Único Digital assegura a possibilidade dos indivíduos e as empresas poderem exercer atividades *online* em situação de concorrência leal.

Essas medidas consubstanciam-se assegurar uma posição de liderança a Europa no mercado econômico global.

Contudo o mercado concorrencial está em todos os níveis, não há como desconsiderar que essa evolução deve vir acompanhada dos estudos das organizações internacionais, sobretudo, a OCDE, para que se possa de fato ter um mercado digital global devidamente regulamentado.

Portanto, as medidas tomadas no âmbito regional europeu servirão de normas-quadro para evolução das normas internacionais.

Esse movimento deve buscar a intercomunicação entre as diversas administrações fazendárias, com regulamentações harmonizadas, e o IVA serve como parâmetro desenvolvimentista fiscal.

Observa-se, portanto, que se faz necessária aproximação do direito dos contratos em âmbito europeu.

Esses conceitos contratuais de entrega de bens e prestação de serviços podem servir na consagração de um Mercado Único Digital, sobretudo, na utilização desses conceitos no âmbito fiscal, nomeadamente no IVA (obviamente quando a lei fiscal não dispuser contrariamente).

1.4. Plano de ação sobre o IVA – 2016

1.4.1. Princípios gerais

Constata-se que as feições da sociedade mundial mudaram, neste sentido a União Europeia vem se empenhando em estabelecer normas e indicações para adaptar o mercado único.

Atentos a essa nova realidade, a Comissão Europeia (CE) emitiu em 07/04/16 (publicado) um Plano de Ação com o objetivo de adaptar e aprofundar o sistema tributário do IVA[165].

Objetiva-se uma reforma reunindo debates de longa data, busca-se o aprimoramento da harmonização fiscal.

Observa-se que há uma perda de receita oriunda de fraude em torno de cinquenta bilhões de euros, nomeadamente nas operações transfronteiriça.

Conforme será analisado, entende-se que são os principais pontos dessa reforma:

a. Maior liberdade aos Estados para alíquotas reduzidas do IVA e a expansão do princípio do Estado de Destino;

[165] Brussels, 7.4.2016 COM (2016) 148 final COMMUNICATION FROM THE COMMISSION TO THE EUROPEAN PARLIAMENT, THE COUNCIL AND THE EUROPEAN ECONOMIC AND SOCIAL COMMITTEE on an action plan on VAT Towards a single EU VAT area – Time to decide.

b. Aprimorar o sistema fiscal de modo que esteja adequado ao desenvolvimento do comércio eletrônico.

Objetiva-se que essa legislação seja apresentada em 2017 à consideração dos Estados membros.

1.4.2. Maior liberdade aos estados para alíquotas reduzidas do IVA e a expansão do princípio do Estado de destino

Esse Plano de Ação desenvolve-se em cima de melhorar a cooperação e o aumento de informação entre os Estados membros. Tendo como principal escopo o combate à fraude fiscal.[166]

Serão necessárias alterações legislativas para que seja aplicada a possibilidade de alíquotas reduzidas, ao exemplo dos e-books.

A Comissão Europeia estabeleceu duas alternativas: a primeira seria revisar o anexo III da Diretiva do IVA e estabelecer quais seriam os produtos que poderiam ter essa alíquota reduzida e, como segunda alternativa, preferir uma total liberdade aos Estados membros para selecionar os produtos.

Em relação à aplicação do princípio da tributação no Estado de destino, as regras atuais (com algumas alterações, sem, contudo, alterar o sistema) foram introduzidas temporariamente em 1993 com o desenvolvimento do Mercado Único Europeu.

Dentre as alternativas sugeridas está a remoção da alíquota zero nas transações B2B nas exportações.

1.4.3. Aprimorar o sistema fiscal de modo que esteja adequado ao desenvolvimento do comércio eletrônico

Dentre os principais desafios encontra-se o desenvolvimento do comércio eletrônico, a fraude fiscal[167], além da ampliação da aplicação do princípio da tributação no Estado de Destino

[166] Vide EU VAT Fórum – Meeting of 14 de Octuber 2015, First Mandate Report.Decision 2012/C 198/05, OJ C 198 of 6 July 2012. EU VAT Fórum – Meeting of 14 Octuber 2015 – Information Note VAT Double Taxation – Dialogue Betweentax Adminitrations.

[167] Vide EU VAT Fórum – Meeting of 14 de Octuber 2015, First Mandate Report.Decision 2012/C 198/05, OJ C 198 of 6 July 2012. EU VAT Fórum – Meeting of 14 Octuber 2015 – Information Note VAT Double Taxation – Dialogue Betweentax Adminitrations.

O sistema deve ser adaptado ao desenvolvimento tecnológico, nomeadamente as transações realizadas por meio digital.

Observa-se que, por exemplo, causam distorções na concorrência fiscal, a existência de diferenças entre as alíquotas aplicadas ao IVA entre os bens e serviços físicos e digitais.

Constata-se, contudo, que a busca dos resultados desses planos de ação devem ser obtidos progressivamente.

Sinaliza-se para algumas ações urgentes para combater os desvios concorrenciais ou fraudulentos insurgidos no IVA. Mas, busca-se, sobretudo, estabelecer orientações de longo prazo.

O Parlamento Europeu, bem como a Comissão Europeia, concordam que dever-se-ia buscar um sistema definitivo baseada no princípio da tributação no Estado de destino das mercadorias.

Entende-se que assim seria uma forma rápida de combate a fraude fiscal, com um sistema com uma governança mais transparente.

Toma-se, como maior preocupação, a expansão do comércio eletrônico e assim remover obstáculos concorrenciais ao desenvolvimento digital.

De fato, como apresenta a Comunicação, o sistema atual além de obsoleto (daí o aumento de fraude fiscal) é muito caro.

Destaca-se, ainda, que a adaptação ao sistema de cooperação transfronteiriça no comércio eletrônico é muito complexo e oneroso.

Sinaliza-se, nesta Comunicação, que: "*Moreover, EU businesses are at a competitive disadvantage, as non-EU suppliers can supply VAT-free goods to consumers in the EU under the exemption for imports of small consignments (nearly 150 million VAT-free consignments were imported in 2015). The complexity of the system also makes it difficult for Member States to ensure compliance, with losses estimated at around EUR 3 billion annually.*"

Como se vê, no aspecto da concorrência, em outra dimensão, há uma desvantagem competitiva em relação aos fornecedores extra-União Europeia, novamente implica em distorção na concorrência fiscal.

Em 2015 foi estabelecido o Mercado Único Digital, em 2016 a Comissão dará prosseguimento na simplificação e modernização no desenvolvimento na cooperação transfronteiriça no comércio eletrônico, destaca-se: o alargamento do mecanismo de "One Stop Shop[168]"; Medidas de simplifi-

[168] Francisco Miguel Carrasco González e Ana María Fernández Gómez del Castilho. ASPECTOS PROCEDIMENTALES DE LA PROPUESTA DE DIRECTIVA RELATIVA

cação aplicadas em toda União Europeia; Auditorias de empresas comerciais transfronteiriças; supressão da isenção do IVA nas importações de pequenas remessas provenientes de fornecedores terceiros etc.

Portanto, faz-se necessário estabelecer medidas de cooperação administrativas fiscais mais eficientes, estabelecendo troca de informações para novos modelos de partilha de informações em conjunto e uma gestão em nível comunitário permitirá de forma rápida e eficiente as redes fraudulentas.

A Comissão Europeia critica o *Eurofisc*[169]*, entendendo que ele poderia ser mais ambicioso, deveria ter avançado para cooperações existentes a partir dos modelos dos Estados membros com base na troca de informações para novos modelos de partilha de informações. E os Estados poderiam se beneficiar obtendo informações rápidas e eficazes.*

Dessa forma, seria reforçado o papel e o impacto do Eurofisc, com vista a fazer um salto qualitativo no sentido de uma estrutura mais avançada.

Estabeleceria um sistema de cobrança eletrônica do IVA através de uma gestão eletrônica e as contas fiscais digitais, haveria uma simplificação dos procedimentos das autoridades fiscais e um menor encargo para as empresas.

A Comissão ressalta que o atual sistema que está em vigor desde 1993 era para ser transitório, mas acabou se perpetrando, e que a raiz seria essa falta de controle.

Destacando que é hora de adotar uma abordagem unificada para combater a fraude compatível com as exigências do mercado único em consonância com ações administrativas.

Esse diálogo já havia sido iniciado na sequência das Conclusões do Conselho de Maio de 2012 com o objetivo de implementar o princípio do Estado de destino em transações B2B.

Tramita na União Europeia iniciativas[170] com o fito de aprimorar a normativamente das transações feitas através do comércio eletrônico, deve- se consideradas as grandes empresas digitais, que impõe mudanças conceituais, nomeadamente o conceito de estabelecimento, de entrega de bens e prestação de serviços, pois estas podem ocorrer inteiramente em um ambiente virtual.

A UNA BASE IMPONIBLE CONSOLIDADA COMÚN EN EL IMPUESTO SOBRE SOCIEDADES.). Cronica Tributaria, Boletín de Actualidad 2/2012.

[169] Regulamento 904/2010 (JO L268 de 12/10/2010, p.1)

[170] Brussels, 21.3.2018 COM(2018) 147 final 2018/0072 (CNS).

As três dimensões normativas que envolvem as transações dentro de um bloco regional – interna, intrabloco e externa (importação e exportação extrabloco), impõe o grande desafio de criar normas que permitam tangenciar essas três dimensões, uma das soluções apresentadas seria a harmonização das regras sobre as transações digitais[171].

Entende-se que qualquer iniciativa que vise o melhoramento do Mercado Interno deva perpassar, necessariamente, pela harmonização conceitual dos contratos no âmbito territorial da União Europeia, depois conjugá-la com a harmonização dos tributos indiretos, aqui fala-se que também seria necessária uma reforma fiscal que permitisse conjugar esses dois institutos – fiscal e privado.

Dentro dessas reformas, poder-se-ia estar contida a alteração das regras nas transações digitais.

Se prevalecer o tensionamento de se criar um microssistema nas transações digitais, inevitavelmente será necessário compatibilizar com institutos fiscais e do direito privado, restaria uma solução mediata, mas não definitiva.

Por obviedade, qualquer iniciativa que vise a maior racionalidade do Mercado Interno Europeu será muito bem-vinda, sobretudo por garantir um tratamento mais isonômico e conferir uma maior segurança jurídica[172].

Contudo, repita-se, essas iniciativas podem se tornar mais estável normativamente se for levado em consideração o direito privado em conjugação com o direito fiscal.

Sob pena de que com o tempo se formem camaleões normativos, instituindo microssistemas, tornando dificultoso ou mesmo inatingível a interpretação sistemática das normas comunitárias.[173]

Portanto, a harmonização das normas digitais seria uma solução, mas provisória.

E o grande desafio com tudo isso será conciliar todos os Estados membros da União Europeia nesse objetivo, para que isso seja possível, no campo conceitual, deve-se delimitar conceitualmente "entrega de bens" e a "pres-

[171] Brussels, 21.3.2018 COM(2018) 147 final 2018/0072 (CNS).

[172] Brussels, 21.3.2018 COM(2018) 147 final 2018/0072 (CNS).

[173] Para desenvolvimento da Interpretação das normas tributárias vide: Tesauro, Francisco. Instituições de Direito Tributário. Instituto Brasileiro de Direito Tributário: São Paulo, 2017, pp. 53 e ss.

tação de serviços" nas três dimensões tanto no campo fiscal, quanto no direito privado, e ainda regulando esses conceitos na era digital.

De fato, conforme demonstrar-se-á ao longo do trabalho, essas indicações e reformas são consideradas ainda muito tímidas, não enfrentam o problema principal que é compatibilizar os conceitos do direito fiscal com os conceitos do direito privado.

Talvez no afã de não perder mais receitas ou mesmo na busca de soluções rápidas, acaba por buscar medidas de achatamento ao resgatar fronteiras fiscais, não só para os Estados, mas também para as empresas, enfim, para sociedade em geral.

No todo, numa perspectiva maior, qualquer reforma que não venha acompanhada da análise dos conceitos cairá nos mesmos erros, pois o sistema jurídico de cada sempre acabará causando distorções na concorrência se houver discrepâncias normativas.

Ressalta-se que com o desenvolvimento cada vez maior do comércio eletrônico que ocupará de forma intransponível o cotidiano, os sistemas jurídicos deverão buscar rapidamente soluções.

1.4.4. Necessidade de uma aproximação do direito contratual dos estados-membros da União Europeia[174]

Como forma de estabelecimento de uma linha mestre, aponta a Comissão Europeia para a necessidade de uma harmonização das normas do direito do consumidor[175] acrescentaria aqui a necessidade de uma aproximação do direto contratual dos Estados-Membros da União Europeia.[176]

Sinaliza a Comissão Europeia no sentido da necessidade de harmonizar os princípios relacionados aos direitos e obrigações das partes em contratos de compra e venda.[177]

[174] Vide: Fabíola Vianna Morais. Aproximação do Direito Contratual dos Estados-Membros da União Europeia. Editora Renovar, Rio de Janeiro, 2007

[175] E são numerosas as Diretivas que buscam um conceito comum de certos institutos de direito privado, com uma ambição voltada à facilitação do consumo no mercado interno e à proteção do consumidor.

[176] Morais, Fabíola. Aproximação .....

[177] "To deliver the right conditions to enable cross-border e-commerce to flourish, the Commission, as announced in its Work Programme for 2015, will make an amended legislative proposal2 to allow sellers to rely on their national laws, further harmonising the main rights and obligations of the parties to a sales contract. This will be done notably by providing remedies for non-performance and the appropriate periods for the right to a legal guarantee.

Considera-se necessária uma direção mais ambiciosa, pois as relações jurídicas envolvidas levam em consideração aspectos dos contratos e suas espécies.

Não há como se pensar em projeção evolutiva em aspectos jurídicos tão fragmentados.

No âmbito do direito civil já se estabeleceram grandes avanços neste sentido, pois há propostas extremamente ambiciosas, onde ficaram estabelecidos grupos de estudos com várias direções possíveis, umas mais aprofundadas, outras menos, mas o mais importante é que já estão discutindo os progressos necessários a serem buscados nos campos do direito contratual.[178]

Aqui, no âmbito do direito fiscal, nomeadamente na análise conceitual do núcleo estruturante do IVA, definições como compra e venda, doação, comissão, dação em pagamento etc., estão constantes no código do IVA e demais leis estruturantes.

Nesta hipótese, caso haja uma harmonização desses conceitos do direito privado, os mesmos poderão ser utilizados como base conceitual na definição do fato gerador do IVA.

Essa ausência de harmonização tem como consequência a fragmentação do sistema jurídico, o que, além de não consubstanciar o objetivo da formação de um Mercado Único, gera extrema insegurança jurídica, além de obrigar os Estados a recorrerem aos seus sistemas jurídicos internos, o que gera a provocação constante do Tribunal de Justiçadas Comunidades Europeias e muitas vezes o casuísmo da interpretação econômica.

The purpose is to ensure that traders in the internal market are not deterred from cross-border trading by differences in mandatory national consumer contract laws, or to differences arising from product specific rules such as labelling." COM (2015) 192 final

178 Tratam-se dos grupos acadêmicos que desenvolveram projetos como: Principles of European Contract Law, Study Group on a European Civil Code, Code Européen des Contrats, Aquis Group etc. A partir dos quais são orientadas certas decisões do Tribunal de Justiça Europeu, da Arbitragem, bem como a elaboração das Diretivas, tendo também incentivado a criação de um Quadro Comum de Referência que serve de base à criação de novas normas comunitárias com o fito de harmonizá-las entre si (Comunicação da Comissão ao Parlamento Europeu e ao Conselho sobre uma maior coerência no direito europeu dos contratos- Plano de Ação (COM (2003)68 final).

CAPÍTULO 2
REFORMA TRIBUTÁRIA DOS TRIBUTOS INDIRETOS NO MERCOSUL - UMA NECESSIDADE URGENTE

2.1. Harmonização dos tributos indiretos no Mercosul – formação e desenvolvimento de um mercado interno

2.1.1. Predecessores à instituição do Mercosul

Constata-se que após a Segunda Guerra Mundial havia uma expectativa de crescimento econômico de vários países da América Latina, contudo, em pouco tempo a crise econômica chegou.[179]

Em busca da coesão social e desenvolvimento econômico surge o movimento integracionista[180] na América Latina.

A Organização das Nações Unidas[181], através do seu Conselho Econômico e Social das Nações Unidas – ECOSOC, em 25 de fevereiro de 1948, na cidade de Santiago do Chile, criou a Comissão Econômica para a América Latina e o Caribe – CEPAL.

[179] Em relação ao Brasil: a. Entre 1942 e 1945 – PIB cresceu 9,4% ao ano b. Entre 1939 e 1942, reduziu para 3,9% ao ano.
Vide: Gremaud, Amaury Patrick; SAES, Flávio Azevedo Marques de; e Toneto Jr., Rudinei (1997), Formação econômica do Brasil, pp. 129-143.

[180] Langhmmer, Rolf J.; Ulrich, Hiemenz. Regional integration among developing countries: opportunities, obstacles and options Kieler Studien, No. 232. J.C.B. Mohr (Paul Siebeck) Tubingen, 1990, p. 1. Em relação aos tipos de integração vide: Balassa, Bela. Types of Economic Integration. World Bank Reprint Series: Number Sixty-nine.

[181] Laird, Sam. MERCOSUR: Objectives and Achievements. Edited versión of a paper presented at Third Annual World Bank ConferenceonDevelopment in LatinAmerica andtheCaribbeanon "Trade: Towards Open Regionalism", June 29 – July 1, 1997, Montevideo, Uruguay (Tobepublished in Making theMostof MERCOSUR eds. H. Kharasand A. Winters, The World Bank, Washington D.C., forthcoming), p. 4.

O CEPAL foi criado com o objetivo levar aos países da América Latina o desenvolvimento econômico, o desenvolvimento social e o seu desenvolvimento sustentável de forma planejada.[182]

As estratégias desenvolvidas pelo CEPAL dentro de um contexto histórico podem ser divididas: nos anos 50 – Industrialização, nos anos 60 – Reformas para desobstruir a industrialização, nos anos 70 – Reorientação dos estilos de desenvolvimento para a homogeneização social e diversificação pró-exportadora, nos anos 80 – superação do problema do endividamento externo mediante o "ajuste com crescimento" e nos anos 90 – transformação produtiva com equidade.[183]

Observa-se que no contexto histórico a CEPAL almejava o desenvolvimento econômico através do processo de industrialização e entendeu que o processo de integração seria o meio mais eficaz.

Foi criado um Grupo de Trabalho da CEPAL, coordenado pelo Raúl Prebisch, com o objetivo de criar um Mercado Comum na América Latina, posteriormente foram frutificados, esses estudos, com a criação da Associação Latino-Americano de Livre Comércio – ALALC.[184]

A ALALC foi criada através do Tratado de Montevidéu em 18 de fevereiro de 1960, com o objetivo de estabelecer uma área de livre comercio Latino Americana.

Compunham como Estados partes fundadoras: a Argentina, o Brasil, o Chile, o México, o Paraguai, o Peru e o Uruguai; posteriormente aderiram: a Colômbia, o Equador, a Bolívia e a Venezuela.

Como sabido, uma área de livre comércio exige o levantamento da tributação transfronteiriça.

A ALALC já iniciava com objetivos bastante ambiciosos, conforme descrito logo primeiro parágrafo, onde o verbo conjugado utilizado para iniciar os objetivos é o "persuadidos". Continuando no texto, "...de que a ampliação das atuais dimensões dos mercados nacionais, através da eliminação gradual das barreiras ao comércio intrarregional, constitui condição fundamental para que os países da América Latina possam acelerar seu pro-

[182] Vide:https://www.cepal.org/pt-br/areas-de-trabalho

[183] Vide:https://www.cepal.org/sites/default/files/pages/files/1420735_sitio_web_cepal_info_historica_port.pdf

[184] Cf. Oliveira, Alessandra Cavalcante de. Do velho ao novo regionalismo: evolução das políticas conjuntas para o desenvolvimento planejado da América Latina. Ilpes – Nações Unidas CEPAL, 2013, p. 9

cesso de desenvolvimento econômico, de forma a assegurar um melhor nível de vida para seus povos."

Conforme acima descrito, a persuasão da ALALC era refletir em todos os países da América Latina.

Foi estabelecido um prazo de 12 (doze) anos para que fosse instituída uma zona de livre comércio na América Latina[185], o que seria feito pelos Estados partes de forma gradual[186].

Em relação à matéria tributária, foi estabelecida a não tributação nas fronteiras, ao estabelecer a entrada dos produtos exportados por Estados partes da ALALC devem ter o mesmo tratamento que os nacionais similares.[187]

Observa-se que a extensão pretendida por esse bloco regional, somando as diferenças econômicas entre os Estados partes- com tendência ao protecionismo dos produtos nacionais, a instabilidade econômica, a deficiência de infraestrutura, a eleição de governos centralizadores -com tudo isso, levou inicialmente a uma estagnação[188] desse bloco regional.

Em 12 de Agosto de 1980, também em Montevidéu, foi criada a Associação Latino-Americana de Integração – ALADI para dar continuidade ao processo iniciado pela Associação Latino-Americana de Livre Comércio.

– ALALC, mantendo o propósito de desenvolvimento econômico e social da América Latina.

São os Estados fundadores: Argentina, o Brasil, a Colômbia, o Chile, o Equador, México, o Paraguai, o Peru, Uruguai e a Venezuela.[189] Posteriormente aderiram: Cuba (em 26 de agosto de 1999) e o Panamá (em 10 de Maio de 2012).

No Tratado constitutivo da ALADI repete o termo persuadidos para prosseguir na integração regional como objetivo para o desenvolvimento econômico e social.

Em relação à tributação, o Tratado de Montevidéu de 1980 repete o texto do Tratado de Montevidéu de 1960, e de Art. 45 do primeiro tratado

185 Art. 2º do Tratado de Montevidéu de 1960.

186 Art. 3º do Tratado de Montevidéu de 1960. 126

187 Art. 21 do Tratado de Montevidéu de 1960.

188 Cf. MINDLIN, José E. O desenvolvimento brasileiro e a crise da ALALC. Rev. Adm. Empres. Vol. 13.N. 2, São Paulo, Abr./Jun. 1973.

189 Tratado de Montevidéu de 1980.

serve de fundamento para reconhecer a livre circulação de mercadoria, portanto, não haveria a tributação transfronteiriça.[190]

Essa eliminação dos tributos aduaneiros seria feita de forma gradativa, isto é, nas transações de bens e serviços dos Estados partes do ALADI se buscará eliminar as barreiras alfandegária.

Para prosseguir esse objetivo, a integração dos Estados partes da ALADI, vem ocorrendo de duas maneiras: A) Tratados Regionais e B) Tratados de Alcance Parciais.

2.1.1.1. Tratados regionais

Nessa modalidade de tratado, todos os Estados partes da ALADI são signatários.

Nesse período, desde 1980, foram celebrados dois acordos regionais: Acordo de Preferência Tarifária Regional nº4 – APTR 04 e Acordos de Alcance Regional de Abertura de Mercados – LAM.

A. Acordo de Preferência Tarifária Regional nº 4 – APTR

No Acordo de Preferência Tarifária Regional nº 4 – APTR 04[191], estabelece que as importações dos produtos dos Estados partes da ALADI seriam beneficiados por tarifas preferenciais, as exceções viriam expressamente.

Observa-se, portanto, que o princípio aplicado aqui nesse acordo é o do Estado de destino.

O APTR 04 veio atender ao Art. 5º do Tratado de Montevidéu que estabelece uma preferência de tarifa regional aos Estados partes.

O critério utilizado para mensurar as tarifas aplicadas é o desenvolvimento econômico do Estado parte, que será pela sua razão inversa, países com o menor desenvolvimento firmariam tarifas maiores (Bolívia, Equador e Paraguai – 10%), médio desenvolvimento seriam tarifas medianas

[190] Tratado de Montevidéu de 1980, Artigo 45. Em matéria de impostos, taxas e outros gravames internos, os produtos originários do território de um País Membro gozarão no território dos demais Países Membros de um tratamento não menos favorável do que o tratamento que se aplique a produtos similares nacionais. Os Países Membros adotarão as providências que, em conformidade com suas respectivas Constituições Nacionais, forem necessárias para dar cumprimento à disposição precedente

[191] Vide: http://www.mdic.gov.br/comercio-exterior/negociacoes-internacionais/132-acordos-dos-quais-o-brasil-e-parte/1814-acordos-preferencia-tarifaria-regional-entre-paises-da-aladi-ptr-04

(Chile, Colômbia, Peru, Uruguai e Venezuela – 7%) e com o maior desenvolvimento tarifas menores (Argentina, Brasil e México – 5-8%).

B. Acordos de Alcance Regional de Abertura de Mercados – LAM

Nessa modalidade de acordo regional é firmada uma Lista de Abertura de Mercado – LAM com o objetivo de dar preferência os países com o menor desenvolvimento econômico da eliminação dos gravames tarifários.

Ressalta-se, contudo, que essa medida é discricionária de cada Estado parte, não há estipulação de prazo de vigência e não possui cláusula de denúncia.

Os países que podem ser beneficiados da eliminação desses gravames tributários são a Bolívia, o Equador e o Paraguai.

2.1.1.2. Tratados de alcance parcial

Quando não há a participação de todos os Estados partes é considerado de um tratado de alcance parcial.

Objetiva-se com isso ao aprofundamento do processo de integração no âmbito da América Latina.

Os Acordos mais relevantes são: AAPs de Complementação Econômica nº 18 celebrado entre Argentina, Brasil, Paraguai e Uruguai – (AAP. CE/18) e o Acordo de Alcance Parcial de Complementação Econômica nº 38, subscrito ao amparo do Art. 25 do Tratado de Montevidéu, entre a República Federativa do Brasil e a República Cooperativista da Guiana.

A. AAPs de Complementação Econômica nº 18 celebrado entre Argentina, Brasil, Paraguai e Uruguai – (AAP.CE/18)[192]

Verifica-se que esse acordo, assim como os demais, tem como objetivo o desenvolvimento econômico e social, só que nesse caso somente é celebrado entre alguns Estados.

O objeto desse acordo é "Ações pontuais no âmbito tarifário por razões de abastecimento", e nesse caso celebrado entre Argentina, Brasil, Paraguai e Uruguai.

[192] Outros acordos: ACE nº 2 – Brasil e Uruguai: Protocolo de Expansão Comercial – PEC; ACE nº 14 – Brasil e Argentina; ACE nº 18 – Brasil, Argentina, Paraguai e Uruguai (Mercosul); ACE nº 35 – Mercosul e Chile; ACE nº 36 – Mercosul e Bolívia; ACE nº 53 – Brasil e México; ACE nº 54 – Mercosul e México; ACE nº 55 – Mercosul e México – Automotivo; ACE nº 58 – Mercosul – Peru; ACE nº 59 – Mercosul – Colômbia, Equador e Venezuela e ACE nº 62 – Mercosul e Cuba.

Esse acordo pode abranger as tarifas ou possuir um número menor de produtos.

Esse acordo como teria repercussão nos Estados fundadores do Mercosul, foi necessário regulamentar esse acordo também no Mercosul.

Portanto, logo no Art. 1º do AAP.CE/18 estabeleceu a sua incorporação na Diretriz nº 33/18do Mercosul, esta última norma versa sobre "Ações Pontuais no Âmbito Tarifário por Razões de Abastecimento".

B. Acordo de alcance parcial de Complementação Econômica nº 38 celebrado entre Brasil e Guiana

Nos termos do Art. 25 do Tratado de Montevidéu de 1980, pode qualquer Estado parte celebrar Acordos de Alcance Parcial com Estados terceiros ou até outros Blocos regionais, desde que faça parte da América Latina.

Ressaltando, como já dito acima, que esse tipo de acordo é considerado parcial, pois para não realizado por todos os Estados partes do ALADI.

Frisa-se, ainda, que esses acordos com Estados terceiros ou Blocos Regionais não podem ser inferiores aos adotados aos Estados partes com o menor desenvolvimento econômico, no caso, o já existente, se aplicam aos Estados da Bolívia, Equador e Paraguai.

Esse acordo tem como objetivo promover o incremento dos fluxos de comércio bilaterais por meio de intercâmbio tarifário e a cooperação no comércio e participação crescente do setor privado.[193]

A Guiana faz fronteira com o Brasil, e esse acordo foi essencial não só para estreitar ainda mais as fronteiras, mas também aproximar os Estados.

Desde 12 de Julho de 2013 o Estado da Guina é Associado do Mercosul, prosseguindo com o fortalecimento do processo integracional.

A Guiana, segundo o Fundo Monetário Internacional, no ano de 2017, o PIB teve um crescimento de 4,1% liderado pelos setores da construção e serviços. Em 2018 a inflação ficou em 1,6%. O déficit externo subiu para 17,5% do PIB.[194]

[193] Cf. Art. 1º do Acordo de Alcance Parcial de Complementação Econômica nº 38.

[194] Vide: Guyana. 2019 Article IV Consultation – Press Release; Staff Report; and Statement by the Executive Director for Guyana. IMF Country Report nº 19/296. Internationa lMonetary Fund, September 2019, p. 1.

As projeções para 2020 eram muito favoráveis, sobretudo na produção do Petróleo, obviamente, aquando da elaboração do relatório, o FMI não previu a crise oriundo do vírus COVID-19.[195]

Por tudo isso, restou demonstrado à relevância do acordo celebrado entre o Estado brasileiro e o Estado da Guiana.

2.1.1.3. Encadeamento Brasil-Argentina como fonte propulsora no processo de integração – Ata de Buenos Aires

A relação de aproximação entre o Brasil e a Argentina, junto com os processos integrativos ALALC e ALADI, serviram para o aprofundamento das relações integracionistas que resultaram na criação do Mercosul.

Muitos foram os tratados bilaterais celebrados entre os dois países[196] até chegar à Ata de Buenos Aires.

Em 06 de Julho de 1990 foi celebrada o acordo entre o Brasil e a Argentina, representando um marco nas relações entre os dois países, tinha como objetivo primordial a formação de um mercado comum.[197]

Avançando significativamente em relação ao processo de integração até então constante na América Latina, além da não tributação transfronteiriças, haveria uma política externa comum e o reconhecimento das liberdades de circulação de pessoas, bens e capital.

A disposição normativa da ABA considera indispensável à coordenação e harmonização de políticas macroeconômicas, nomeadamente aquelas que têm o maior impacto nos fluxos comerciais e configurem ação no setor industrial de ambos os países.[198]

Acrescenta-se que em 1990 foi celebrado um Acordo de Complementação nº 14, estabelecendo 24 Protocolos para o prosseguimento do processo de integração entre os dois países, todos eles incorporados no Tratado de Assunção.

[195] Idem. Vide também: O Estado Sanitário – A pessoa e seus direitos no Estado Constitucional de Exceção – Reflexões sobre a crise sanitária mundial. Hamilton Sarto Serra de Carvalho e Diogo Leite de Campos. Editora Autografia: Barcelona: 2021, pp. 75 e ss.

[196] Principais tratados celebrados entre o Brasil e a Argentina:

a. Declaração de Iguaçu, de 30 de Novembro de 1985.

b. Ata para a Integração Brasil-Argentina e os progressos do Programa de Integração e Cooperação Econômica, de 29 de Julho de 1986.

c. Tratado de Integração, Cooperação e Desenvolvimento, 29 de Dezembro de 1988.

[197] Acordo complementação econômica número 14.

[198] Anexo 1 da Ata de Buenos Aires.

Em 3 de Outubro de 2020, os Estados do Brasil e da Argentina depositaram na Secretaria Geral da ALADI o Acordo de Complementação nº 14, agora com 43 (quarenta e três) Protocolos adicionais, com o intuito de aprofundar a integração produtiva entre os Estados partes[199], dessa vez prorrogado por prazo indeterminado[200].

Estabelece-se ainda os princípios norteadores da previsibilidade e da segurança, assim atrair investimentos; impulsionar a atividade automotiva; intensificar os fluxos comerciais e de investimento em nível internacional; melhorar a competitividade do setor energético.[201]

Por fim, transformar o Mercosul em um polo mundial de produção e de desenvolvimento de produtos automotivos.[202]

2.1.1.4. Eclosão constitutiva do Mercosul

O projeto do Mercado Comum do Sul – Mercosul, ainda em construção, almeja a construção de um mercado comum, é fruto de um tratado multilateral – Tratado de Assunção, assinado em 26 de março de 1991 na cidade de Assunção (Paraguai), que tem como Estados partes originárias: o Brasil, a Argentina, o Paraguai ou o Uruguai.

O objeto principal do Mercosul é a construção de uma coesão econômica e social entre os Estados partes entre si e os demais Estados da América Latina.

Entende-se por muito representativo ter sido constituído o tratado na cidade de Assunção, pois o Paraguai seria o país com o menor crescimento econômico[203], demonstrando, assim, o ansiado movimento de inserção integracionista.

Apesar do projeto integracionista da América Latina ser no Pós Segunda Guerra, a estrutura fundamental do Mercosul é inspirada no direito europeu.[204]

[199] Acordo de Complementação nº 14 de 2020, nos "Considerandos".

[200] Art. 1º do Acordo de Complementação nº 14/2020.

[201] Acordo de Complementação nº 14 de 2020, nos "Considerandos".

[202] Acordo de Complementação nº 14 de 2020, último "Considerando".

[203] Essa constatação se confirma pela leitura do Art. 6º do Tratado de Assunção:
"Art. 6º Os Estados Partes reconhecem diferenças pontuais de ritmo para a República do Paraguai e para a República Oriental do Uruguai, que constam no Programa de Liberação Comercial (Anexo I)."

[204] BALASSA, Bela. Types of Economic Integration. World Bank Reprint Series: Number Sixty-nine. Reprinted from EcoiwottmicInlderationl: World wide, Regional, Sectoral (Wiley, 1976), p. 18 e ss.

O Tratado de Assunção, considerado o Tratado constitutivo do Mercosul, na verdade é o resultado dos seus predecessores na América Latina, com a sua formação normativa inspiradas pela construção anterior e aperfeiçoada pelo direito integracionista europeu.

Apesar do progresso em relação aos outros modelos Latino- Americanos, o Mercosul não goza de supranacionalidade, isto é, suas normas emanadas não possuem aplicabilidade e eficácia direta e imediata, precisam ser internalizadas.

Verifica-se que a aproximação com a União Europeia já era almejada, entendia-se que um bloco complementaria o outro, numa relação de produção-tecnologia-consumo.

Como progênito dessa aproximação, em 15 de dezembro de 1995, o Mercosul e a União Europeia assinaram em Madrid um "Acordo Quadro Inter-Regional de Cooperação".

Posteriormente, em 22 de julho de 1998, a Comissão Europeia propôs ao Conselho a passagem de acordo para associação inter-regional com o Mercosul.

Essa associação seria sustentada por três pilares: a) parceria em questões políticas e segurança; b) reforço no processo de cooperação em matéria econômica e institucional e c) a criação de uma zona de livre comércio de mercadorias e serviços.

Observa-se que esse processo de aproximação inter-regional existe desde a fundação do Mercosul, consolidar-se-ia um processo de integração inter-regional, esse tema será posteriormente desenvolvido.

2.1.2. Mercosul – o anelo integracionista de formação de um mercado comum

2.1.2.1. Formação de um mercado comum

No primeiro artigo (Art. 1º) e no último artigo (24º) demonstram a necessidade de formação de um mercado comum, um projeto esse que até hoje em dia ainda não foi alcançado.

Frustrado, portanto, o aprazado que já haveria um mercado comum até 1994[205] e para isso foi constituída uma Comissão Parlamentar Conjunta[206], que apesar dos esforços, o Mercosul é hoje uma união aduaneira imperfeita.

[205] Art. 1º do Tratado de Assunção.

[206] Art. 24 do Tratado de Assunção.

De qualquer maneira, ficou estabelecida a não tributação nas transações de bens e serviços e com isso a formação de uma zona de livre comércio entre os Estados partes, a formação de uma tarifa externa comum nas transações de bens e serviços com Estados terceiros ou blocos regionais e por fim busca a coordenação de políticas macroeconômicas e setoriais, nomeadamente no comércio exterior, agrícola, industrial, fiscal, monetária, cambial e de capitais.[207]

Havia ainda uma preocupação dos legisladores constitutivos do Mercosul a concorrência internacional, assim, previram a impossibilidade de práticas de distorção na concorrência interna, nas relações entre os Estados partes e coordenação das políticas externas.[208]

Desde a constituição do Mercosul houve consideráveis avanços e crescimento econômico e social aos seus Estados partes, já nos idos do início da década de noventa era possível verificar esse crescimento.

Em publicação no Banco Mundial, Sam Laird descreveu o "*MERCOSUR is one of the most importante examples ofrenewed world-wide interest in regional trade agreements.*"[209]

No mesmo ano em que foi constituído o Tratado de Assunção, no dia 17 de dezembro de 1991, em regulamentação ao Art. 3 do mesmo tratado[210], foi firmado o Protocolo de Brasília, este buscava a solução de controvérsias entre os Estados partes.

2.1.2.2. Protocolo de Brasília

O Protocolo de Brasília estabeleceu três formas de soluções de controvérsias: a negociação direta[211], submissão o Grupo Mercado Comum[212] e a arbitragem[213]. Não havendo, portanto, um meio jurisdicional[214] de controvérsia.

[207] Art. 1º do Tratado de Assunção.

[208] Arts. 4º e 5º do Tratado de Assunção.

[209] MERCOSUR: Objectives and Achievements Sam Laird June 1997. Country Department 1Latin America and the Caribbean Region Economic Notes. Number 22. The World Bank, p. 1.

[210] Art. 3º Durante o período de transição, que se estenderá desde a entrada em vigor do presente Tratado até 31 de dezembro de 1994, e a fim de facilitar a constituição do Mercado Comum, os Estados Partes adotam um Regime Geral de Origem, um Sistema de Solução de Controvérsias e Cláusulas de Salvaguarda, que constam como Anexos II, III e IV ao presente Tratado.

[211] Arts. 2º e 3º do Protocolo de Brasília.

[212] Art. 4º do Protocolo de Brasília.

[213] Arts. 4º e ss. Do Protocolo de Brasília.

[214] Sam Laird chama a atenção para falta de um tribunal supranacional. MERCOSUR..., p.6

Observa-se que a negociação direta entre os Estados partes deviam ser prioritárias, seriam buscadas nos seus governos, através dos seus diplomatas, estes intentariam em empreenderem na composição do litígio.

Por se tratar de negociação direta não há a figura do negociador terceiro. Seriam os negociadores a diplomacia dos Estados partes, estes deveriam buscar o consenso.

Conforme constatado, a negociação direta, é um ato facultativo, cabendo aos Estados partes o seu encerramento a qualquer momento até finda a negociação, se o resultado for positivo.

A grande dificuldade desse tipo de negociação, a direta, é a dinâmica da negociação, como não haveria a figura do negociador, a condução da eliminação das tensões e interesses diversos entre os Estados partes.

Além disso, os negociadores diplomatas restariam atuando em nome próprio o direito dos seus Estados, deveria, portanto, fixar certa compreensão racional em relação ao direito do outro Estado para que se pudesse finalmente encontrarem uma composição. Uma vez que não fosse possível a negociação direta, esse caso era levado ao Mercosul, submetido a uma Intervenção/Assessoramento/Conciliação do Grupo Mercado Comum[215] para solucionar essa controvérsia. Por último, se ultrapassadas essas etapas condicionantes anteriores, será dirimida a controvérsia por decisão arbitral.[216] Os Estados partes indicavam pessoas para compor uma lista fixa de árbitros[217], esses decidiam os litígios através de laudos arbitral[218] e as suas decisões eram inapeláveis[219].[220]

Importante ressaltar que o Tribunal de Justiça das Comunidades Europeias foi essencial para o desenvolvimento do processo de integração na União Europeia.
Nesse sentido, a falta de um tribunal supranacional acaba por retardar o desenvolvimento no Mercosul.
Soma-se a isso a falta de uma cláusula de exclusividade de resolução de conflitos e com isso somente um caso foi objeto de negociação até 1997.

[215] Dispõe o Art. 4º do Protocolo de Brasília que o Grupo de Trabalho será utilizado de forma supletiva, onde esse Grupo de Trabalha oportunizará as partes para que exponham seus argumentos e lhes prestará um assessoramento.

[216] Todo o procedimento de decisão arbitral está consubstanciado nos Arts. 7º e ss. do Protocolo de Brasília.

[217] Art. 13 do Protocolo de Brasília.

[218] Art. 20 do Protocolo de Brasília.

[219] Apesar do Protocolo de Brasília estabelecer que suas decisões são inapeláveis, no caso de frangos: Brasil v. Argentina, foi submetido pelo Brasil a necessidade de formação arbitral no Tribunal ad hoc, a Argentina aceitou que fosse decidido, e ao final os árbitros apresentaram a seguinte parte dispositiva:

Com base no Protocolo de Brasília, entre 1991-2001, foram decididos dez litígios no Tribunal *ad hoc* entre os Estados partes.[221]

"Por todo o exposto e de acordo com o Protocolo de Brasília, seu Regulamento, o Protocolo de Ouro Preto e as normas e princípios aplicáveis, assim como com as Regras de Procedimento do Tribunal, este Tribunal Arbitral Ad-Hoc, na controvérsia sobre "Aplicação de Medidas Antidumping contra a exportação de frangos inteiros, provenientes do Brasil, Resolução Nº 574/2000 do Ministério de Economia da República Argentina", por unanimidade, DECIDE:
1. Declarar que tem jurisdição para entender e resolver sobre o objeto da controvérsia apresentada.
2. Não anuir ao petitório da Parte Reclamante que solicita ao Tribunal que declare o descumprimento pela Parte Reclamada das normas do Marco Normativo que cita e que ordene a revogação da Resolução impugnada.
3. Não anuir ao petitório da Parte Reclamada que solicita ao Tribunal que ratifique que a normativa nacional argentina é plena e exclusivamente aplicável no caso dos autos.
4. Não é necessário pronunciar-se sobre os petitórios 4, 5, 6 e 7 da Parte Reclamada, devido ao conteúdo do ponto 2 desta Decisão e aos fundamentos expostos pelo Tribunal nos Considerandos desta Decisão.
5. Os custos e custas desta instância arbitral serão arcados pelas Partes na controvérsia de acordo com o artigo 24 do Protocolo de Brasília e da seguinte maneira: Cada Estado terá a seu cargo a compensação pecuniária e os gastos ocasionados pela atuação do Árbitro por ele nomeado. A compensação do Árbitro Presidente, os gastos ocasionados por sua atuação e as demais despesas do Tribunal serão pagos em montantes iguais pelas Partes. Os pagamentos correspondentes deverão ser realizados pelas Partes através da Secretaria Administrativa do Mercosul, dentro do prazo de trinta dias a partir da notificação do laudo.
6. Os autos da presente instância arbitral serão arquivados na Secretaria Administrativa do MERCOSUL.
7. Notifique-se desta decisão as Partes por intermédio da Secretaria Administrativa do MERCOSUL e publique-se."

Essa decisão foi proferida pelos árbitros: Juan Carlos Blanco – Árbitro Presidente; Enrique Carlos Barreira e Tércio Sampaio Ferraz Júnior.

Observa-se, que houve a participação de um árbitro brasileiro.

O Brasil não se conformou com essa decisão e levou a questão a OMC, e lá conseguiu obter êxito, o que gerou grande desconforto entre o Brasil e a Argentina, na medida que já havia ocorrido uma decisão no Mercosul.

[220] Art. 21 do Protocolo de Brasília.

[221] Laudos dos Tribunais Ad Hoc conforme ao Protocolo de Brasília
Laudo 01: Laudo do Tribunal Arbitral Ad Hoc do MERCOSUL constituído para a controvérsia sobre os comunicados Nº 37, de 17 de dezembro de 1997 e Nº 7, de 20 de fevereiro de 1998 do departamento de operações de comércio exterior (DECEX) da Secretaria de Comércio Exterior (SECEX): aplicação de medidas restritivas ao comércio recíproco. Presidente: Juan Carlos Blanco (Uruguai).Árbitros: Guillermo MichelsonIrustra (Argentina), João Grandino Rodas (Brasil). Laudo 02: Laudo do Tribunal Arbitral Ad Hoc do MERCOSUL Com competência para decidir a respeito da reclamação da República Argentina à República Federativa do Brasil,

sobre subsídios à produção e à exportação de carne de porco. Esclarecimento do laudo do Tribunal Arbitral Ad Hoc do MERCOSUL constituído para decidir sobre a reclamação feita pela República Argentina ao Brasil, sobre subsídios à produção à exportação de carne. Porcina. Presidente: Jorge Peirano Basso (Uruguai). Árbitros: Atílio AnibalAlterini (Argentina), Luíz Olavo Baptista (Brasil). Laudo 03: Laudo do Tribunal Arbitral Ad Hoc do MERCOSUL constituído para decidir sobre a aplicação de medidas de salvaguarda sobre produtos têxteis (RES. 861/99) do Ministério de Economia e Obras e Serviços Públicos. Esclarecimento do laudo do Tribunal Arbitral Ad Hoc do MERCOSUL constituído para decidir sobre a reclamação feita pela República Federativa do Brasil à República Argentina sobre a aplicação de medidas de salvaguarda sobre produtos têxteis (RES. 861/99) do Ministério de Economia e Obras e Serviços Públicos. Gary Horlick (Estados Unidos). Árbitros: Jose Carlos de Magalhães (Brasil), Raúl Emilio Vinuesa (Argentina). Laudo 04:Laudo do Tribunal Arbitral Ad Hoc do MERCOSUL constituído para decidir sobre à controvérsia entre a República Federativa do Brasil e a República Argentina sobre a aplicação de medidas antidumping contra a exportação de frangos inteiros, provenientes do Brasil, (RES. 574/2000) do Ministério de Economia da República Argentina. Esclarecimento do laudo do Tribunal Arbitral Ad Hoc do MERCOSUL constituído para decidir sobre à aplicação de medidas antidumping contra a exportação de frangos inteiros, provenientes do Brasil, (RES. 574/2000) do Ministério de Economia da República Argentina. Juan Carlos Blanco (Uruguai). Árbitros: Tercio Sampaio Ferraz Junior (Brasil), Enrique Carlos Barreira (Argentina). Laudo 05: Laudo do Tribunal Arbitral Ad Hoc do MERCOSUL constituído com competência para decidir a respeito da controvérsia apresentada pela República Oriental do Uruguai à República Argentina sobre restrições de acesso ao mercado argentino de bicicletas de origem uruguaia. Resolução do Tribunal Arbitral Ad Hoc do MERCOSUL constituído com competência para decidir a respeito da controvérsia apresentada pela República Oriental do Uruguai à República Argentina sobre restrições de acesso ao mercado argentino de bicicletas de origem uruguaia. Presidente: Luis Martí Mingarro (Espanha). Árbitros: Ricardo Olivera García (Uruguai), Atilio Anibal Alterini (Argentina). Laudo 06: Laudo do Tribunal Arbitral Ad Hoc do MERCOSUL constituído com competência para decidir a respeito da controvérsia apresentada pela República Oriental do Uruguai á República Federativa do Brasil sobre proibição de importação de pneumáticos remodelados (remolded) procedentes do Uruguai. Presidente: Raul Emilio Vinuesa (Argentina). Árbitros: Ronald Herbert (Uruguai), Maristela Basso (Brasil). Laudo 07: Laudo do Tribunal Arbitral Ad Hoc do MERCOSUL constituído com competência para decidir a respeito da controvérsia apresentada pela República Argentina á República Federativa do Brasil sobre obstáculos ao ingresso de produtos fitossanitários argentinos no mercado brasileiro. A não incorporação das Resoluções GMC Nº 48/96, 87/96, 149/96, 156/96 e 71/98 impede sua entrada em vigência no MERCOSUL. Presidente: Ricardo Olivera García (Uruguai). Árbitros: Héctor Masnatta (Argentina), Guido Fernando Silva Soares (Brasil). Laudo 08: Laudo do Tribunal Arbitral Ad Hoc do MERCOSUL constituído com competência para decidir na controvérsia entre a República do Paraguai e a República Oriental do Uruguai sobre a aplicação do "IMESI" (Imposto Específico Interno) à comercialização de cigarros. Esclarecimento do Laudo do Tribunal Arbitral Ad Hoc do MERCOSUL constituído com competência para decidir na controvérsia entre a República do Paraguai e a República Oriental do Uruguai sobre a aplicação do "IMESI" (Imposto Específico Interno) à comercialização de cigarros. Presidente:

Constata-se que esse sistema de solução de controvérsias através de arbitragem em tribunal *ad hoc* era necessário aperfeiçoar, assim foi feito através do Protocolo de Olivos.

2.1.2.3. Protocolo de Ouro Preto

Posteriormente era necessário estabelecer uma estrutura administrativa mais bem definida no Mercosul[222], e isso só veio a ocorrer em 1994, com o Protocolo de Outro Preto.

A estrutura administrativa do Mercosul ficou assim dividida [223]:

a) O Conselho do Mercado Comum é o órgão político e decisões no processo de integração.[224]
b) O Grupo do Mercado Comum é o órgão executivo.[225]
c) Comissão de Comércio do Mercosul é um órgão de assessoramento do Grupo do Mercado Comum.[226]
d) Comissão Parlamentar Conjunta é o órgão representativo dos Parlamentares dos Estados partes.[227]
e) Foro Consultivo Econômico-Social é o órgão de representação dos setores econômico e social.[228]

Luis Olavo Baptista (Brasil). Árbitros: Evelio Fernández Arévalo (Paraguai), Juan Carlos Blanco (Uruguai). Laudo 09: Laudo do Tribunal Arbitral Ad Hoc do MERCOSUL constituído com competência para decidir na controvérsia entre a República Argentina e a República Oriental do Uruguai sobre a incompatibilidade do regime de estímulo à industrialização de lã, outorgado pelo Uruguai estabelecido pela Lei Nº 13.695/68 e decretos complementares com a normativa MERCOSUL que regula a aplicação e utilização de incentivos no comércio intrazona. Presidente: Ricardo Alonso García (Espanha). Árbitros: Enrique Barreira (Argentina), Eduardo Mazzera (Uruguai). Laudo 10: Laudo do Tribunal Arbitral Ad Hoc do MERCOSUL constituído com competência para decidir na controvérsia entre a República Oriental do Uruguai e a República Federativa do Brasil sobre medidas discriminatórias e restritivas ao comércio de tabaco e produtos derivados do tabaco. Presidente: Raúl Emilio Vinuesa (Argentina). Árbitros: Nadia de Araujo (Brasil), Ronald Herbert (Uruguai).

[222] Vide o quinto objetivo do Protocolo de Ouro Preto.

[223] Art. 1º do Protocolo de Ouro Preto.

[224] Art. 3º do Protocolo de Ouro Preto.

[225] Art. 10º e ss. do Protocolo de Ouro Preto.

[226] Art. 16 e ss. do Protocolo de Ouro Preto.

[227] Art. 22 e ss. do Protocolo de Ouro Preto.

[228] Art. 28 e ss. do Protocolo de Ouro Preto.

Constata-se que pela divisão e as breves atribuições acima esposadas os órgãos possuem atribuições executivas e legislativas, mas não judicial e, pelo sistema vigente naquele momento, haveria, em caso de conflito, uma fase pré-arbitral – Negociação direta e Intervenção do Grupo do Mercado Comum.

Portanto, consubstanciaria o Grupo do Mercado Comum como um órgão executivo capaz de buscar uma conciliação entre os Estados partes.

Não havendo solução, seria submetido à decisão arbitral em tribunal *ad hoc* (como dito acima).

Da forma como foi definida a estrutura do Mercosul, faltou o estabelecimento de um tribunal permanente com força jurisdicional, o que só veio acontecer de forma incompleta em 2002 através do Protocolo de Olivos, quando foi criado um tribunal permanente.

Por último, consoante ao crescimento obtido pelo Mercosul, só lhe foi conferida personalidade jurídica internacional a partir do Protocolo de Ouro Preto em 1994.[229]

Ao adquirir essa personalidade internacional os Estados/Blocos Regionais/Empresas entendem o Mercosul como um grande espaço aduaneiro com possibilidade de transacionar bens, serviços e capital.

2.1.2.4. Protocolo de Olivos

Em prosseguimento ao processo evolutivo estrutural do Mercosul veio o Protocolo de Olivos, em 18 de fevereiro de 2002, oportunidade em que finalmente foi criado um Tribunal Permanente de Revisão, derrogando o Protocolo de Brasília.

Cumpre ressaltar que em qualquer divergência na aplicação de norma oriunda do Mercosul deve ser aplicado o Protocolo de Olivos[230], inclusive a aplicação do Protocolo de Ouro Preto.

Por óbvio foi um grande avanço a criação desse tribunal, contudo a falta de cláusula de exclusividade[231] e a faculdade dos Estados optarem ou não por esse meio de solução de controvérsias não permitiu o pleno desenvolvimento não só do próprio tribunal mas também do Mercosul.

Acrescente-se que essa faculdade vem expressamente prevista no texto do Protocolo de Olivos e ainda menciona a possibilidade de os Estados partes

[229] Art. 34 e ss. do Protocolo de Ouro Preto.

[230] Art. 1º do Protocolo de Olivos.

[231] Art. 1º, 2 do Protocolo de Olivos.

buscarem a Organização Mundial do Comércio como meio de dirimir eventuais litígios entre os Estados partes.

Os conflitos surgidos dentro do âmbito interno do Mercosul deveriam ser solucionados domesticamente, essa é uma questão interna e que poderiam inclusive definir estratégias equivocadas nas relações do bloco com terceiros.

Como sabido, o cenário internacional, nomeadamente as transações de bens e serviços, é um ambiente com grandes pressões e estratégias dos Estados, empresas, blocos regionais etc.

Assim, fica por demais enfraquecido o Tribunal Permanente de Revisão se os Estados partes puderem levar todas as questões econômicas à OMC.

O decorrer da história existencial demonstra que ela é cíclica e a economia mundial poderá ascender, mas também descender, assim, é preciso fortalecer as instituições para esses momentos e manter uma certa estabilidade e segurança.

Da forma como está estruturado agora, o Mercosul não criou anticorpos para esses momentos, que poderá estagnar (como agora) ou fragilizar as suas instituições.

A crise ocasionada pelo vírus COVID-19[232] acentuou a desaceleração econômica, podendo gerar uma grande recessão, e a história demonstra que a integração entre os povos manteve certa estabilidade entre os povos.

Nesse momento, retomamos essa discussão, se os Estados devem seguir juntos ou individualizados.

Esse momento não muito diferente em termos econômicos do que ocorreu após a Segunda Guerra Mundial, aliás, as crises anteriores à Primeira Guerra Mundial, quais sejam fome, desemprego, extremismo, políticas protecionistas etc., enfim, demonstram que a falta de união entre os povos nos faz retornar o ciclo de devastação.[233]

[232] **O Estado Sanitário – A pessoa e seus direitos no Estado Constitucional de Exceção – Reflexões sobre a crise sanitária mundial**. Hamilton Sarto Serra de Carvalho e Diogo Leite de Campos. Editora Autografia: Barcelona: 2021, pp. 76 e ss.

[233] Já na Introdução do livro International economic disintegration, Röpke ressalta que: "The idea of the present investigation originated in a conference of economists, organized by the Rockefeller Foundation and held at Annecy in July, 1936, for the purpose of discussing the most urgent topics and the different possibilities of organized research in the field of social science. At this conference there was general agreement that, in view of the great structural changes taking place in the economic system to-day, there should be organized

Conforme se constata, o protecionismo era o principal tema em discussão econômica naquela época, e, nos

Como se verá, o processo de integração é contínuo, e o Mercosul precisa avançar para estabelecer um mercado comum, e perdeu no Protocolo de Olivos a oportunidade de criar um órgão jurisdicional que pudesse ser o propulsor desse seguimento.

Obviamente, nada impede que essa alteração ocorra a qualquer momento, que seja o mais breve possível.

O prosseguimento do processo de integração mercosulino também perpassa por uma maior integração com a União Europeia, completar-se-ia no mercado econômico e o adaptaria para os desafios do terceiro milênio.

an investigation into " post-war agrarian and industrial protectionism." After I had been charged, at the beginning of 1937, with the further development of this Project under the auspices of the Graduate Institute of International Studies at Geneva, it was more specifically defined as "an international investigation . . . into the causes and reciprocal effects of industrial protectionism in the agrarian states and of agrarian protectionism in the industrial states, which hasbeen characteristic of post-war comercial policy everywhere and particularly in Europe." " This policy, restrictive of international trade, has been both the expresión and the condition of the most significant structural changes with inthenations," the state men twenton. " It is because the nations, for various reasons, some economic, some political, some psychological, have wished to become more independent of each other, that they have resorted to new form sand to a larger measure of protectionism. And this, in turn, has obliged their former supplier store tali ate." The first step to be taken evidently was to prepare a preliminary outline of the different questions and sub questions connected with the solution of the problema and to array them systematically. This outline – which I presented in March, 1937 – was a comprehensive inventory of the relevant questions without any indication of the relative weight of their importance, and a first demarcation of the scientific territory which was to be occupied and cultivated later in the course of the inquiry. An indication of the philosophy underlying this outline of the problema was given some months later in my paperon " International Economics in a Changing World " (The World Crisis, ed. bythe Graduate Institute of International Studies, London, 1938, pp. 275-292) and worked out more fully in my other paper on the " Decisive Problem softhe Disintegrationof World Economy " (Swedish, in " EkonomiskTidskrift," January,- 1939)." Conforme se constata, o protecionismo era o principal tema em discussão econômica naquela época, e, nos dias de hoje, com essa crise pandêmica que vai colapsar todas as economias mundiais, o movimento contra a globalização e o aumento do protecionismo retornará, contudo, a solução encontrada na época manteve a paz até os dias de hoje, deve-se retornar a esse objetivo, tomando como exemplo o ocorrido no passado. RÖPKE, Wilhelm. Internation al economic desintegration. London Edinburgh Glassgow William Hodgeand Company, Limited 1942

Há de se constatar que, assim como o Mercosul, a Organização Mundial do Comércio[234] não está isenta das pressões internacionais, o que reforça a necessidade das decisões internas.[235]

Evidentemente a passagem da solução somente através de um tribunal *ad hoc* para também a de um tribunal permanente, isso é um avanço, contudo, por não ser um órgão jurisdicional, e a sua atuação ser facultativa, retira a isenção necessária[236] para que possa funcionar plenamente no desenvolvimento integracionista. Como será posteriormente desenvolvido.

Foi mantida a sistemática estabelecida no Protocolo de Brasília em relação às negociações diretas[237], isto é, os Estados partes poderão buscar essa forma de solução das suas controvérsias (valem as considerações acima feitas). Após, buscar-se-á a conciliação através do Grupo de Mercado Comum[238]. Frustradas as etapas anteriores, poderá ser levada a questão ao Tribunal *ad hoc*[239].

Critica-se a manutenção da existência do tribunal *ad hoc*, mesmo com a criação do Tribunal Permanente, e das suas decisões (tribunal *ad hoc*) caberia um recurso ao Tribunal Permanente – como se fosse também uma instância recursal arbitral.

Portanto, o Tribunal Permanente de revisão é um órgão recursal das decisões do Tribunal *ad hoc*[240] e possui atribuição originária para soluções de controvérsias, quando as partes assim o desejarem. O critério aqui utilizado é a vontade das partes.

Além disso, é um órgão consultivo do Conselho de Mercado Comum.[241]

Desaprova-se, ainda, o fato de somente os Estados membros do Mercosul podem ser parte litigante, assim, as empresas ou mesmo os particulares

[234] A guerra comercial entre os Estados Unidos da América e a China, reforçada pela crise gerada pelo vírus COVID-19, abreviou a saída do Roberto Azevêdo do cargo de Diretor Geral da OMC. Ao mundo restou a incerteza, alguns vislumbram a possibilidade de uma nova guerra fria entre os EUA e a China.

[235] Art. 1º , 2 do Protocolo de Olivos.

[236] Em sentido contrário, vide: GOMES, Eduardo Biacchi. Protocolo de Olivos: Alterações no Sistema de Soluções de Controvérsias do Mercosul e Perspectivas. Revista da Faculdade de Direito da Universidade Federal do Paraná, p. 158.

[237] 176 Art. 4º do Protocolo de Olivos.

[238] 177 Art. 6º do Protocolo de Olivos.

[239] 178 Art. 9º do Protocolo de Olivos.

[240] Art. 17, 1 do Protocolo de Olivos

[241] Art. 3º do Protocolo de Olivos.

não teria mecanismos viáveis, procedimentos, para provocar o Tribunal Permanente do Mercosul, a não ser através do próprio Estado.

Em relação à composição do Tribunal Permanente, são cinco árbitros, cada Estado parte indica um, e o presidente é indicado pelos árbitros escolhidos dentre os árbitros do Mercosul.[242] Dessa decisão não cabe recurso ou utilização de qualquer outro órgão, quando o objeto for o mesmo.[243]

Em conclusão, a falta de cláusula de exclusividade que obrigue ao Estado parte a se submeter às decisões proferidas no Tribunal Permanente de Revisão, o Tribunal Permanente não ter força jurisdicional – sempre irá fragilizá-lo.

É um órgão de revisão das decisões dos Tribunais *ad hoc*[244], é um órgão consultivo do Conselho do Mercado Comum e é um Tribunal arbitral com atribuição originária[245], enfim um emaranhado de funções, o que compromete ou poderia comprometer as suas atribuições.

2.1.2.5. Mercosul – formação de mercado comum – harmonização fiscal dos tributos indiretos

Na composição do Mercosul ansiava-se a formação de um mercado comum até 1994, contudo, até os dias de hoje o Mercosul progrediu até uma união aduaneira[246].

Como sabido, para se alcançar esse grau de integração é necessário que o progresso do processo de integração além de tirar as barreiras alfandegárias, uma política externa comum e a liberdade de circulação pessoas, bens e capital.

Dessa forma, abre-se a possibilidade de transações de bens e serviços, tecnologia e capital de forma não destorcida a concorrência em três níveis, interna – dentro dos sistemas jurídicos de cada Estado parte, intrabloco – nas transações entre os Estados partes e no âmbito internacional – Estados partes/Estados terceiros/Blocos regionais e Mercosul/Estados terceiros/ outro Bloco regional.

242 Art. 18 do Protocolo de Olivos.

243 Art. 1º, 2 do Protocolo de Olivos

244 Art. 17 do Protocolo de Olivos.

245 Art. 23 do Protocolo de Olivos.

246 Uma curiosidade histórica, a união aduaneira alemã – Zollverein, foi criada em 1834, onde ser criou uma área de livre comércio em grande parte da Alemanha e é frequentemente vista como um passo importante para reunificação da alemã. https://www.britannica.com/topic/Zollverein

Além disso, para facilitar as ações coordenadas entre as administrações tributárias e assim evitar a fraude e a evasão fiscal[247] é necessário um sistema tributário harmonizado, justo e neutro.

Portanto, tencionava e ainda busca, os Estados partes do Mercosul, um sistema tributário mersosulino, nomeadamente dos tributos indiretos.

Obviamente que para se alcançar esse objetivo os Estados partes devem atender alguns requisitos: 1. Possuírem compatibilidade entre os seus sistemas jurídicos tributários; 2. Fortalecerem as instituições do Mercosul – aventa-se um Tribunal do Mercosul com natureza jurisdicional e com cláusula de exclusividade; 3. Fortalecimento do Parlamento do Mercosul – editando normas sem necessidade de transposição, isto é, com aplicabilidade e eficácia direta e imediata; 4. Harmonização dos tributos indiretos. 5. Finalmente poder-se-ia avançar para um Mercado Comum.

A harmonização fiscal impediria distorções de concorrência fiscal, isto é, uma empresa investiria em um Estado parte ao invés de investir em outro por razões de tecnologia tributária.

Essa tecnologia tributária envolveria a simplificação dos seus sistemas tributários, um sistema mais transparente, um sistema mais racional e justo, um sistema com regras claras e igualitárias e no aspecto financeiro o suficiente para solver os débitos do Estado, enfim, o sistema jurídico tributário deve ser sustentável.

Portanto, o investidor ou o empresário internacional buscasse naquele sistema jurídico a possibilidade de transacionar bens, serviços e capital, não por opção do sistema jurídico, sim por haver um mercado a ser direcionado o seu investimento.

Assim, a harmonização tributária seria o verdadeiro protagonista no processo de integração almejado pelo Mercosul.

Reconta-se que após a Segunda Guerra Mundial os Estados estavam devastados e precisam se reconstruir, havia, portanto, uma carência de recursos financeiros e uma das soluções era a tributária.

Após ser feita a harmonização fiscal dos tributos indiretos no Mercosul, as autoridades administrativas dos Estados partes deverão aprofun-

[247] César García Novoa. *La conflictividad en los delitos y en las infracciones tributarias.* DOCUMENTOS DE TRABAJO 11/2019 VII Encuentro de Derecho Financiero y Tributario "Una estrategia global al servicio de la reducción de la conflictividad en materia tributaria" Cristina García-Herrera Blanco (coordinadora) Instituto de Estudios Fiscales.

dar a coordenação de dados, assim, além de controlar e evitar a evasão[248] e fraude fiscal, poderão promover o desenvolvimento econômico e social intrabloco e a relação aos Estados terceiros.

Atualmente, no Mercosul não há a tributação transfronteiriça, característica da zona de livre comércio, equalizam-se com as pautas externas comum (Estados extrabloco) – União Aduaneira – ainda que de forma imperfeita.

Ocorre para que haja o avanço para um mercado comum, devem ser eliminadas as disparidades políticas e uma união econômica através de políticas monetárias, fiscais, social e como acima descrito, o reconhecimento de uma autoridade supranacional.

2.1.2.6. Substrato concorrencial como condicionante harmonizante dos tributos indiretos – estados partes do Mercosul e a imposição por reformas tributárias dos tributos indiretos

No início do terceiro milênio a formação de blocos regionais e como consequência o avanço no processo de integração estabelece um elemento central no desenvolvimento do direito tributário internacional.

Estabelece-se como ponto fulcral o estudo do direito de concorrência fiscal internacional.

Há de se observar o comportamento dos Estados dentro desse cenário e suas políticas fiscais e de que forma coadunam com as normas internacionais existentes.

Por essa razão há de se considerar as dimensões tributárias, quais sejam, o sistema tributário interno dos Estados, o sistema tributário regional e o sistema tributário internacional.

De que forma esses sistemas possam estabelecer elementos de conexão, de modo a evitar evasão e fraudes fiscais[249] e ao mesmo tempo não sofrer os efeitos concorrenciais de outros sistemas tributários de um ou diversos outros sistemas jurídicos dos Estados ou blocos regionais.

[248] César García Novoa. *La conflictividad en los delitos y en las infracciones tributarias.* DOCUMENTOS DE TRABAJO 11/2019 VII Encuentro de Derecho Financiero y Tributario "Una estrategia global al servicio de la reducción de la conflictividad en materia tributaria" Cristina García-Herrera Blanco (coordinadora) Instituto de Estudios Fiscales.

[249] César García Novoa. *La conflictividad en los delitos y en las infracciones tributarias.* DOCUMENTOS DE TRABAJO 11/2019 VII Encuentro de Derecho Financiero y Tributario "Una estrategia global al servicio de la reducción de la conflictividad en materia tributaria" Cristina García-Herrera Blanco (coordinadora) Instituto de Estudios Fiscales.

Em razão dessas disparidades tributárias acaba por gerar uma pressão muito forte nos sistemas jurídicos internos e com o objetivo de minorar esses efeitos são afixadas medidas de coordenação dessas normas tributárias, assim, não só haveria menos compressão nos sistemas jurídicos internos, mas também diminuiria as distorções na concorrência internacional.

A concorrência fiscal internacional prejudicial não é terma tão recente, já em 1996, os Estados, através dos seus representantes, buscaram a OCDE para desenvolver medidas para combater os efeitos distorcidos dessa concorrência sobre investimentos e as bases tributárias nacionais.[250]

O trabalho desenvolvido pela OCDE representou um marco, e em 1998 o Comitê de Assuntos Fiscais da OCDE publicou o seu trabalho sobre concorrência fiscal prejudicial (*HARMFUL TAX COMPETITION AnEmerging Global Issue*). Esse trabalho é objeto de citações e estudos até os dias de hoje.

Verifica-se que os Estados naquela altura, como nos dias de hoje, tinham uma preocupação grande com suas políticas econômicas e sociais e qual seria a repercussão do desenvolvimento econômico no cenário internacional.[251]

Constata-se, portanto, que a concorrência fiscal internacional pressionava/pressiona os sistemas tributários internos dos Estados e que era necessário tomar medidas.

O estudo focava tanto nos tributos diretos, quanto nos indiretos, ou mesmo na ausência ou tributação muito reduzida (paraísos fiscais[252]).

A globalização econômica já se afirmava e como elemento propulsor do desenvolvimento econômico exigia profundas alterações não só nos sistemas jurídicos domésticos, também normas internacionais que venham a corresponder nas soluções dos problemas das transações entre os Estados na circulação de bens, serviços e capital.

Como iniciativa imediata, a redução de barreiras fiscais era o primeiro desafio a ser superado.[253]

[250] HARMFUL TAX COMPETITION AnEmerging Global Issue. ORGANISATION FOR ECONOMIC CO-OPERATION AND DEVELOPMENT, 1998, p. 3

[251] Idem, p. 13.

[252] Segundo Relatório da OCDE de 1988 os paraísos fiscais causam os seguintes problemas: "-distorting financial and, indirectly, real investmentflows; – Underminingtheintegrityandfairnessoftaxstructures – discouragingcompliancebyalltaxpayers; – re- shapingthedesiredleveland mix of taxes andpublicspending; – causingundesired shifts ofpartofthetaxburdentoless mobile tax bases, such as labour, propertyandconsumption; and increasingtheadministrativecostsandcomplianceburdensontaxauthoritiesandtaxpayers."

[253] Cf. HARMFUL TAX COMPETITION AnEmerging Global Issue. ORGANISATION FOR ECONOMIC CO-OPERATION AND DEVELOPMENT, 1998, p. 17.

Nesse cenário, as empresas globais começaram a estruturar planejamentos fiscais de modo a minorar ou mesmo não pagar tributos, esse comportamento empresarial é chamado de "*poaching*"[254].

Vislumbrava-se que a tecnologia já alteraria as formas com que os Estados relacionavam-se entre si.

Esse processo de desenvolvimento econômico global levou prosperidade e, portanto, começou-se a globalização tecnológica a se entrelaçar com a globalização econômica, se afirmando essencial, transplantando como grande desafio no início do novo século.

Essa constatação deve ser mais bem estudada no Mercosul, que, como se verá, está alterando os sistemas jurídicos tributários internos dos Estados, nomeadamente no Brasil, com isso o impacto legislativo repercutirá internamente – no Estado que está realizando a reforma tributária, no Bloco Mercosul – entre os seus pares e nas transações internacionais – Estado/Estado, Estado/Bloco e Bloco/Bloco.

Cientes da necessidade de elaborar um sistema jurídico com normas sobre concorrência comercial, os Estados partes se comprometeram a coordenar[255] suas respectivas políticas nacionais.[256]

Posto isto, todas essas transformações atingiram em cheio os sistemas tributários, que tinham um viés doméstico e ainda o é em grande parte das transações de bens, serviços e capital.

Não restando dúvida de que a cooperação internacional entre os Estados deve ser o primeiro passo a ser seguido, como um desafio a mais, que as soberanias são compartilhadas e as alterações legislativas no sistema jurídico interno tributário gerarão repercussões em outros Estados[257], podendo lhes ser favorável ou não.

Consoante ao disposto, muitos Estados simplificaram os seus sistemas jurídicos tributários, assim diminuíram seus entraves burocráticos, e com

[254] HARMFUL TAX COMPETITION AnEmerging Global Issue. ORGANISATION FOR ECONOMIC COOPERATION AND DEVELOPMENT, 1998, p. 16.

[255] Vide: Regulamento Comum de Salvaguardas; Regulamento Comum Relativo à Defesa contra Importações Objeto de Dumping Provenientes de Países Não-Membros do Mercosul e o Regulamento Comum Relativo à Defesa contra Subsídios Concedidos por Países Não-Membros do Mercosul.

[256] Art. 4º do Tratado de Asssunção.

[257] HARMFUL TAX COMPETITION AnEmerging Global Issue. ORGANISATION FOR ECONOMIC COOPERATION AND DEVELOPMENT, 1998, p. 14.

isso se anteciparam nas reformas necessárias como forma de inclusão na conjuntura ora desenhada.

No Mercosul, o único Estado que se mantém obsoleto no seu sistema jurídico interno tributário é o Brasil, os demais Estados já fizeram profundas reformas tributárias, portanto, os seus sistemas jurídicos já estão prontos para o prosseguimento no processo de integração.

Superada essa etapa, isto é, das reformas tributárias, é preciso prosseguir para a harmonização dos tributos indiretos.

Em uma tributação harmonizada onde há de se observar as disparidades econômicas entre os Estados envolvidos, em princípio, haveria uma pressão sobre as legislações dos Estados menos desenvolvidos economicamente.

No Mercosul não haveria esse problema, muito pelo contrário, o Brasil, que é o país mais desenvolvido economicamente, é o único Estado parte que não possui um imposto sobre valor agregado – IVA em seu sistema jurídico, e, portanto, poderia com mais facilidade adaptar o seu sistema jurídico aos demais.

Portanto, aquando se confirmar a reforma tributária no Brasil, poderia se avançar para uma tributação harmonizada, com as observações acima, com o fortalecimento do Parlamento do Mercosul, para que seja conferida a legitimidade exigida.

Ainda assim, no ponto de vista da concorrência, as jurisdições tributárias, ainda preservadas em uma união aduaneira, há preservação das fronteiras fiscais, até esse momento mantida no Mercosul, devem ser mitigadas, isto é, uma autorização dos seus parlamentares internos para que seja possível esse avanço – o reconhecimento da supranacionalidade no Mercosul.

Entende-se que o tributo indireto a ser objeto de harmonização tributária dos tributos indiretos é o imposto sobre valor acrescentado, deve ser um imposto geral sobre o consumo, que permita do direito de dedução – não cumulativo, que preserve a neutralidade tributária e a repercussão seja no consumidor final.

2.1.2.7. Mercosul e o princípio da neutralidade nas transações de bens e serviços intrabloco

Verifica-se que um tributo neutro é aquele que não exerce influência decisória comportamental nos agentes do circuito econômico em qualquer das dimensões – interna, regional ou internacional.

Portanto, nas transações de bens, serviços e capital, e, em se tratando de tributos indiretos tipo consumo, os agentes econômicos, desde a produção até o consumo final, não deve mudar esse comportamento de acordo com o sistema tributário vigente.

Isso fica ainda mais claro no âmbito internacional, onde há ainda mais lacunas, se um Estado for escolhido em detrimento de outro, não pelos bens, serviços e capital, sim, porque aquele sistema tributário causa-lhe menor impacto.

Dito isso, quaisquer distorções ocasionadas por tributos que levem a mudança comportamental de um agente econômico resultam em "*dead weight losses*"[258].

Portanto, um tributo deve atender à sua função primordial que é gerar receitas aos Estados, e esses tributos adotados por esses Estados devem ser no âmbito administrativo simplificado, de modo a causar as menores barreiras fiscais possíveis e conforme o caso não tê-las.

Acrescente-se que a gestão tributária deve ser transparente e eficiente. Dessa forma, os agentes do circuito econômico não se movimentarão em razão dessa burocracia ocasionada por essa arrecadação.

Um tributo pode ter uma manifestação indireta na neutralidade se o mesmo for extremamente complexo nos seus meios de arrecadação.

Também pode gerar transtornos distorcidos na economia, se houver uma complexidade de tributos, de modo que haja uma sobreposição, ou mesmo a bitributação, ou o maior fracionamento das diversas etapas no circuito econômico em razão da incidência de diversos tributos.

Essas questões aventadas mudam o comportamento dos agentes econômicos.

Poder-se-ia ter uma manifestação direta contrária à neutralidade, pelo tipo de tributo cobrado, p. ex., um imposto sobre o consumo tipo indústria, portanto, a repercussão desse tributo se dará na indústria, pode ser nesse caso que esse agente econômico busque um país que tenha um tributo indireto tipo consumo.

A manifestação direta contrária à neutralidade também seria ocasionada pela existência de muitos tributos cobrados em diversas fases, os efeitos aqui seriam a própria existência desses tributos, mas também os seus reflexos burocráticos, aqui uma manifestação indireta.

[258] Cf. SCHÖN, Wolfgang. Neutrality and Territoriality – Competing or Converging Concepts in EuropeanTax Law? BULLETIN FOR INTERNATIONAL TAXATION APRIL/MAY 2015j, p. 272

Em conclusão, por todas essas características, o IVA tipo consumo assume sucesso e protagonismo nos tributos indiretos globais, esse tributo engloba todas as fases no circuito econômico (imposto geral), permite o direito de dedução, configura um grande propulsor de receitas aos Estados e repercute no consumidor final.

Por todas essas razões, o IVA é um tributo neutro tanto na forma direta, quanto na indireta e, portanto, a tecnologia necessária para que os Estados adaptem os seus sistemas jurídicos.

2.1.2.8. Aspecto normativo e territorial aduaneiro no Mercosul

O Mercosul está ainda nos dias de hoje em um grau de integração de União Aduaneira Imperfeita, portanto, apesar de possuir uma pauta externa comum, a mesma estabelece muitas exceções.

Constata-se, destarte, a necessidade de uniformizar os procedimentos, assim, foi celebrado, na cidade de San Juan, na Argentina, em 2 de agosto de 2010, o tratado instituidor do Código Aduaneiro do Mercosul.

Ressalta-se, como antecedente, a Decisão do Conselho do Mercado Comum – MERCOSUL/CMC/DEC. Nº 54/04, buscava o aperfeiçoamento da União Aduaneira e para tal estabeleceu a eliminação da dupla cobrança da TEC (Art. 4º) e a distribuição da renda aduaneira.

Por óbvio, o avanço na livre circulação de bens e serviços precisaria de normas e procedimentos que facilitassem essa circulação quanto ao controle dentro do Mercosul.[259]

Dessa forma, nas transações do Mercosul e agentes econômicos[260] dos Estados/Blocos terceiros ao interior do Mercosul, ao encontrarem as barreiras alfandegárias, existe um procedimento administrativo harmonizado[261] do tratamento tarifário entre todos os Estados partes do Mercosul, que através das autoridades administrativas[262] realizam o desembaraço aduaneiro[263].

[259] Primeiro Considerando da Decisão CMC Nº 54/04.

[260] Art. 14 do CAM.

[261] O Brasil internalizou, através do Decreto nº 10.276, de 13 de Março de 2020, a Convenção Internacional e a Harmonização dos Regimes Aduaneiros – Convenção de Quioto, concluído em Bruxelas, em 26 de Junho de 1999. Será um importante instrumento, não só para o Brasil, mas para o próprio Mercosul, para o prosseguimento no processo de integração, como no Tratado Mercosul-União Europeia.

[262] Em relação a informatização e comunicação das Autoridades Administrativas, vide: 148 e ss. do CAM.

[263] Art. 17 do CAM.

Ressalta-se que o ingresso de produtos ou serviços no território do Mercosul importadas por agentes econômicos[264] de Estados Terceiros, sem essa uniformidade aduaneira, havia a dupla tributação, isto é, ocorreria a tributação transfronteiriça no Estado importador[265], e, se esse bem ou serviço fosse transacionado com outro Estado[266] parte seria novamente tributado.

Esse cenário proposto serviria para causar distorções econômicas e assim esse agente econômico buscaria outro ambiente mais favorável.

Enfim, foram harmonizados procedimentos administrativos[267] e legislações, avançando para um sistema mais racional e justo e incentivando o Mercosul nas atividades transacionais de bens e serviços na dimensão internacional.

O Código Aduaneiro do Mercosul – CAM possui amplitude territorial na totalidade do território dos Estados partes[268] nas relações destes[269] com Estados terceiros[270], sendo atribuída uma natureza supletiva[271] às legislações aduaneiras de cada Estado parte.

2.2. Tributação aduaneira – importação e administração tributária

2.2.1. Código aduaneiro no Mercosul

No mundo contemporâneo e existência de um Estado dependem da tributação para a sua própria existência.

A soberania fiscal sempre, classicamente, foi um dos aspectos que destacava o Estado, o seu território, e a própria soberania propriamente dita.

A tributação aduaneira, ou transfronteiriça, correspondia a uma espécie de muro cuja transposição dependia das autoridades fiscais o ingresso de bens e serviços naquele Estado.

Nesse sentido, haveria a soma da tributação e a burocracia administrativa (com os seus custos) para que um bem ou serviço pudesse ingressar e transpor essa barreira alfandegária.

264 3 Art. 14 e ss. do CAM

265 Em relação à importação definitiva, vide: Art. 51 do CAM.

266 Em relação à definição de circulação da mercadoria no espaço territorial do Mercosul, vide: Art. 91 do CAM.

267 Em relação às atribuições das autoridades administrativas, vide: Art. 7º e ss. do CAM.

268 Art. 1º, 2 do CAM.

269 Art. 1º , 2 do CAM.

270 Apesar do Código Aduaneiro do Mercosul não mencionar, entende-se que esse código se aplica a qualquer transações entre o Mercosul e terceiros, desde que tenha personalidade internacional.

271 Art. 1º, 4 do CAM.

Contudo, as soberanias, nesse mundo globalizado, são compartilhadas, portanto, esses conceitos de direitos alfandegários devem ser revistos.

Ademais, observa-se que as transações de bens e serviços digitais incorrem nessas fronteiras sem a menor dificuldade.

Voltando-se para o Código Aduaneiro do Mercosul, ao regular os tributos aduaneiros, menciona impostos e taxas como tributos transfronteiriços de maneira global.

Ressaltando que as taxas seriam pagas em razão da atividade ou serviços realizados ou postos à disposição pelas Autoridades Aduaneiras, em uma importação e exportação.

Já os impostos seriam cobrados pela importação definitiva da mercadoria para o território aduaneiro.

Dito isto, pode-se extrair algumas conclusões:

a. Há o pagamento do imposto pela importação e da taxa pelos serviços prestados pelas Autoridades Administrativas nas fronteiras.
b. O CAM somente faz menção à aplicação do princípio do Estado de destino, seguindo o parâmetro internacional ao fazer estabelecer a cobrança do imposto de importação e não do imposto de exportação, neste último caberá ao Estado parte do Mercosul dirigir a sua cobrança (caso haja esse imposto regulado no seu país).
c. A utilização do termo mercadoria, leva a crer que somente se aplica a atos de mercancia, quando as transações internacionais podem ser muito mais amplas, p. ex. , a importação de peças de reposição sem o caráter lucrativo, nesse caso não teria o tratamento adequado ao cruzar as fronteiras ou barreiras alfandegárias.
d. Esse sistema estabelecido no CAM está inadaptado às normas internacionais que tratam da tributação digital destacam-se, portanto, uma grande fragilidade a ser superada.
e. Para que haja uma tributação sistemática no Mercosul, faz-se necessária uma harmonização tributária, assim, as Autoridades Tributárias poderiam fazer um controle com eficiência e justeza.
f. Para o desenvolvimento das transações do Mercosul com Estados/Blocos terceiros seria necessário incluir as pequenas e médias empresas, com regulamentos específicos que permitisse o seu pleno desenvolvimento.

2.2.2. Fronteira digital – tributação digital e o território do Mercosul

Assim como no mundo, o comércio eletrônico vem crescendo muito no âmbito do Mercosul, contudo faz-se necessário o desenvolvimento normativo para regular essas transações de bens, serviços e capital.

No Mercosul a legislação produzida no âmbito comunitário ainda é muito esparsa, sendo regulado nos espaços internos de cada Estado.

De se notar que os países que possuem o maior crescimento no comércio eletrônico na América Latina são os Estados partes do Mercosul.[272]

Com a expansão da pandemia pelo vírus COVID-19 o setor de Internet móvel acelerou em todos os países[273], por conseguinte o comércio eletrônico mundial foi impulsionado.

No Mercosul já havia uma projeção de crescimento, antes mesmo da crise pandêmica, só no Brasil em 2018 as transações no comércio eletrônico correspondiam a 60% de toda a América Latina. [274]

Em 2019 foi editada a MERCOSUL/GMC/RES. Nº 37/19, uma importante norma para a harmonização das legislações internas do Mercosul, aqui versa sobre a defesa do consumidor no comércio eletrônico no âmbito do Mercosul.

Aplicam-se os seguintes princípios: o princípio da transparência e da boa-fé nas transações no âmbito do Mercosul.

Uma primeira observação, no Art. 1º da Resolução 37/19, dispõe que a garantia dos consumidores "durante todo o processo da transação", aqui devem ser considerada todas as transações pré/pós-contratual, senão vejamos.

Pelos princípios da transparência e da boa-fé[275], a divulgação dos produtos deve corresponder à qualidade, quantidade e todas as especificações, prazos, forma de pagamento, devam ser idênticos ao que for contratado.

Nesse caso, haveria uma obrigação pré-contratual que vincularia a posterior transação[276].

Assim como há a vinculação pós-contratual a esses mesmos princípios, portanto, a interpretação que deve ser feita ao dispositivo é a siste-

[272] Cf. SUOMINEN, Kati. Fueling Digital Trade in Mercosul: A RegulatoryRoadmap. TECHNICAL NOTE Nº IDB-TN-01549, p. 1.

[273] Vide: https://www.mobileworldlive.com/spanish/en-directo-impacto-del-covid-19-en-el-sector/

[274] Cf. SUOMINEN, Kati. Fueling Digital Trade in Mercosul..., p. 1.

[275] Arts. 1º usque 5º da Resolução nº 37/19.

[276] Art. 5º e 7º da Resolução nº 37/19.

mática-teleológica, na medida em que essa resolução veio para proteger as relações de consumo nas transações eletrônicas e essa corresponde à sua finalidade específica.

O direito de arrependimento do consumidor apesar de estar previsto na Resolução n. 37/19[277], o prazo para ser externado foi deixado para outra legislação o regulamentar.

Por último, há a necessidade de cooperação entre os órgãos de defesa do consumidor pertencentes aos Estados partes nas transações transfronteiriças, sem todavia estabelecer um procedimento – prazo e condições, para que isso ocorra.

A Resolução n. 37/19 é um marco importante não só para o desenvolvimento do comércio eletrônico no âmbito do Mercosul, mas também para o seu próprio processo de integração.

Com certeza, essa resolução impulsionará ainda mais o comércio eletrônico, mas dependerá ainda do seu próprio aperfeiçoamento, ficaram muitas lacunas a cargo dos Estados partes supri-las.

Cerca de 60% das empresas *online* argentinas realizam transações com o Brasil e vice-versa, de 77% das empresas paraguaias e 67% das uruguaias realizam transações com a Argentina.[278]

Observa-se que esses dados demonstram que já foram dados passos largos no desenvolvimento do comércio eletrônico mercosulino, porém há muito a se desenvolver.

Conforme se constata, o grau de processo de integração no Mercosul não permite acabar com as barreiras fiscais, mesmo em comércio entre os Estados partes.

Essas fronteiras ficam extremamente fragilizadas no comércio eletrônico, com grandes perdas fiscais para os Estados-Partes.

No cenário internacional, as transações realizadas por agentes econômicos no espaço interno do Mercosul não há um controle efetivo feito por normas comunitárias, sim ao espaço de cada Estado parte através da sua legislação interna.

Não basta a legislação aduaneira estabelecer um procedimento uniforme de mercadorias nas transações feitas por Estados-Partes e Estados/Blocos terceiros, se não levar em consideração o comércio eletrônico.

[277] Art. 6º da Resolução nº 37/19.

[278] Cf. Suominen, Kati. Fueling Digital Trade in Mercosul..., p. 2.

Para que tenha uma maior adesão ao comércio eletrônico, as pequenas e médias empresas dependem:

a. Uma maior simplificação e transparência normativa nas transações de bens e serviços.
b. As administrações fiscais alfandegárias devem possuir um procedimento próprio para o comércio eletrônico, com a utilização da tecnologia para armazenamento de dados *(Icloud)* e a coordenação entre administrações internas de cada Estado parte.
c. Normas regulatórias para a proteção dos dados das empresas e consumidores.
d. A proteção dos direitos autorais em nível comunitário.
e. Simplificação dos tributos, que somente será obtido através de uma harmonização fiscal, nomeadamente dos tributos indiretos.
f. Em relação às grandes empresas, a falta de regulamentação nesse espaço virtual, gera grandes perdas de receitas aos Estados e também permite evasão e fraude fiscal[279].
g. Uma harmonização conceitual do direito privado de bens e serviços – nomeadamente normatizando o processo de desmaterialização dos bens com a transformação de bens materiais em serviços digitais ou bens imateriais.
h. Redefinir o conceito de jurisdição fiscal, completamente inadaptado ao conceito atual, sobretudo após o desenvolvimento do comércio eletrônico.
i. A criação de uma plataforma digital a serem utilizadas como pelos governos dos Estados partes como forma de centralização, gestão e controle das transações realizadas no espaço comunitário, com a uniformização do pagamento de tributos.

2.3. Reforma tributária nos estados-partes do Mercosul – uma harmonização tributária necessária. os casos da Argentina, Paraguai e Uruguai

Como já analisado, os sistemas jurídicos tributários podem causar distorções na concorrência internacional, portanto, contrariar o princípio da

[279] César García Novoa. *La conflictividad en los delitos y en las infracciones tributarias.* DOCUMENTOS DE TRABAJO 11/2019 VII Encuentro de Derecho Financiero y Tributario "Una estrategia global al servicio de la reducción de la conflictividad en materia tributaria" Cristina García-Herrera Blanco (coordinadora) Instituto de Estudios Fiscales.

neutralidade tributária, ao impor comportamento às empresas ou consumidores transacionarem bens e serviços com um ou outro Estado por razões dos sistemas jurídicos internos.

Faz-se necessário que os sistemas jurídicos tributários sejam transparentes, equânimes, justos, com tributos modernos e que permitam aos Estados a se adaptarem ao cenário mundial.

Portanto, esse objetivo não se resume à jurisdição fiscal de cada Estado parte, sim, há um interesse de todos os Estados-Partes do Mercosul, não só para o prosseguimento do processo de integração, mas como elemento constitutivo do desenvolvimento desses Estados, do Mercosul e a suas adaptações ao cenário internacional.

Portanto, os Estados-Partes – Argentina, Brasil, Paraguai e Uruguai devem analisar como prosseguir no objetivo de harmonização dos tributos indiretos, na reforma tributária dos seus ordenamentos jurídicos e o impacto/estudo de como fazê-las de foram racionais e justas.

Com certeza, as isenções fiscais, após esse avanço, será o foco das maiores discussões, por isso, em paralelo, deve haver o fortalecimento do Tribunal do Mercosul, para dirimir essas controvérsias no âmbito do espaço do Mercosul e não enviá-las para a OMC ou outro órgão internacional.

Constata-se que os Estados-Partes do Mercosul, possuem como elementos de conexão a origem da língua (latina) e o direito (romano), porém o desenvolvimento e transformações no decorrer da história fazem com que seja necessária a compatibilização entre os sistemas jurídicos.

Quando se fala em harmonização tributária, ela não pode ser dissociada que é necessário um complexo normativo que envolve diversas áreas e todas elas devem tangenciar no objetivo de transformação do Mercosul em um grande espaço comum.

As transações de bens e serviços e a tributação indireta envolvem conceitos do direito privado[280] e estes também precisam ser harmonizados. Mudança de conceitos, como o de estabelecimento empresarial, moedas, etc., precisam de um tratamento específico.

[280] Vide: Fabíola Vianna Morais. Interpretação conceitual das normas tributárias: liame entre o direito privado e os efeitos econômicos. Reforma Tributária – Tributação, Desenvolvimento e Economia Digital. Coordenador Fabio Luiz Gomes. Editora Almedina: São Paulo/Coimbra, 2022, pp. 67 e ss.

A falta desse espaço harmonizado abre um mercado com grandes perdas de receitas fiscais, evasão[281] e fraude preenchendo essa lacuna normativa.

Com a simplificação do sistema tributário as autoridades administrativas poderão estabelecer mecanismos de cooperação administrativos, com a devida tecnologia, para uma cobrança racional desses tributos, com a preservação dos dados dos contribuintes.

Introdução

O movimento de globalização econômica levou muitos Estados a reformar os seus sistemas jurídicos, e o IVA pode ser considerado um tributo essencial a esse movimento, pode-se dizer que seja um tributo global.

Na América Latina somente o Brasil e o Suriname não adotam o IVA.

Alguns princípios norteiam o IVA, dentre eles destacam-se o princípio da não cumulatividade, princípio da neutralidade, princípio da generalidade e o IVA propagado pelos países tem como característica ser o tipo consumo.

Em relação ao princípio da não cumulatividade, como sabido, permite que o tributo pago na etapa anterior seja deduzido do preço no decorrer da cadeia produtiva.

Essa característica também lhe garante a neutralidade, de modo que o tributo não influencie o comportamento do empresário ou do consumidor na compra ou não de um produto ou serviço.

Neste sentido, a Argentina, o Paraguai e o Uruguai reformaram os seus tributos indiretos e passaram a adotar o IVA em seus sistemas jurídicos.

Esses países, portanto, já estão adaptados ao prosseguimento no processo de integração e formação de um mercado comum.

Portanto, a harmonização dos tributos indiretos no Mercosul já teria elementos de conexão entre esses países, que apesar das diferenças inerentes aos sistemas jurídicos existentes em qualquer país, mesmo os próximos como os do Mercosul, os princípios e características do IVA são os mesmos.

Obviamente, serão necessários diversos ajustes em nível comunitário, muitos deles já analisados.

[281] César García Novoa. *La conflictividad en los delitos y en las infracciones tributarias.* DOCUMENTOS DE TRABAJO 11/2019 VII Encuentro de Derecho Financiero y Tributario "Una estrategia global al servicio de la reducción de la conflictividad en materia tributaria" Cristina García-Herrera Blanco (coordinadora) Instituto de Estudios Fiscales.

Mas o fato é que não precisarão muitas reformas internas em seus sistemas jurídicos, todas as que ocorrerem partirão das normas oriundas do Mercosul.

No entanto, conceitualmente existem diferenças, tanto na interpretação do direito privado, quanto no direito tributário, ainda há regras ou exceções que podem distanciar os sistemas jurídicos.

Destaca-se as seguintes Reformas:

a. Argentina fez a reforma tributária que implantou o IVA com a Lei nº 20631 de 29 de dezembro de 1973.
b. Paraguai fez a reforma tributária que implantou o IVA com a Lei nº 125 de 09 de janeiro de 1991.
c. Uruguai fez a reforma tributária que implantou o IVA com a Lei nº 13.637 de 27 de dezembro de 1967.

Com a simples constatação das datas em que foi implementado o IVA em seus sistemas jurídicos, verifica-se que o Uruguai não só foi o primeiro a ter o contato com o IVA[282], mas que atualizou o seu sistema jurídico proximamente ao sistema francês, que veio a implementar em 1 de julho de 1954.

2.3.1. Reformas tributárias na Argentina

2.3.1.1. Breves considerações conceituais – interpretação clássica

O Imposto sobre o Valor Agregado – IVA foi implantado no sistema jurídico tributário da Argentina através da Lei nº 20.631 de 29 de dezembro de 1973.

Mais recentemente ocorreu uma reforma tributária, com a criação a Lei nº 27.430, em 29 de dezembro de 2017, alterando alguns dispositivos da Lei nº 20631/1973, incluindo em seu bojo os serviços digitais[283], portanto, busca-se adaptar o sistema jurídico da Argentina a era digital.

Em sentido amplo, o IVA Argentino a incidência objetiva ocorre sobre as vendas em geral, locações, prestações de serviços (agora incluindo os digitais) e importações.

Em relação ao conceito de "vendas em geral", a Lei: "Las ventas de cosas muebles", aqui poder-se-ia estabelecer duas premissas: a venda e a coisa móvel, ambos são conceitos originários no direito privado.

[282] Art. 58 da Lei nº 13.637/67.

[283] Art. 87 da Lei nº 27.430/2017 que modificou o Art. 1º da Lei nº 20.631/1973.

A Argentina adotou o mesmo sistema da primeira lei uruguaia, que falava também em venda, aqui, como lá, esse conceito é do direito privado, influência do direito romano.

No direito privado seria um contrato de compra e venda, onde ocorre transferência de propriedade, no caso de um bem móvel e gera uma obrigação a recebê-la e pagar por ela um preço certo em dinheiro.[284]

Observa-se que essa venda, ou melhor, contrato de compra e venda, é a título oneroso e com habitualidade[285], realizado no território argentino.

Em relação às prestações de serviços, se utilizado economicamente (de forma onerosa e habitual), serão tributadas no território da Argentina, desde que esse serviço seja prestado neste território.

O legislador argentino, para não restar qualquer dúvida, destacou o serviço telecomunicação internacional como objeto de tributação do IVA, na medida em que sua redistribuição e atribuição sejam feitas na empresa estabelecida neste país.[286]

Ressalta-se que tanto as vendas de bens móveis e as prestações de serviços serão suportados pelo consumidor final, pois o IVA na Argentina é conceitualmente tipo-consumo.

2.3.1.2. Conceituação – era digital – tributação

Como acima explicitado, nas telecomunicações internacionais, a soberania fiscal – território, ficou delimitada à tributação na Argentina. Interessante notar que aqui já seria uma prévia dos desafios que seriam enfrentados não só pelo sistema jurídico da Argentina, mas também em âmbito mundial na era digital. Afinal, a telecomunicação é feita por meio eletrônico.

Como resta evidente, os conceitos tradicionais de bens e serviços, de soberanias fiscais já estão superados quando se fala em comércio eletrônico.

E com fluidez das fronteiras fiscais, esse desafio impõe uma tridimensionalidade que tangencia, nesse caso, a dimensão internacional, a dimensão do Mercosul e adentra no sistema jurídico da Argentina.

[284] Art. 1323 do Código Civil Argentino:
"Art.1323.-Habrá compra y venta cuando una de las partes se obligue a transferir a la otra la propiedad de una cosa, y ésta se obligue a recibirla y a pagar por ella un precio cierto en dinero."

[285] Cf. Altamirano, Alejandro C. Estrutura Básica Del Impuesto al Valor Agregado (IVA) em la República Argentina, p. 78. https://dialnet.unirioja.es/servlet/autor?codigo=187307

[286] Cf. Gomes, Fabio Luiz. Manual sobre o IVA nas Comunidades Europeias / Os Impostos sobre o Consumo no Mercosul. Editora Juruá, Paraná, 2006, p. 134.

Assim, se expõe que a reforma tributária de 2017 evidência não só uma necessidade da Argentina, mas do próprio prosseguimento no processo de integração do Mercosul e o acordo inter-regional do Mercosul com a União Europeia.

Os serviços digitais foram conceituados como: *"Se consideran servicios digitales, cualquiera sea el dispositivo utilizado para su descarga, visualización o utilización, aquellos llevados a cabo a través de la red Internet o de cualquier adaptación o aplicación de los protocolos, plataformas o de la tecnología utilizada por Internet u otra red a través de la que se presten servicios equivalentes que, por su naturaleza, esten básicamente automatizados y requieran una intervención humana mínima."*[287]

Verifica-se, inicialmente, que o legislador buscou abordar as mais diversas ramificações que pudessem desembocar no comércio eletrônico.

Destaca-se, ainda, que o legislador procurou estabelecer como característica essencial os serviços automatizados e que requeiram uma intervenção humana mínima.

Pode-se exemplificar de acordo com o conceito acima destacado: os sites, os serviços transmitidos digitalmente, as plataformas digitais, as publicidades virtuais, os jogos *online*, *e-books* etc.

Ressalta-se que os bens digitais, que classicamente seriam bens imateriais, foram conceituados pela lei como serviços digitais. Isso se aplica também às propriedades intelectuais digitais.

Questiona-se, apesar da amplitude do que foi conceituado como serviço digital, como seria enquadrada a inteligência artificial[288]? Será uma intervenção mínima humana?

[287] Art. 3º, 21, "m" da Lei 20631/1973.

[288] O desenvolvimento tecnológico vem exigindo cada vez mais respostas ao próprio ser humano, no direito tributário não seria diferente, um panorama interessante vem da inteligência artificial, caso não seja adotada nenhuma medida pelos Estados, ou sociedades em geral, poderá desembocar em um número crescente de pessoas humanas desempregadas. (Guillermo Sanchez-Archidona Hidalgo. **La tributación de los servicios digitales y la conflictividad tributaria: entre una deficiente técnica legislativa y la imposibilidad de someter a gravamen los algoritmos y los datos**. Cronica Tributaria, Boletín de Actualidad 2/2012, pp 288.)
O "imposto do robô" pode ser algo a ser pensado não só para evitar o desemprego, mas também para que seja investido em educação desses trabalhadores, sua qualificação para lidar com a nova realidade.
Afinal, "a inteligência artificial tem por finalidade proporcionar melhor qualidade de vida ao ser humano..." (Fabio Luiz Gomes e Fabíola Vianna Morais. **Inteligência Artificial – Desafios**

E no momento em que essa inteligência artificial não tiver a intervenção mínima humana, talvez só na manutenção?

Ainda, pondera-se, o resultado produzido por essa inteligência artificial for um bem corpóreo?

Essa discussão ocupará muito tempo, de qualquer maneira, entende- se que deverá ser tributado e como o IVA é não cumulativo, até se chegar ao resultado final, poderá ser deduzido, portanto, o trabalho intelectual digital, por essa definição, será tributado como serviço digital, e o seu resultado em circulação se for bem corpóreo, aplica-se a conceituação clássica.

2.3.1.3. Princípio da territorialidade – princípio da tributação no Estado de destino – clássico e era digital

A tributação, classicamente, era destacada como um dos aspectos da soberania fiscal dos Estados.

Portanto, a legislação argentina quando trata da territorialidade do IVA incidente sobre as vendas de coisas móveis ou prestação de serviços fixou o território da Argentina com atribuição para cobrar o tributo, o primeiro se circular no seu território e o segundo se o resultado da prestação de serviços for também o seu território.

Na era digital essa noção de soberania está superada, além do processo de globalização tratar a soberania como compartilhada, mas no ambiente virtual a soberania é amálgama, com grande fluidez.

Quando o serviço digital for prestado no exterior, mas a sua utilização efetiva ocorrer no território da Argentina, será passível de incidência de IVA interno.

A legislação buscou estabelecer alguns critérios não exaustivos, p. ex., há uma presunção de que o adquirente é o responsável inscrito – se o serviço for adquirido telefones móveis, em princípio será responsável o titular do telefone; se for em um computador, buscar-se-á o IP do computador etc.[289]

2.3.1.4. Conclusão

As características do IVA Argentino são inspiradas no modelo adotado pela União Europeia, isto é, é um tributo indireto, tipo-consumo – quem

Acerca do seu Estatuto Jurídico. Fundamentos do Direito – Estudos em Homenagem ao Professor Francisco dos Santos Amaral Neto. Processo, 2021, pp. 617 e ss.)

[289] Art. 3º, 21, "e" da Lei nº 20631/1973.

efetivamente suporta o tributo é o consumidor final, imposto geral, pois pega todas as etapas no circuito econômico em um tributo, não cumulativo – permite a dedução do tributo pago na etapa anterior, neutro – pois não altera o comportamento do empresário ou consumidor em razão do tributo cobrado.

Foram utilizados conceitos clássicos do direito privado de "vendas de bens móveis" – contratos de compra e venda de bens móveis na forma habitual e onerosa e "prestação de serviços" de forma habitual e onerosa.

O princípio utilizado para exportação ou importação de bens e serviços é o do Estado de destino.

Ocorreu uma reforma tributária em 2017 para resolver as questões que envolvam a tributação digital, para tanto é considerado serviços digitais todas as transações que venham a ocorrer digitalmente.

Se o serviço digital for prestado no exterior, considera-se passível de tributação, quando a sua utilização efetiva se der no território argentino.

2.3.2. Reformas tributárias no Uruguai

2.3.2.1. Breves considerações conceituais[290] – interpretação clássica

Uruguai foi o primeiro dos Estados-Partes do Mercosul a utilizar o IVA como tributo interno através da Lei n. 13.637/67, muito próximo à adoção do IVA pelo sistema jurídico francês (01.07.1954).

Naquela altura procurava-se racionalizar o sistema jurídico do Uruguai, e buscava-se um tributo que englobasse as cadeias produtivas e fosse neutro.

Em relação aos elementos essenciais do IVA, na Lei 13.637/67, foi utilizado o termo "venta", que era definido como ato que importe na transferência de domínio de um bem[291] a título oneroso, ou que tenha por fim último a transferência desse domínio.[292]

[290] Em relação à interpretação das normas tributárias vide o Código Tributário: "Art. 4º .(Interpretación de las normas).-Enla interpretación de las normas tributarias podránutilizarse todos los métodos reconocidos por la ciência jurídica y llegarse a resultados extensivos o restrictivos de los términos contenidosenaquéllas, a losefectos de determinar suverdadero significado."

[291] Definição e espécies de bens vide: Arts. 476 e ss. do Código Civil.

[292] Art. 58.... "A losefectos de este impuesto se entenderá como venta todo acto que importe latransferencia de dominio de unbien a título oneroso, o que tenga por fin último latransferencia de dichodominio, independientemente de ladesignación que las partes den al contrato

Portanto somente com a transferência da propriedade[293] de forma onerosa haveria incidência do IVA.

Na mesma lei, foi utilizado o termo "servicios", aqui vincula o serviço a um contrato aleatório a título oneroso, onde não houvesse a transferência de bem material, incluindo o arrendamento de bens.[294]

Considerava-se o sujeito passivo o exercício de atividades compreendidos na categoria de indústria e comércio de imposto de renda.

Caracterizava-se também o IVA adotado pelo Uruguai como um tributo não cumulativo (direito de dedução)[295], plurifásico e tipo-indústria.

Posteriormente veio a Lei n. 14.100 e revogou a Lei n. 13.637.

A Lei n. 14.100 substituiu o termo "venta" por "circulación", vinculando a incidência do tributo à circulação interna de bens e ao invés de utilizar somente o termo "servicios" acrescentou termo "prestación de servicios".[296]

Na definição de circulação de bens foi utilizado o termo "entrega de bienes", a título oneroso, com a transferência da propriedade ou quaisquer outras assimiladas às entregas a título oneroso.[297]

de origen o a lanegociación, siempre que incluya o involucre el pago de unprecio, seaendinero o enespecie."

293 Por influência do direito romano, a noção que o Código Civil do Uruguai, destaca que: "486. El dominio (que se llamatambiénpropiedad) es elderecho de gozar y disponer de una cosa arbitrariamente, no siendo contra laley o contra derechoajeno."

294 Art. 58...
"Por servicio se entenderá toda acción o prestación realizada o producida por una parte en favor de otraaun por vía de contrato aleatorio, a título oneroso, aunque no hayatransferencia de dominio de ningúnbien material. A losefectos de este impuesto se incluye como hechoimponibleelarrendamiento de bienes."

295 "Artículo 61. (Determinacióndelimpuesto).- El impuesto se determinará aplicando latasa sobre el monto neto de ventas y servicios a que se refiereel artículo anterior. De la cifra asíobtenida se deducirásiempre que se discrimine enlafactura o documento equivalente, elimpuestocorrespondiente a las compras de bienes y servicios adquiridos por elsujetopasivo que integrenelcosto de losbienes que se destinen a la venta, y de los servicios a prestarse, gravados por este impuesto."

296 "Artículo 75.(Caracteres Generales). – ModifícaseelImpuesto a las Ventas y Servicioscreado por laLey 13.637, de 21 de diciembre de 1967, el que enlosucesivo, bajo ladenominación de "Impuesto al Valor Agregado", gravará lacirculación interna de bienes, laprestación de servicios dentro delterritorio nacional y laintroducción de bienes al país, de acuerdoconelrégimenestablecidoen esta ley."

297 Artículo 76.(Definiciones). – A) Por circulación de bienes se entenderá toda operación a título oneroso que tenga por objeto la entrega de bienes com transferenciadel derecho de propiedad o que dé a quienlos recibela facultad de disponer económicamente de ellos

O conceito de circulação é um conceito relacionado a atividades comerciais, e isso se confirma quando no sujeito passivo do tributo faz menção constante ao industrial e comerciante.

Portanto, essa transferência de propriedade deve ser oriunda de atividades de mercancia.

E por serviços se entenderá toda prestação a título oneroso que, sem constituir alienação, proporcione a outra parte uma vantagem ou proveito que constitua a causa da contraprestação.

Em relação aos conceitos de circulação de bens e prestação de serviços que a tributação pelo IVA é bastante ampla e ao permitir a dedução do tributo pago na etapa anterior, garante a neutralidade.

Ressaltando que o IVA adotado no Mercosul é tipo-consumo[298].

Um ponto a ser destacado, o conceito de entrega de bens e prestação de serviços na União Europeia é bem mais amplo que no Uruguai, este último pressupõe atos de mercancia – salvo se o produto for importado por pessoa física, neste caso em nome do princípio da igualdade do mercado interno, equipara-se e incide o IVA.

Na prestação de serviços na União Europeia se faz por exclusão, o que não for entrega de bens é prestação de serviços, salvo as assimilações.

O Uruguai passou por uma grande reforma tributária em 1º de julho de 2007[299], foram alterados alguns dispositivos do IVA, entretanto a essência do tributo continuou sem alterações, isto é, o conceito de circulação de mercadorias e prestação de serviços.[300]

2.3.2.2. Conceituação – era digital – tributação

No Uruguai, a legislação da tributação digital é bastante recente, veio a ser regulada através da Lei n. 19.535/2018, o Decreto n. 144/2018 e as Resoluções

como si fuera supropietario. En tal caso se encuentran entre otros, las compra ventas, las permutas, las cesiones de bienes, las expropiaciones, losarrendamientos de obras con entrega de materiales, los contratos de promesacontransferencia de laposesión, cualquier afuera el procedimiento utilizado para la ejecuc, 'ón de dichos actos. Queda nasimilados a las entregas a título oneroso, las afectaciones al uso privado por parte de los dueños o socios de una empresa, de losbienes de ésta."

298 Vallarino, Hugo R. Breve historia fiscal de Uruguay 1990 – 2003. Asesoría Económica – DGI Agosto 2004, p. 14.

299 Para aprofundar a reforma tributária do Uruguai vide: Romano, Alvaro. La Reforma Tributariaen Uruguay um Proceso Hacia La Equidad. CEPAL, 2018.

300 Art. 14 e ss. da Lei 18.603/07.

de DGI ns. 6409/2018 e 9270/2018, essas leis estipularam a incidência tributária nas prestações de serviços através da Internet.

Portanto, o elemento material do IVA uruguaio é o conceito a ser delineado de "serviços digitais", estes, assim como na Argentina, devem ser utilizados economicamente no território uruguaio.

Observa-se que há um complexo normativo para regular a matéria da tributação digital, nomeadamente a incidência do IVA.

2.3.2.3. Princípio da territorialidade – princípio da tributação no Estado de destino – clássico e era digital

Por último, o Uruguai adota o princípio da tributação no Estado de destino, isto é, em regra, há desoneração da tributação pelo IVA na exportação e há a incidência do IVA na entrada no território do Uruguai.[301]

Neste aspecto, a aplicação do princípio no Estado de destino favorece o processo de integração do Mercosul, bem como ao Tratado Interregional entre o Mercosul e a União Europeia.

Em relação à importação de serviços digitais, verifica-se que qualquer transmissão através da Internet feita por um não residente no Estado do Uruguai, será considerada passível de incidência de IVA se for consumido ou utilizado no país.[302]

2.3.2.4. Conclusão

As características do IVA uruguaio são as mesmas da Argentina e da União Europeia: tributo indireto, geral, sobre o consumo e não cumulativo.

Atualmente o Uruguai utiliza o termo "circulação interna de bens", diferentemente da Argentina que continua utilizando o termo "venda".

301 "Art. 76, "c"...
C)Por importación se entenderá la introducción definitiva del bien al mercado interno." Artículo 82.(Territorialidad). – Estarán gravadas las entregas de bienes y las prestaciones de servicios realizadas en el territorio nacional y la introducción efectiva de bienes, independiente mente del lugar en que se haya celebrado el contrato y del domicilio, residencia o nacionalidad de quiene sínter venganenlas operaciones y no lo estarán las exportaciones de bienes y servicios aunquelas operaciones tengan comienzo de ejecución en el territorio nacional. La exportación de losserviciosdeberá ser justificada enla forma que establezcael Poder Ejecutivoen cada caso." Segundo o Código Tributário 14306/1974, Art. 1º, segundo parágrafo: "Son tributos aduanerosaquelloscuyohechogenerador es una operación de importación, exportación o tránsito ante las aduanas nacionales."

302 Cf. Art. 5, Título 10 TO 1996 e Art. 26 do Decreto N° 220/998.

Portanto, incide o IVA na circulação interna de bens e na prestação de serviços, ambos a título oneroso e habitual.

O princípio utilizado para exportação ou importação de bens serviços é o do Estado de destino.

1. Ocorreu uma reforma tributária em 2018 para resolver as questões que envolvam a tributação digital, para tanto é considerado serviços digitais todas as transações que venham a ocorrer digitalmente.
2. Se o serviço digital for prestado no exterior, considera-se passível de tributação, quando a sua utilização efetiva se der no território uruguaio.

2.3.3. Reforma tributária no Paraguai

2.3.3.1. Breves considerações conceituais – interpretação clássica

Posteriormente a Argentina e o Uruguai, somente na década de 90 o IVA foi implantado através da Lei 125/1991, esta lei veio implantar o Regime Tributário do Paraguai.

Foram unificados todos os tributos internos administrados pela Subsecretaria de Estado de Tributação.[303]

Subsequentemente a mencionada lei foi alterada pela Lei n. 2.421/2004 – Reordenação Administrativa e Adequação Fiscal e a Lei n. 5061/2013 – Que traz modificações na Renda e nas atividades Agropecuárias no IVA.

O Imposto sobre Valor Agregado – IVA previsto na Lei n° 125/1991 foi regulamento pelo Decreto nº 1030/2013 e pelo Decreto n. 6.803/2005.

Finalmente, ocorreu a última Reforma Tributária Nacional, foi 01 de julho de 2019, entrou em vigência a Lei nº 6830 sobre a Modernização e Simplificação do Sistema Tributário Nacional.

Em relação ao IVA, está consubstanciado no Livro II – *Impuesto al Consumo*, Título I – *Impuesto al Valor Agregado*, nos Arts. 80 *usque* 106.

Por último, o Decreto nº 3107/19 regulamentou a Lei nº 6830/19.

Em relação aos conceitos do elemento material do fato gerador do IVA do Paraguai, foi utilizado: "alienação de bens"[304] e "prestação de serviços"[305].

[303] Cf. Dirección de Asistencia al Contribuyente y de Créditos FiscalesSubsecretaría de Estado de Tributación – Call Center 417 7000 – www.set.gov.py Departamento de Formación y Difusión de la Cultura Tributaria direccion_asistencia@set.gov.py.

[304] Art. 80, 1 da Lei 6830/19.

[305] Art. 80, 2 da Lei nº 6830/19.

A lei define alienação como a entrega de bens com a transferência da propriedade.[306]

Observa-se que o conceito de transferência aqui, diferentemente do sistema jurídico tributário da Argentina e Uruguai, pode ser a título oneroso ou gratuito, também englobariam todas as acepções da propriedade, bens móveis ou imóveis[307].[308]

Em relação às prestações de serviços, considera-se serviço toda prestação a título oneroso ou gratuito que, sem configurar alienação, proporcione a outra parte uma vantagem ou proveito.[309]

Observa-se que o legislador ao delimitar a prestação de serviço aquela que não esteja configurada alienação, estabelece duas situações, a primeira que está no conceito de alienação os serviços que estiverem expressos. A segunda conclusão, se este serviço não estiver expresso como alienação é prestação de serviço para fins de tributação por IVA.

Uma grande alteração que fez a Lei nº 6830/19, foi a criação da tributação dos serviços digitais, esta será posteriormente analisada.

2.3.3.2. Conceituação – era digital – tributação

Em relação à tributação digital, nomeadamente os serviços digitais, foi objeto de uma Reforma Tributária no final do 2019 e início de 2020.[310]

Entendem-se, conceitualmente, os serviços digitais como aqueles que são disponibilizados ao usuário através da Internet ou de qualquer adaptação ou Internet ou qualquer outra rede através da qual os serviços são prestados mediante acessos *online* e se caracteriza por serem essencialmente automáticos e não viáveis na ausência da tecnologia da informação.[311]

Pode-se exemplificar: call center, contact Center, processos de BPO ou similares etc.[312]

Esse conceito normativo buscou abarcar os maiores números possível de condutas/serviços prestados pela Internet.

[306] Art. 81, 1 da Lei nº 6830/19.

[307] Art. 8º do Decreto nº 3107/19.

[308] Art. Art. 81, 1 da Lei nº 6830/19

[309] Art. Art. 81, 2 da Lei nº 6830/19

[310] Lei 6.830/2019 e o Anexo Decreto nº 3.107/19.

[311] Lei nº 6.830/2019, Art. 81, 2, "i".

[312] Anexo Decreto nº 3107/19 – Regulamenta o Imposto sobre o Valor Agregado – IVA – Lei nº 6830/2019, Art. 6º

2.3.3.3. Princípio da territorialidade – Princípio da tributação no Estado de destino – clássico e era digital

Constata-se que o Princípio da tributação no Estado de destino é a regra, conferido direito aos créditos fiscais correspondentes as transações de bens ou serviços para contribuintes localizados em Estados terceiros.

Considera-se importação a entrada definitiva do bem no território nacional.[313]

Assim, bens em trânsito, nomeadamente oriundo do Mercosul, não é considerado importação para fins de tributação pelo IVA.

Não está no campo da incidência do IVA a exportação, corroborando a aplicação da tributação no Estado de destino, contudo, a documentação deverá estar devidamente contabilizada na Administração Tributária.[314]

2.3.3.4. Conclusão

1. As características do IVA paraguaio são as mesmas da Argentina, Uruguai e da União Europeia: tributo indireto, geral, sobre o consumo e não cumulativo.
2. Atualmente o Paraguai utiliza o termo "alienação de bens", diferentemente da Argentina que continua utilizando o termo "venda" e Uruguai "circulação". Portanto, incide o IVA na alienação de bens móveis e imóveis (diferente também da Argentina e Uruguai, nestes o tributo incide sobre bens móveis) e na prestação de serviços, ambos a título oneroso e habitual.
3. O princípio utilizado para exportação ou importação de bens e serviços é o do Estado de destino.
4. Ocorreu uma reforma tributária em 2019 que unificou os tributos em um só corpo, sendo como grande referência para fins de tributação do IVA, considerar os serviços digitais todas as transações que venham a ocorrer digitalmente.
5. Se o serviço digital for prestado no exterior, considera-se passível de tributação, quando a sua utilização efetiva se der no território paraguaio.

[313] Art. 81, 3 da Lei nº 6830/19. Ainda sobre Território Nacional, vide: "Artículo 5.-Enajenación en Territorio Nacional. Se considerarán realizadas en Territorio Nacional las enajenaciones de bienes realizadas con posterioridad a la numeración de la declaración aduanera y, por consiguiente, estará alcanzadas por el IVA." Decreto nº 3.107/19. A Lei nº 6.830/19 estabeleceu diversas exceções na importação, vide: 100, 4.

[314] Art. 100, 2 da Lei nº 6.830/19.

2.4. Reforma tributária nos Estados-partes do Mercosul – uma harmonização tributária necessária. o caso de Brasil

2.4.1. Breves considerações conceituais – interpretação clássica – reforma tributária de 1965[315] e a formação conceitual dos elementos materiais do fato gerador do ICM, IPI e ISS

Historicamente o Brasil passou por diversas reformas tributárias, aliás, as discussões tributárias remontam as capitanias hereditárias[316], depois com a formação da federação fiscal brasileira até chegar aos dias atuais.[317]

No início da década de sessenta o Brasil estava mergulhado em uma série de crise econômica, crise de legitimidade, crise nas instituições etc., o que acabou por desembocar em uma ruptura constitucional.[318]

Em relação aos tributos indiretos, havia o imposto sobre vendas e consignações, era um tributo cumulativo e que gerava muitas distorções no mercado econômico, fonte de umas evasões e fraudes fiscais.

Fazia-se necessário um sistema fiscal eficaz[319] que levasse não só a uma maior arrecadação, mas também servir de meio de influir conscientemente na melhor gestão tributária e utilização desses recursos.

Em relação aos tributos indiretos contemporâneos, a adoção do modelo de tributação não cumulativo, surgiu após a Reforma Tributária de 1965.

[315] Cf. GOMES, Fabio Luiz. História da Reforma Tributária no Direito Brasileiro. Reforma Tributária – Tributação, Desenvolvimento e Economia Digital. Editora Almedina: São Paulo/Coimbra, 2022, pp. 59 e ss.

[316] Segundo Rubens Gomes de Sousa: "O Brasil só veio a ter um sistema tributário propriamente dito a partir do Império: durante todo o período de Colônia, de 1500 e 1808, esteve sujeito a um regime administrativo e econômico que não comportava a elaboração de um sistema tributário." SOUSA, Rubens Gomes. Compêndio de Legislação Tributária. Editora Resenha Tributária: São Paulo, p. 177.

[317] Cf. COSTA, Alcides Jorge. reforma tributária: uma visão histórica, p. 209. file:///C:/Users/Fabio%20Gomes/Downloads/95-AlcidesCostaAulaRefTributariaxFederalismo%20(1).pdf

[318] Para aprofundar o estudo da história do Brasil nesse períodol, vide: ORENSTEIN, Luiz e SOCHACZEWSKI, Claudio. Democracia com Desenvolvimento: 1956-1961. A Ordem do Progresso – Cem anos de Política Econômica Republicana 1889-1989. Org. Marcelo Paiva Abreu. Editora Campus, p. 171 e ss. Cf. GOMES, Fabio Luiz. História da Reforma Tributária no Direito Brasileiro. Reforma Tributária – Tributação, Desenvolvimento e Economia Digital. Editora Almedina: São Paulo/Coimbra, 2022, pp. 59 e ss.

[319] Cf. FURTADO, Celso. Dossiê Celso Furtado – Comentários às "Perspectivas da Economia Brasileira", Cadernos do Desenvolvimento 178, p. 231

O estudo e depois a adoção dos tributos indiretos não cumulativos veio por influência europeia, buscava-se substituir os tributos indiretos cumulativos até então adotados.[320]

Portanto, o modelo adotado pelo Brasil foi inspirado no modelo europeu de valor agregado – o IVA.

Contudo, um dos princípios que norteiam o IVA europeu é o fato de ser um tributo *ad valorem*, isto é, um tributo só utilizado em toda a cadeia produtiva, varejista até chegar ao consumidor final.

Naquele momento as discussões versavam sobre de quem seria a competência tributária e de que forma concerniria a distribuição das receitas.

Decidiu-se e o espelho daquela decisão veio com a promulgação da Emenda Constitucional nº 18/1965.

Os conceitos do elemento essencial do IVA europeu, são a entrega de bens, a prestação de serviços e a produção, que, repita-se configura um tributo ad valorem, preenche todas a etapas do circuito econômico, permitindo a dedução do tributo pago na etapa anterior e, por ser um IVA tipo consumo, repercute no consumidor final.

No Brasil, fora a característica da não cumulatividade, os tributos indiretos brasileiros se distanciaram muito do modelo europeu, senão vejamos.

De acordo com o poder constituinte derivado, legislador da Emenda Constitucional nº 18/65, a cadeia produtiva foi fracionada e dividida entre os entes federativos:

[320] Segundo Bulhões de Carvalho ao comentar o projeto de reforma tributária que iria ocorrer com a EC nº 18/1965: "Adotado o princípio da cobrança do imposto sobre o valor adicionado, nas sucessivas fases das transações, do início da produção até o consumidor final, é possível que já se disponha de controle suficiente para exigir-se o imposto tão somente na fase final das vendas ao consumidor. Esse procedimento de arrecadação é altamente recomendável. Em primeiro lugar, a incidência se faz sentir exclusivamente no ato da compra pelo consumidor final. As empresas ficam liberadas de qualquer antecipação do imposto. O tributo deixa de recair sobre os investimentos. Desaparecem os problemas com os produtos destinados à exportação interestadual e internacional. BULHÕES, Otávio Gouvêa de. Aspectos da Reforma Tributária. Conferência pronunciada no Conselho Técnico da Confederação Nacional do Comércio (GB) em 15.3.73, p. 6. Interessante notar, como se verá adiante desenvolvido, que o entusiasmo latente em Bulhões acerca da reforma tributária daquele momento, com o tempo e a complexidade que se tornou o sistema tributário brasileiro, voltou-se a ter a antecipação de pagamento pelas empresas – fato gerador presumido. Ressaltando que a cobrança de três tributos na cadeia produtiva gera grandes problemas de gestão tributária. Esses e outros problemas serão desenvolvidos posteriormente.

a. Para a União foi atribuída a competência tributário do imposto sobre produtos industrializados[321], isto é, conceitualmente a "produção".
b. Para os Estados foi atribuída a competência tributária do imposto sobre circulação de mercadorias – ICM[322], isto é, conceitualmente a "circulação de mercadorias".
c. Para os Municípios foi atribuída a competência tributária dos impostos sobre serviços de qualquer natureza – ISS[323], isto é, "prestação de serviços".

Observa-se que o sistema tributário brasileiro dos impostos indiretos fez uma sobreposição entre eles, na cadeia produtiva incide três impostos e o resultado econômico que repercute em cima do consumidor final além do peso tributário, mas a gestão desses tributos em três esferas federativas é transferida aos agentes econômicos no decorrer do circuito econômico e acaba repercutindo também no consumidor final.

Repita-se, o custo tributário e administrativo desses três tributos repercutem no consumidor final, tornando o preço final do bem ou serviço muito pesado, para as três esferas de gestão, para os empresários e, principalmente ao consumidor final.

Observa-se, ainda, que o princípio da não cumulatividade se aplica, desde 1965, ao imposto sobre produtos industrializados – IPI[324] e ao imposto sobre circulação de mercadorias – ICM (atualmente ICMS), mas o imposto sobre serviço, não houve a vinculação da não cumulatividade[325], desde 1965 até os dias atuais admitem a cumulatividade.

Diante disso, para compatibilizar esses três tributos, há um complexo normativo em três esferas, diante da dimensão continental do Brasil, nos leva a atualmente a seguinte realidade, a normatização federal feita pela União para todo o território nacional, a normatização Estadual para as vinte e sete unidades federativas e, finalmente, atualmente, os cinco mil seiscentos e vinte Municípios.

Esse sistema jurídico dos tributos indiretos já nasceu com tantos problemas que já se falava em fazer alterações na Constituição um pouco depois

321 258 Art. 11 da EC nº 18/1965.
322 Art. 12 da EC nº 18/1965.
323 Art. 15 da EC nº 18/1965.
324 Art. 11, Parágrafo Único da EC nº 18/1965.
325 Art. 12, § 2º da EC nº 18/1965.

da EC nº 18/1965, ou algumas alterações localizadas ou uma mudança na estrutura do sistema a pouco reformada.[326]

As alterações sugeridas por ambas às correntes existentes consideravam que esses tributos indiretos tinham um efeito regressivo, na medida em que o orçamento doméstico declina de forma acentuada na medida em que aumenta o nível de rendimentos.[327]

Não é de admirar essa constatação fosse feita quase que subsequente a reforma tributária de 1965, afinal a sobreposição de tributos na cadeia econômica com repercussão direta no consumidor final, atingiria de forma demasiada a capacidade contributiva daqueles que possuem a menor capacidade contributiva.

Portanto, constatava-se a necessidade de se criar um imposto que abrangesse o IPI, o ISS em um só, portanto todos esses seriam incorporados ao ICM[328] e a receita auferida seria repartida entre os entes da federação.[329]

O direito, assim como a história da sociedade em geral, é cíclico, essas mesmas discussões de outrora rebatem o direito tributário brasileiro atual, novamente se discute uma reforma tributária justa e racional.

Somente se difere nas discussões, pois o IVA está devidamente laboratoriado, com diversos países de dimensão continental como o Brasil já adotam esse modelo europeu, o próprio bloco regional União Europeia já o utiliza há muito tempo, portanto, a sua utilização já partiria de um tributo já consolidado.

[326] Cf. Proposta de Reforma Tributária do Sistema Tributário Brasileiro. Instituto de Planejamento Econômico e Social – IPEA e Instituto de Planejamento – IPLAN. Fernando Rezende (Coordenador), Março de 1987, p. 1.

[327] Proposta de Reforma Tributária do Sistema Tributário Brasileiro. Instituto de Planejamento Econômico e Social – IPEA e Instituto de Planejamento – IPLAN..., p. 2.

[328] Proposta de Reforma Tributária do Sistema Tributário Brasileiro. Instituto de Planejamento Econômico e Social – IPEA e Instituto de Planejamento – IPLAN..., p. 5.

[329] Proposta de Reforma Tributária do Sistema Tributário Brasileiro. Instituto de Planejamento Econômico e Social – IPEA e Instituto de Planejamento – IPLAN..., p. 15.

2.4.2. Análise dos conceitos "operações" relativas à "circulação de mercadorias" – ICM, "produtos industrializados" – IPI e "prestação de serviços" – ISS nos termos da reforma tributária de 1965

2.4.2.1. Imposto estadual sobre operações relativas a circulação de mercadorias...

Inicialmente insta mencionar que de acordo com o nome desse tributo extraem-se dois verbos: "Operações" e "Circulação" e o substantivo "Mercadoria".

Portanto, os dois verbos exigem ação e substantivo é o objeto.

Acrescente-se que é um imposto estadual, os Estados precisam de receitas próprias para garantir a autonomia enquanto ente federativo.

2.4.2.1.1. Conceito de "circulação"[330]

Inicialmente vamos analisar o conceito de "circulação", inicialmente circular significa movimento contínuo[331], que tem como objeto bens móveis, esse movimento perpassa pelos agentes do circuito econômico e destina-se ao consumidor final.

O verbo circular está a significar, portanto, o preenchimento de ações coordenadas, com o pagamento fracionado do ICM pelos agentes econômicos, com a dedução do tributo pago na etapa anterior, com a finalidade última de repercutir no consumidor final.

Acrescente-se que o pagamento fracionado permite que cada um deles pague uma parcela menor de tributo, com isso há uma diminuição da busca pela evasão ou fraude fiscal[332].

Consideram-se agentes econômicos os comerciantes, os industriais e os produtores.

Destaca-se do conceito de "circulação" a atribuição da natureza jurídica de ser um tributo plurifásico (multifásico), que, repita-se, permite o direito de dedução e possuindo a classificação de ser um tributo tipo- consumo, assim a repercussão tributária será o consumidor final.

[330] O STJ editou a Súmula 166: "Não constitui fato gerador de ICMS o simples deslocamento de mercadoria de um para outro estabelecimento do mesmo contribuinte"

[331] Dicionário Aurélio. Aurélio Buarque de Holanda Ferreira. Editora Positivo: Curitiba, 2010, p. 166.

[332] César García Novoa. *La conflictividad en los delitos y en las infracciones tributarias.* DOCUMENTOS DE TRABAJO 11/2019 VII Encuentro de Derecho Financiero y Tributario "Una estrategia global al servicio de la reducción de la conflictividad en materia tributaria" Cristina García-Herrera Blanco (coordinadora) Instituto de Estudios Fiscales.

Como consequência lógica há a transferência do direito de propriedade[333].

Não há a incidência, portanto, do ICM em operações que transfere a mera posse, ou o contrato de comodato (o comandante transfere a posse direta).[334]

Poder-se-ia exemplificar também a não incidência do ICM a "circulação" da empresa que produz um determinado bem e por ela mesma consumida através dos seus funcionários[335], ou, uma empresa que vende roupas, fornecer esses produtos aos seus funcionários com o objetivo divulgar os produtos através deles. Todas essas hipóteses configuram autoconsumo interno.

2.4.2.1.2. Conceito de "operação"[336]

O termo "operação" significa uma "transação comercial"[337], pode-se constatar que esse termo remete ao direito privado, nomeadamente ao direito comercial.

Considera-se o conceito de "operação" um negócio jurídico[338], bilateral, oneroso de natureza habitual.[339]

[333] Art. 527 do Código Civil de 1916.

[334] Cf. COSTA, Alcides Jorge. ICM na Constituição e na Lei Complementar. São Paulo, 1978, p. 87.

[335] Cf. COSTA, Alcides Jorge. ICM na Constituição e na Lei Complementar. São Paulo, 1978, p. 87.

[336] O STF, por unanimidade, julgou improcedentes os pedidos formulados na ação direta, para reconhecer a constitucionalidade do § 7º do art. 11 da Lei Complementar nº 87/1996, na redação dada pela Lei Complementar nº 190/2022, fixando a seguinte tese: É constitucional o critério previsto no § 7º do art. 11 da Lei Complementar nº 87/1996, na redação dada pela Lei Complementar nº 190/2022, que considera como Estado destinatário, para efeito do recolhimento do diferencial de alíquota do ICMS, aquele em que efetivamente ocorrer a entrada física da mercadoria ou o fim da prestação do serviço, uma vez que conforme a Emenda Constitucional nº 87/2015". Tudo nos termos do voto do Relator. Plenário, Sessão Virtual de 16.12.2022 a 6.2.2023

[337] Dicionário Aurélio. Aurélio Buarque de Holanda Ferreira. Editora Positivo: Curitiba, 2010, p. 546.

[338] Segundo a Derzi: "qualquer operação jurídica mercantil, que transfira a titularidade da mercadoria (sua propriedade ou posse-exteriorização do domínio), com a compra e venda, a dação em pagamento, etc..." BALEEIRO, Aliomar. Direito Tributário Brasileiro – Atualizado por Misabel Abreu Machado Derzi. Gen Editora: Rio de Janeiro, 2013, p. 540. Observa-se que o negócio jurídico englobaria essas hipóteses externada pela Derzi, discorda-se, contudo, quando menciona posse, pois esta não incide ICMS.

[339] Para Alcides Jorge Costa: "...operação é um ato jurídico material em que a vontade se manifesta no sentido de promover a circulação de mercadorias." COSTA, Alcides Jorge. ICM na Constituição e na Lei Complementar. São Paulo, 1978, p. 93.

No autoconsumo interno (consumo de bens de estoque) – e autoconsumo externo (quando ocorre a afetação gratuita de bens da empresa para uso próprio da mesma ou do seu pessoal), nestes dois casos não há o requisito da onerosidade, no primeiro sequer sai das instalações da empresa, no segundo ainda que venha a sair essa operação não é onerosa.

Em conclusão, nas hipóteses de autoconsumo interno e externo a operação não gera tributo por ser um negócio jurídico gratuito.

2.4.2.1.3. Conceito de "mercadoria"[340]

O termo "mercadoria", segundo o Dicionário Aurélio, significa um bem resultante do processo de produção e destinado a venda, mercancia.[341]

Questiona-se o fato de ser conceituada a mercadoria como objeto de mercancia para fins de tributação por ICM.

Excluir a mercadoria da prática de mercancia seria contrair etimologicamente o seu próprio significado, essa palavra deriva do latim com origem em "mercatóre" (mercador).

No entanto, Alcides Jorge Costa entende o conceito de mercadoria muito mais amplo, para ele: "mercadoria é toda coisa móvel corpórea produzido para ser colocado em circulação, ou recebida para ter curso no processo de circulação".[342]

Entende-se que a terminologia "bem" seria mais adequada do que "coisa", pois o bem, em razão da raridade teria conteúdo econômico, portanto, somente estes poderiam ser objeto de circulação econômica.

Neste caso seria bem móvel, isto é, os suscetíveis de movimento próprio, ou de remoção por força alheia.[343]

Já em relação ser este bem corpóreo ou incorpóreo, deve-se analisar, como se verá, se o mesmo será tributado por ICMS ou ISS, se for este último, o bem incorpóreo seja considerado por ficção jurídica uma prestação de serviços, afinal o ISS tributa a prestação de serviços.

[340] Em seu voto, o Ministro do STF Sepúlveda Pertence afirma que "o conceito de mercadoria efetivamente não inclui os bens incorpóreos, como os direitos em geral: mercadoria é bem corpóreo objeto de atos de comércio ou destinado a sê-lo" (Ac. do RE n. 176.626/SP).

[341] Dicionário Aurélio. Aurélio Buarque de Holanda Ferreira. Editora Positivo: Curitiba, 2010, p. 500.

[342] Costa, Alcides Jorge. ICM na Constituição e na Lei Complementar. São Paulo, 1978, p. 99.

[343] Art. 47 do Código Civil de 1916 – Código vigente naquela altura.

Por último, a "mercadoria", enquanto bem importado, somente será liberada se houver o pagamento do ICM por ocasião do desembaraço aduaneiro.[344]

2.4.2.2. Imposto sobre Produtos Industrializados – IPI

O imposto sobre produtos industrializados – IPI foi instituído com a EC[345] nº 18/1965, segundo Aliomar Baleeiro e posteriormente referendado pela atualizadora de sua obra, Misabel Derzi, esse tributo seria somente uma repetição do imposto sobre o consumo previsto nas Constituições passadas, inclusive a de 1946, somente haveria uma mudança de nome.[346]

Observa-se, contudo, que o IPI possui características que lhes são peculiares, ele possui os aspectos principiológicos da seletividade[347] e não cumulatividade[348].

O IPI, em que pese ser um tributo tipo-consumo, as configurações principiológicas novas e ainda com a instituição do ICM, o tornam um tributo novo.

2.4.2.2.1. Conceito de "produtos industrializados"

De acordo com Constituição Federal de 1946 – EC nº 18/65, atribuiu a União a competência para instituir o imposto sobre produtos industrializados.

[344] Cf. Tribunal Federal de Recursos – TFR, Acórdão RIP: 07158602, Decisão: 04.06.1986. Agravo Regimental na Apelação em Mandado de Segurança.

[345] Emenda Constitucional.

[346] Baleeiro, Aliomar. Direito Tributário Brasileiro – Atualizado pela Misabel Abreu Machado Derzi.
Grupo Gen: Rio de Janeiro, 2013, p. 469. Também neste sentido, vide Coêlho, Sacha Calmon Navarro. Curso de Direito Tributário Brasileiro. Grupo Gen: Rio de Janeiro, 2016, p. 446.

[347] Pode-se estabelecer o princípio da seletividade como um princípio que deve estar em consonância com o princípio da igualdade e o princípio da capacidade contributiva, pois o valor pago do tributo será a razão inversa da essencialidade do tributo, isto é, quando o produto for essencial a alíquota deve ser menor e quando o produto não for essencial a alíquota deve ser maior. A grande dificuldade é definir o que é essencial, o que se faz na prática é estabelecer em leis de forma mais objetiva possível, de modo que não venha a contrariar ao princípio da igualdade, e tendo como limite a capacidade contributiva contribuintes.

[348] A EC 18/65 estabeleceu que o IPI é: "Art. 12...
§ 2º O impôsto é não-cumulativo, abatendo-se, em cada operação, nos têrmos do disposto em lei complementar, o montante cobrado nas anteriores, pelo mesmo ou por outro Estado, e não incidirá sôbre a venda a varejo, diretamente ao consumidor, de gêneros de primeira necessidade, definidos como tais por ato do Poder Executivo Estadual."

No ano seguinte, isto é, em 1966, foi criado o Código Tributário Nacional – Lei nº 5172 de 25 de outubro.

O Código Tributário Nacional, dentre outras matérias, veio a regulamentar o IPI nos Arts. 46-51.

Na parte conceitual de "produtos industrializados", com base no Art. 46 do CTN, adotou o seguinte critério para incidência material do tributo: industrialização do produto, importação dos produtos industrializados e a arrematação de produtos industrializados levados a leilão.

2.4.2.2.2. Conceito e "industrialização"[349] e a qualificadora é o "produto"

O processo que gera a ação é a industrialização, o que torna esse tributo plurifásico.

Toda a cadeia que envolva a industrialização até o resultado final, que é o produto final, se configura como circuito econômico e todos aqueles que participarem desse processo de modificação, funcionamento, aperfeiçoamento[350] desse produto final são os agentes econômicos.

Dessa forma, a não cumulatividade do IPI se aplica no decorrer dessa cadeia econômico-produtiva.

2.4.2.3. Imposto sobre Serviços de Qualquer Natureza – ISS

2.4.2.3.1. Origem do ISS na Constituição de 1965

A gênese do imposto sobre serviço de qualquer natureza – ISS, assim como o ICM e o IPI, foi a EC nº 18/1965, no seu Art. 15.

Ressalta-se que possuía competência residual em relação à tributação sobre serviços que fossem da competência da União e dos Estados.[351]

Nesse diapasão, compete a União os serviços de transporte e comunicação, o que parece um conflito a ser suprido pela interpretação sistemática-teleológica, o legislador constituinte destacou que os de natureza estritamente municipal são do Município.

[349] CARVALHO, Paulo de Barros. Direito Tributário Linguagem e Método. Noeses: São Paulo, 2013, p. 688.

[350] GOMES, Fabio Luiz. Manual sobre o IVA nas Comunidades Europeias e os Impostos sobre o Consumo no Mercosul. Editora Juruá: Paraná, 2006, p. 220.

[351] Art. 15, segunda parte, da EC nº 18/1965.

2.4.2.3.2. Natureza jurídica residual do ISS e o conflito de competência tributário

Veja-se, se o ISS é residual a tributação federal e estadual, o que seria os de natureza estritamente municipal, por esta redação chegar-se-ia à conclusão de que haveria um conflito entre as normas.

A solução somente veio com a edição do Decreto nº 406 de 31 de dezembro de 1968, no seu Art. 8º, onde legislador infraconstitucional fez opção por listar as prestações de serviços passíveis de serem tributadas por ISS.

Observa-se que o verbo do ISS é o "prestar" e o substantivo é "prestação de serviços", portanto, pode se configurar num de execução continuada – trato sucessivo ou de execução imediata.

Portanto, o ISS pode ser um tributo monofásico se for de execução imediata, p. ex., uma consulta médica, ou um tributo plurifásico se a execução for continuada, p. ex., hospedagem em hotel, neste caso todas as prestações de serviços oriundas dessa hospedagem serão consideradas para fins de tributação.

Insta observar que não há nenhum delineamento constitucional ou infraconstitucional estabelecendo a não cumulatividade do ISS, neste sentido, admite-se a cumulatividade nas prestações de execução continuada, o que apesar da reforma tributária feita, manteve-se um tributo com diretrizes ultrapassadas.

Esse tributo tem repercussão no consumidor final, portanto, ele é um tributo tipo-consumo.

2.4.3. Reforma Tributária Constitucional de 1988

A Constituição de 1988 foi uma grande ruptura com o sistema jurídico passado, representou a redemocratização do Estado Brasileiro.

No que concerne ao direito tributário foi instituído o Sistema Jurídico Tributária no corpo da Constituição, enumerando diversos princípios tributários, competências tributárias, fatos geradores de tributos etc.

Nos tributos indiretos a maior alteração foi no ICM, agora ICMS, neste expandiu-se os elementos materiais do referido tributo[352], que além de ser incorporadas em seu bojo diversas prestações de serviços, acrescentou muitos outros bens.

[352] A competência para legislar sobre o direito tributário é concorrente, a União estabelece normas gerais e os Estados a competência suplementar – Art. 24, I, §§ 1º e 2º da CRFB/1988.

Além de manter descentralizada a arrecadação e o uso dos recursos, no ICMS, com a complexidade destacada pela expansão do fato gerador, além dos vinte e sete Estados federados, com suas legislações tributárias – ainda que a União estabeleça normas gerais, com administrações tributárias.

O mesmo se diga em relação ao ISS, são cinco mil seiscentos e vinte municípios, cada um deles com suas legislações e administrações tributárias.

Portanto, a reforma tributária desencadeada pela Constituição de 1988 já nasceu pronta para ser reformada novamente, afinal, ao invés de simplificar o sistema tributário o tornou mais complexo que o anterior.

Em relação aos conceitos do IPI, ICM e ISS abordados nos termos das constituições anteriores, grandes partes das observações feitas continuam atualizadas, senão vejamos:

2.4.3.1. Em relação ao ICM – atualmente ICMS

a. É um tributo de Competência dos Estados e Distrito Federal[353], manteve- se o princípio da não cumulatividade[354], isto é, o tributo pago na etapa anterior possa ser subtraído do preço a ser transferido para etapa seguinte, repercutindo no consumidor final.
b. Os verbos "operação" e "circulação" e o objeto "mercadorias, todas as considerações feitas continuam atuais[355], em resumo, o negócio jurídico deve ser oneroso e habitual ou em volume que caracterize intuito comercial[356] para que possa incidir o elemento material do ICMS. Ressalta-se que essa movimentação pode ser física, ficta ou econômica dos bens identificados como mercadorias passiveis de serem consumidas.[357] Ressalta-se que o Superior Tribunal de Justiça brasileiro estabeleceu que não há incidência do ICMS no deslocamento de mercadoria sede-filial e filial-sede, pode até ser habitual, mas não será oneroso.[358]

[353] Art. 155, II da CRFB/1988.

[354] Art. 155, § 2º, I da CRFB/1988.

[355] Art. 155, II da CRFB/1988

[356] Art. 4º da Lei Complementar nº 87/96.

[357] V. CASSONE, Vittorio. Direito Tributário: fundamentos constitucionais, análise dos impostos, incentivos à exportação, doutrina, prática e jurisprudência. Prefácio de Ives Gandra da Silva Martins. 3ª Edição. Atlas: São Paulo, 2001, p. 298.

[358] ROSAS, Roberto. Direito Sumular. Comentários às Súmulas do Supremo Tribunal Federal e do Superior Tribunal de Justiça. 9ª Edição. Malheiros: São Paulo, 1998., p. 352.

2.4.3.2. Em relação ao IPI

a. É um tributo de competência da União[359], esse tributo manteve-se não cumulativo[360] pela Constituição de 1988, também ressaltando o seu caráter seletivo[361], assim como acima exposto.
b. Os conceitos do verbo "industrializar" exige movimento no circuito econômico que se revele de maneira contínua, esse negócio jurídico é oneroso e habitual; quanto ao produto, este transpassa pelo processo de modificação, funcionamento e aperfeiçoamento até chegar ao consumidor final.

2.4.3.3. Em relação ao ISS

a. É um tributo de competência dos Municípios e Distrito Federal[362]. O verbo "prestar" pode exigir uma execução continuada ou uma execução imediata, a primeira se exaure com um ato e a segunda um conjunto concatenado de atos. Ambas as situações exigem uma obrigação de fazer (na lista de serviços pode alterar esse conceito), contudo, na primeira se configura um tributo monofásico e na segunda um tributo plurifásico. Se vier a ser um tributo plurifásico admite a cumulatividade.
b. No conceito "serviços", o Decreto nº 406 de 31 de dezembro de 1968 fazia uma lista taxativa dos serviços a serem prestados, atualmente, essa fórmula se repete, há uma nova lei infraconstitucional que também lista de forma taxativa os serviços a serem tributados – Lei Complementar n° 116, de 31 de Julho de 2004.[363]

[359] Art. 153, IV da CRFB/1988.
Compete à União instituir impostos sobre:
§ 3º O imposto previsto no inciso IV:
IV – terá reduzido seu impacto sobre a aquisição de bens de capital pelo contribuinte do imposto, na forma da lei. (Incluído pela Emenda Constitucional nº 42, de 19.12.2003)
[360] Art. 153, § 3º, II da CRFB/1988.
III – não incidirá sobre produtos industrializados destinados ao exterior.
[361] Art. 153, § 3º, I da CRFB/1988.
I – será seletivo, em função da essencialidade do produto;
[362] Art. 156, III da CRFB/1988.
Art. 156. Compete aos Municípios instituir impostos sobre:
III – serviços de qualquer natureza, não compreendidos no art. 155, II, definidos em lei complementar.(Redação dada pela Emenda Constitucional nº 3, de 1993)
[363] Está anexado

2.4.4. Camaleões normativos conceituais acrescidos pós-Reforma Tributária de 1988

I. 2.4.4.1. Reconfiguração do ICM para ICMS

Desenvolver-se-á a construção evolutiva dos conceitos já consolidados e serão objeto de análise os conceitos inovados pela Constituição de 1988.

Destaca-se que a maior alteração conceitual foi no ICMS, neste foram incluídos diversos elementos materiais no fato gerador tributário.

Com a alteração constitucional do ICM que passou a ser ICMS, reconfiguração ficou assim:

a. Manteve-se os elementos essenciais conceituais "operação", "circulação" e "mercadoria". Esse tributo, assim como atualmente, era de competência dos Estados – Imposto sobre Circulação de Mercadorias.[364]
b. Acrescentou-se conceito do verbo "prestar", aqui excluindo a tributação do imposto sobre serviços de qualquer natureza, através da "prestação de serviços" de "transporte interestadual e intermunicipal". Verifica-se que a Constituição de 1967 atribuía da União do Imposto sobre Transporte e Comunicação.[365]
c. Acrescentou-se o verbo "prestar" e o elemento substantivo direta "prestação de serviços de comunicação". De acordo com Constituição de 1967, esse conceito fazia parte do tributo de competência da União – Imposto sobre Transporte e Comunicação.[366]
d. Acrescentou-se os elementos essenciais do fato gerador os conceitos verbais de "produção", "importação", "circulação", "distribuição" ou "consumo de lubrificantes e combustíveis líquidos e gasosos e de energia elétrica". De acordo com a Constituição de 1967, esses conceitos faziam parte de um tributo de competência da União – Imposto sobre produção, importação, circulação, distribuição ou

[364] Art. 24, II da Constituição de 1967.
Art 24 – Compete aos Estados e ao Distrito Federal decretar impostos sobre:
II – operações relativas à circulação de mercadorias, realizadas por produtores, industriais e comerciantes.

[365] Art. 22, VII da Constituição de 1967.
Compete à União decretar impostos sobre:
VII – serviços de transporte e comunicações, salvo os de natureza estritamente municipal;

[366] Art. 22, VII da Constituição de 1967.
VII – serviços de transporte e comunicações, salvo os de natureza estritamente municipal;

consumo de lubrificantes e combustíveis líquidos e gasosos[367] e o Imposto sobre produção, importação, distribuição ou consumo de energia elétrica[368].

e. Acrescentou-se os elementos conceituais verbais de "extração", "circulação", "distribuição" ou "consumo de minerais". Estabelece-se na Constituição de 1967, esses conceitos faziam parte de um tributo com a atribuição da União – Imposto sobre extração, circulação, distribuição ou consumo de minerais.[369]

Conforme acima constatado, o ICMS incorporou quatro outros tributos existentes na Constituição de 1967, três deles eram de competência da União e um de competência do Estado e Distrito Federal.[370]

2.4.4.2. Prestação de serviços de transporte interestadual, intermunicipal e internacional

Inicialmente, o verbo utilizado é o "prestar", nesse caso o negócio jurídico celebrado é o contrato de transporte.

O negócio jurídico estabelecido pelo transportador de forma onerosa o obriga a transportar pessoas ou coisas para um lugar determinado.[371]

[367] Art. 22, VIII da Constituição de 1967.
VIII – produção, importação, circulação, distribuição ou consumo de lubrificantes e combustíveis líquidos e gasosos;

[368] Art. 22, IX da Constituição de 1967.
IX – produção, importação, distribuição ou consumo de energia elétrica;

[369] Art. 22, X da Constituição de 1967.
X – extração, circulação, distribuição ou consumo de minerais do País.

[370] Em relação ao ICMS, vale ressaltar que a competência para legislar sobre direito tributário é concorrente vertical, a União estabelece normas gerais (Art. 24, § 1º) e os Estados e Distrito Federal a competência suplementar (Art. 24, § 2º) e na ausência da norma geral os Estados e Distrito Federal assumem a competência legislativa plena (Art. 24, § 3º). Foi exatamente isso o que aconteceu, a União não criou normas gerais sobre o ICMS e o Estados e Distrito Federal assumiram a competência legislativa plena, assim, através do Convênio nº 66/1988 foi regulamentado o ICMS por norma estadual. Posteriormente, foi editada a Lei Complementar nª 87/1996 pela União, aqui estabeleceu normas gerais. Neste caso, a norma estadual ficou com a sua eficácia suspensa (Art. 24, § 4º).

[371] Cf. Art. 730 do Código Civil de 2002.
Pelo contrato de transporte alguém se obriga, mediante retribuição, a transportar, de um lugar para outro, pessoas ou coisas.

Assim, se trata de um contrato comercial que transporta pessoas ou coisas e tem como figuras intervenientes o transportador e o proprietário do bem ou o passageiro.[372]

Cumpre ressaltar que os transportes aéreos, terrestres e marítimos[373] possuem igualdade no tratamento, isto é, não podem os Estados estabelecerem distinções entre eles.[374]

É preciso delimitar o local de partida e o local de chegada, se for um transporte interestadual a partida se dará em um Município de um Estado A para um Município dentro de um Estado B.[375]

Esclarece-se que a tributação ocorrerá no Município do Estado de origem.[376]

Verifica-se que o contrato de transporte confere um liame de partida e de chegada, nesse caso, deve ser considerada a sua totalidade[377] do negócio jurídico.[378]

De acordo com a linha mestra do ICMS, esse transporte deve ser habitual ou em volume que caracterize intuito comercial[379] e oneroso para que enseje incidência do elemento material do imposto, e nesse conceito não se inclui o autoconsumo externo.

No transporte de pessoas ou coisas no âmbito internacional se aplica a regra internacional da tributação no Estado de Destino, no caso será tributada a entrada do bem ou pessoas assim como nos transportes que se destinem ao exterior não incide o ICMS.[380]

[372] Art. 2º, II, da Lei Complementar nº 87/96.

[373] Destaca-se que poderá ser utilizado qualquer veículo: automóvel, avião, navio etc.

[374] Conforme entendimento do Supremo Tribunal Federal na ADI nº 2669/DF.

[375] O transporte intra-municipal ocorre dentro de um Município, nesse caso o tributo pago é o ISS.

[376] Cf. Gomes, Fabio Luiz. Manual sobre o IVA nas Comunidades Europeias e os Impostos sobre o Consumo no Mercosul. Editora Juruá: Paraná, 2006, p. 174 e ss. Vide: 12, V da LC nº 87/1996.

[377] Em relação ao aspecto quantitativo, constata-se que cada Unidade Federativa do país possui a sua própria tabela interna para tributação de produtos e serviços em operações internas. Estabelece-se que as alíquotas podem variar de 7% a 35%, conforme a essencialidade das mercadorias, quanto mais essencial menor a alíquota, quanto menos essencial maior a alíquota.

[378] Exemplifica-se: Se "D" e "E" contratam um transporte do Município "G" ao município "H", pouco importa que uma etapa tenha sido cumprida no Município "G", onde, após baldeação seguiu para o Município "H".

[379] Art. 4º da Lei Complementar nº 87/96.

[380] Art. 155, § 2º, X, "a", da Constituição Federal de 1988.

2.4.4.3. Prestação de serviços de comunicação

No início desde milênio, a era tecnológica ocupa cada vez mais espaço e a utilização dos meios de comunicação está no cotidiano das pessoas, seja no acesso a Internet, ou serviços de radiofusão, o fato é que a era digital representa uma ruptura conceitual dentro do direito e esse processo foi acelerado após a pandemia do COVID-19.

Observa-se aqui as diversas formas de comunicação que foram desenvolvidas no final do século passado e início desse milênio, o que, portanto, torna essa tributação extremamente complexa e muitas vezes não enfrentada de forma adequada pela doutrina.

Consoante a essa reflexão, observamos que o período pós-Gutemberg permitiu a transmissão desses dados via eletrônica, o que acabou por revolucionar o desenvolvimento das várias formas de comunicação.

O elemento de conexão entre os conceitos do ICMS é a onerosidade, a prestação do serviço de comunicação deve ser onerosa.

Obviamente, deve ser determinado o emissor e o receptor desse serviço, e nessa cadeia econômica o receptor[381] do serviço é o consumidor final.

O nexo de causalidade entre o emissor e o receptor tem por objeto a comunicação e esse liame ocorre mediante remuneração, e é justamente esse tipo de serviço de comunicação que ocorre o pagamento do ICMS.

Insta mencionar que essa prestação de serviços de comunicação além de ser onerosa, deve ser considerada serviço de comunicação pela legislação vigente.[382]

No aspecto conceitual deve haver a conjugação entre o "serviço" e "comunicação", o limite da comunicação está adstrita ao serviço prestado.

Observa-se que em realidade a comunicação de massa atinge a um número indeterminado de pessoas, aliás, assim como o desenvolvimento dos contratos de adesão, as prestações de serviços de comunicação são massificadas e, portanto, devem ser consideradas como um fenômeno a ser considerado nas suas diversas e complexas formas.

O serviço de comunicação pode ser através da telecomunicação, radiofusão.

Em que pese seja um argumento interessante, não como deixar de refletir se há ou serviços de comunicação, ou se haveria equiparação à mercadoria.

[381] Carrazza, ICMS, p. 244.

[382] Vide Lei nº 9472, de 16 de Julho de 1997.

Em relação aos serviços de telecomunicação e radiofusão[383] atingirem um número indeterminado de pessoas, há um resultado econômico considerável, que não poderia simplesmente ser colocado no campo da não incidência tributária.

Conceitua-se serviço de telecomunicações o conjunto de atividades que possibilita a oferta de telecomunicação, tais como a transmissão, emissão ou recepção, por fio, radioeletricidade, meios ópticos ou qualquer outro processo eletromagnético, de símbolos, caracteres, sinais, escritos, imagens, sons ou informações de qualquer natureza.[384]

Faz-se necessário identificar tanto do emissor, quanto do receptor, isto é, o local ou sede onde fica o emissor e para onde esse serviço é prestado.

Ademais, além das inúmeras possibilidades que os serviços de telecomunicação e radiofusão possam realizar, não só no campo da prestação de serviços, como também na transmissão de bens imateriais, há uma ampliação significativa quando estendemos esse conceito para o campo virtual proporcionado pela Internet, o que obviamente também atinge um número indeterminado de pessoas.

Obviamente se há prestação de serviços oneroso, entende-se, ao contrário do Carrazza[385], que deve haver tributação, contudo, deve-se ressaltar que faz-se necessário uma legislação adaptada a essa nova realidade.

Se houver de estabelecer esse entendimento corre-se o risco da não tributação, em um futuro próximo, através do ICMS de serviços de comunicação.

Em um mundo onde a comunicação de massa, por razões óbvias, é mais dinâmica – quase que imediatas, onde se substituem os telefones por aplicativos como o do *Whatsapp* o que, acrescente-se não tem de forma direta[386] o caráter oneroso, o que demandaria uma especial atenção.

Em relação ao conteúdo da comunicação, pode ou não assumir relevância,[387] a mera transmissão de dados, onde o tributo será calculado

[383] São exemplos: Televisão (TV), Frequencia Modulada (FM), Radiodifusão Comunitária (RadCom), Onda Média (OM), Onda Curta (OC), Onda Tropica (OT) etc.

[384] Art. 6º, § 1º da Lei 9.472, de 16 de Julho de 1997.

[385] Carrazza entende que são irrelevantes para fins de ICMS tanto a transmissão propriamente dita, como o conteúdo da mensagem transmitida

[386] É claro que de forma indireta há o caráter oneroso, ocorrem propagandas e outros elementos facilitadores de difusão.

[387] CARRAZZA, ICMS.p. 257.
VIDE RODAPÉ 381

de acordo com o tempo de duração e, portanto, a base de cálculo será quantificada dessa forma, pode ser até uma forma mais simplificada de tributação.

Neste modelo mais simples de comunicação, a mensagem em sim (pelo menos inicialmente) não possui relevância econômica, mas sim a transmissão da mensagem, razão pela qual, o tempo de duração passa a ser um critério a ser adotado[388].

Contudo, pode ser que o conteúdo oriundo dessa comunicação assuma uma proposição de relevância atemporal, contudo, possua conteúdo econômico, onde senão qualificada como transmissão de dados, será outrora uma mercadoria.

Uma imagem, um som, enfim um signo distintivo que tenha valor econômico.

Caso esse signo sirva como uma forma de comunicação, um logo transmitido, um som distintivo, embora imateriais, assumem conteúdo econômico, e por essa razão entende-se que deveria ser tributário.

Observa-se que não se está estabelecendo qualquer distinção entre os conceitos do direito privado, que os considera bens imateriais, contudo, assumem relevância para o direito tributário, passível de incidência através do ICMS.

Outro ponto a ser analisado, é a locação de espaços em satélites.

Verifica-se que as empresas detentoras do direito de exploração econômica de satélites, no exercício de suas atividades típicas, proveem a cessão onerosa de capacidade satelital a concessionária e autorizatários de serviços de comunicação.[389]

Neste ponto, concordamos com Carrazza, no sentido de que essa locação não configura base de cálculo do ICMS.

2.4.4.4. Prestação de serviços e circulação de mercadorias na Internet

De acordo com a Lei n. 12.965, de 23 de abril de 2014, Art. 5°, I define a Internet: "internet: o sistema constituído do conjunto de protocolos lógicos, estruturado em escala mundial para uso público e irrestrito, com a finalidade de possibilitar a comunicação de dados entre terminais por meio de diferentes redes." Desse conceito se extrai a dimensão irrestrita dos serviços de comunicação que podem ser prestados através da Internet.

[388] Até mesmo para preservação da intimidade dos interlocutores

[389] CARRAZZA, ICMS...p., 297

Como já se disse, a Internet acrescenta um mundo virtual com influência real, consubstancia-se na liberdade de expressão, nas diversas relações jurídicas que são formadas com conteúdo mercantil ou não, proporciona o maior oferecimento de empresas num ambiente mais concorrencial, potencializa a livre iniciativa com ambientes virtuais firmando estabelecimentos virtuais.[390]

Verifica-se, portanto, que o mundo virtual altera os conceitos tradicionais e potencializa a utilização de outros, p. ex., o estabelecimento das empresas no ambiente virtual deverá ser registrado para delimitar responsabilidades, inclusive a tributária.

Para desenvolver de forma racional e aproveitar todo o potencial do comércio eletrônico é necessária a proteção do consumidor, como forma essencial ao exercício da cidadania.[391]

No caso vertente, o ICMS por ser um tributo tipo-consumo deve se adequar a essa nova realidade, e os serviços de comunicação nesse cenário virtual é extremamente potencializado.

Neste sentido, são várias as prestações de serviços prestadas através do espaço virtual e para fins de tributação através do ICMS deve haver conexão com a prestação de serviços de comunicação.

Da mesma forma, há um amplo espaço virtual para circulação de mercadorias, além das transações corpóreas (equivalentes a venda à distância), como também circulação de mercadorias digitais – incorpóreas (algumas com a possibilidade de materialização, p. ex., livros digitais (e- book's).[392]

Na celebração desses contratos *online* todas as informações devem ser claras (transparentes)[393], de modo que essa prestação de serviços de comunicação protege ao consumidor.

Verifica-se assim, uma ampliação do conceito de bens e serviços e, atendendo a uma direção internacional – ao exemplo da União Europeia, deve

[390] De acordo com a Lei nº 12965, de 23 de Abril de 2014, no Art. 2º, V e VI, a livre iniciativa, a livre concorrência o direito do consumidor e a finalidade social da rede, compõem o alicerce do Marco da Internet no Brasil. Observa-se aqui o pluralismo principiológico com o objetivo de garantir maior estabilidade nas relações jurídicas oriundas das transações de bens e serviços na Internet.

[391] Cf. Art. 7º, caput da Lei n. 12.965/2014.

[392] O Estado do Rio de Janeiro editou a Lei nº 8795, de 17 de Abril de 2020, veio a tratar do ICMS digital, nesta lei fala em tributar as plataformas eletrônicas (Art. 1º, XI), operações de bens e mercadorias digitais (Art. 1º, II) etc.

[393] Art. 7º, VI da Lei n. 12.965/2014.

haver um tratamento específico normativo, com a superação, inclusive, de conceitos clássicos (p.ex, estabelecimento da empresa).

A soberania tributária ficou mitigada neste espaço e, como já estudado, vem instigando cada vez mais o estudo e aprofundamento, no âmbito internacional através da OCDE, com os maiores méritos e avanços na União Europeia.

Em relação ao direito brasileiro, a complexidade se aprimora, pois é um país com dimensões continentais, que adota um modelo federativo, portanto, deve-se preservar o autofinanciamento dos Estados e conciliar com a unidade federativa.

Neste sentido, o modelo atual brasileiro necessita de uma reforma tributária[394] urgente, contudo, enquanto ela não vem os legisladores ordinários buscam soluções para adaptar esse sistema atual, diga-se, influencia as transações de bens e serviços internacionais, nomeadamente no setor concorrencial, na medida em que uma empresa, apesar de encontrar um grande campo promissor, se depara com essa complexidade irracional fiscal.

Dentro do conceito de prestação de serviços de comunicação, um fator importante é a proteção dos registros, dos dados pessoais e às comunicações privadas.[395]

No âmbito interno de cada Estado federado brasileiro, os mesmos buscam um sistema próprio (dentro dos limites da norma geral estabelecido pela União) para regular essas transações.

Na busca de resolver a tributação de bens e serviços através do ICMS, os Estados celebraram o Convênio ICMS 93, de 17 de setembro 2015.

O referido convênio dispõe sobre os procedimentos a serem observados nas operações e serviços que destinem bens e serviços a consumidor final não contribuinte do ICMS, localizado em outra unidade federada.

Outro aspecto importante, a tributação feita por ICMS, a Administração Tributária deve garantir a proteção dos dados[396] dos contribuintes – empresas e consumidores.

Em relação a incidência do ICMS sobre os serviços prestados pelos provedores de acesso a Internet, segundo do Superior Tribunal de Justiça, não

[394] Cf. Gomes, Fabio Luiz. Manual sobre o IVA nas Comunidades Europeias e os Impostos sobre o Consumo no Mercosul. Juruá, Paraná, 2006, p. 231. Além da Proposta de Emenda Constitucional 233 que tramita na Câmara dos Deputados do Brasil.

[395] Art. 10 da Lei n. 12965/2014.

[396] Vide a Lei n. 13.853, de 8 de Julho de 2019 – Lei de proteção de dados pessoais.

incide ICMS sobre prestação de serviços de provedores de Internet, assim o decidiu sob o argumento de que os usuários têm acesso ao ambiente Internet por meio de Provedores de Acesso a Serviço Internet, assim, os provedores seriam tomadores de serviços prestados pelas concessionárias.[397]

Dessa forma, os provedores de Internet seriam somente um serviço de valor adicionado, portanto, não incidiriam o ICMS, a lei que versa sobre serviços de comunicação não considera os provedores de Internet como prestadores desse serviço, portanto, por falta de previsão normativa, esse tributo não poderia ser cobrado.[398]

2.4.4.5. ICMS no fornecimento de energia elétrica

2.4.4.5.1. Breves considerações acerca do fornecimento de energia elétrica no Brasil

Nos idos do final do século dezenove e início do vinte o Brasil passou a ter energia elétrica, ressaltando-se que em sua maior parte era de origem térmica.

A concessão do serviço público de fornecimento de energia elétrica não é algo novo, surgiu nesse período, em 1899, através da empresa Canadense *The S. Paulo Railway Light and Power CompanyLtd* mediante o Decreto n. 3349, de 17 de julho do mesmo ano[399].

A empresa Canadense espalhou os seus serviços rapidamente, iniciou em São Paulo, depois Rio de Janeiro, incorporou a concessão para fornecer energia hidrelétrica.[400]

No início da década de trinta, o Brasil vivia um movimento nacionalista e a grande depressão mundial e começou a ocorrer uma intervenção

[397] Súmula n. 334 do STJ.

[398] Vide Súmula nº 334 do STJ – Anotada.

[399] Interessante notar que o referido Decreto estipula basicamente a responsabilidade dos diretores, sócios, etc, inclusive definindo o que é uma responsabilidade limitada, essa preocupação encontra fundamento pelo fato de não haver naquela época a noção de agências reguladoras. Posteriormente foi editado o Decreto n. 5.407, de 27 de Dezembro de 1904, "Art. 1º Fica o Governo autorizado a promover administrativamente ou por concessão o aproveitamento da força hydraulica para transformação em energia electricapplicada a serviços federaes." Assim, o Brasil foi avançando no setor elétrico.

[400] Cf. BAER, Werner e MCDONALD, Curt. Um Retorno ao Passado? A Privatização de Empresas de Serviços Públicos no Brasil: O Caso do Setor de Energia Elétrica. Planejamento e Políticas Públicas, nº 16, Dez de 1997, pp. 11-12.

do Governo no investimento do estrangeiro,[401] e acabou culminando na edição do Decreto n. 24643, de 10 de julho de 1934 – Código das Águas.

Logo no primeiro Considerando o Código das Águas já destaca o interesse da coletividade como um dos objetivos principais.

Destaca o Código das Águas que as concessões deverão ser concedidas pelo Governo, através de decreto, sobretudo no transporte e distribuição da energia elétrica.[402]

Portanto, qualquer operação que envolvesse energia elétrica dependia de concessão do Poder Público.

O setor de energia elétrica foi ficando obsoleto e caminhando para sua nacionalização, esta veio a ficar evidente com a construção de grandes hidrelétricas pelo Governo na década de cinquenta.[403]

Finalmente, na década de setenta e oitenta o setor elétrico foi totalmente encampado pelo Estado.[404]

Interessante notar a natureza cíclica da história, o Brasil atravessava uma grande crise em meados da década de noventa e iniciou o processo de privatização dos serviços públicos[405], dentre eles o serviço de produção de energia elétrica, só que agora a regulação não seria meramente normativa, foram criadas as agências reguladoras.

No setor de energia elétrica é a Agência Nacional de Energia Elétrica – ANEEL, através da Lei nº 9427/1996 e do Decreto nº 2335/1997.

2.4.4.5.2. Tributação dos serviços de energia elétrica

Constata-se que a produção de energia elétrica ingressou no século XXI, em busca do desenvolvimento sustentável, conceito que alia a expansão da

[401] Cf. BAER, Werner e MCDONALD, Curt. Um Retorno ao Passado? A Privatização de Empresas de Serviços Públicos no Brasil: O Caso do Setor de Energia Elétrica. Planejamento e Políticas Públicas, nº 16, Dez de 1997, p. 14

[402] Art. 151, "c" do Código da Águas

[403] Cf. Cf. BAER, Werner e MCDONALD, Curt. Um Retorno ao Passado? A Privatização de Empresas de Serviços Públicos no Brasil: O Caso do Setor de Energia Elétrica. Planejamento e Políticas Públicas, nº 16, Dez de 1997, p. 17.

[404] Cf. BAER, Werner e MCDONALD, Curt. Um Retorno ao Passado? A Privatização de Empresas de Serviços Públicos no Brasil: O Caso do Setor de Energia Elétrica. Planejamento e Políticas Públicas, nº 16, Dez de 1997, p. 20.

[405] Cf. BAER, Werner e MCDONALD, Curt. Um Retorno ao Passado? A Privatização de Empresas de Serviços Públicos no Brasil: O Caso do Setor de Energia Elétrica. Planejamento e Políticas Públicas, nº 16, Dez de 1997, p. 25.

oferta e consumo, da utilização racional da energia e mais recentemente da aplicação do princípio do poluidor pagador.[406]

Apesar de o modelo federativo brasileiro ter surgido em 1891[407], não havia nenhuma tributação específica em relação à energia elétrica, e, em relação à tributação de energia, foi a Constituição de 1934 que inaugurou essa tributação sobre energia, estabelecendo a competência da União sobre o consumo de quaisquer mercadorias, exceto os combustíveis de motor de explosão[408], este último era de competência tributária dos Estados[409].

A Constituição de 1967 inaugurou expressamente a tributação sobre a energia elétrica, estabeleceu a competência de a União decretar imposto sobre produção, importação, distribuição ou consumo de energia elétrica[410]. Contudo, esse imposto, estaria contido dentro do imposto único[411],

[406] No princípio do desenvolvimento sustentável traduz a necessidade de se encontrar um ponto de equilíbrio que permita superar a tensão básica que existe entre o desenvolvimento econômico por um lado e a conservação da natureza e dos recursos naturais, por outro. Consubstancia-se princípio da utilização racional de energia como meio para atender a programas e adequar-se a programas e adequar-se a uma política energética. Conforma-se que o impacto ambiental deve ser da menor forma possível e conhecido. Princípio do poluidor pagador, neste o poluidor deverá sustentar todas as despesas que as autoridades públicas afetarem para assegurar um nível aceitável de ambiente. Vide: Gomes, Fabio Luiz. Política Energética na Comunidade Europeia. In Estudos Multidisciplinares sobre Integração. Editora Lumen Iuris: Rio de Janeiro, 2004. ALBONETTI, Achille. PolicheComunitarie – VI) Política Energética, Enciclopedia Giuridica. Instituto Della Enciclopedia Italiana – Fondada da Giovanni Treccani. Vol. XXIII. AMARAL, Luís Mira. Indústria e Energia: As Apostas do Fim do Século. Venda Nova: Bertrand Editora, 1997. ARAGÃO, Alexandra de Sousa. O Princípio do Poluidor Pagador. Coimbra: Coimbra Editora, 1997. MAYOR, Vicente López-Ibor. Colóquio Internacional: Energia y Derecho – La Regulación de laElectricidade y delGas. Coimbra, 5 de Abril de 2001. SOARES, Isabel e DUARTE, Filipe Vieira. A Política Energética na Comunidade Europeia. Porto Editora, pp. 19 e ss. Vide: CHAMORRO Y ZARZA. José Antonio. Revión Crítica de la Fiscalidad como Intrumento de Protección del Medio Ambiente: Idoneidad y Riesgo de Desnaturalización de la Instituición del Tributo. Reforma Tributária – Tributação, Desenvolvimento e Economia Digital. Coordenador Fabio Luiz Gomes. Editora Almedina: São Paulo/Coimbra, 2022, pp. 113 e ss. ROLIM, João Dácio e Vivian Marcondes de Oliveira. Reforma Tributária Constitucional Verde e o Ordenamento Jurídico Internacional. Reforma Tributária – Tributação, Desenvolvimento e Economia Digital. Coordenador Fabio Luiz Gomes. Editora Almedina: São Paulo/Coimbra, 2022, pp. 113 e ss.

[407] Art. 1º da Constituição de 1891.

[408] Art. 6º, I, "b" da Constituição de 1934.

[409] Art. 8º, I, "d" da Constituição de 1934.

[410] Art. 22, IX da Constituição de 1967.

[411] Art. 22, § 5º da Constituição de 1967.

onde incidiria uma só vez, não só sobre a energia elétrica, como também, sobre os serviços de transporte e comunicação; e, extração, circulação, distribuição ou consumo de minerais do País.

Conforme já desenvolvido, o ICMS passou a englobar diversos tributos anteriores à Constituição de 1988, só que no caso da energia elétrica não o fez de forma expressa como a Constituição de 1967.

A Constituição de 1988 não atribuiu de forma direta a tributação pelo ICMS sobre a energia elétrica, como fez a Constituição de 1967.

Observa-se como necessário a construção da sua cobrança através de diversos dispositivos constitucionais.

Inicialmente, a energia elétrica é um serviço público essencial e a União possui competência para explorar, diretamente ou mediante autorização, concessão ou permissão, os serviços e instalações de energia elétrica.[412]

De forma expressa, a Constituição de 1988, após a Emenda Constitucional n. 39 de 2002, atribuiu a competência aos Municípios e Distrito Federal para instituir a Contribuição sobre Iluminação Pública e a sua cobrança na fatura sobre o consumo de energia elétrica.[413]

Como se observa foi criado mais um tributo, mais ainda não podemos atribuir ao ICMS a cobrança.

Trilhando pela Constituição de 1988, há uma vedação constitucional qualificada para que o ICMS incida sobre operações que destinem a outros Estados a energia elétrica.[414]

Extrai-se desse dispositivo que se a energia elétrica não for destinada a outro Estado poderá incidir ICMS.

Por último, nos Atos das Disposições Constitucionais Transitórias–ADCT, estabeleceu que as empresas distribuidoras de energia elétrica, na condição de contribuintes ou de substitutos tributários, serão as responsáveis, por ocasião da saída do produto de seus estabelecimentos, pelo pagamento do imposto sobre operações relativas à circulação de mercadorias incidente sobre energia elétrica, desde a produção ou importação até a última operação.[415]

Verifica-se, portanto, que o ICMS na energia elétrica apesar de possuir vários pontos na cadeia produtiva, são as distribuidoras de energia elétrica

[412] Art. 22, XII, “b” da Constituição Federal de 1988.

[413] Art. 149-A, Parágrafo Único da Constituição de 1988.

[414] Art. 155, § 2º, X, “b” da Constituição de 1988.

[415] Art. 34, § 9º do ADCT

serão os responsáveis tributários. A cadeia no circuito econômico é composta pelos seguintes agentes econômicos: produtores (usinas nucleares, hidrelétricas etc.), distribuidores (concessionárias) até chegar ao consumidor final.

Esse último dispositivo se referia ao Imposto sobre Circulação de Mercadorias, seria aplicado até que houvesse uma norma infraconstitucional regulamentando o ICMS, isso ocorreu com o Convênio nº 66/1988[416] e posteriormente com a Lei Complementar n° 87/98, mas os institutos previstos no dispositivo continuam aplicáveis.

Prosseguindo, ainda, nas empresas distribuidoras de energia elétrica, a Lei Complementar nº 87/1996 adotou a ideia consubstanciada no ADCT[417], e, repita-se, essas empresas são os responsáveis tributários, portanto, elas devem pagar o tributo de toda a cadeia produtiva pra frente, inclusive do consumidor final[418], atribuindo-lhe um efeito monofásico.

Por todos os dispositivos analisados o Estado e o Distrito Federal podem instituir o ICMS sobre energia elétrica.

Observa-se que conceitualmente nós teríamos: "operações", "mercadorias" e "serviços", acrescido do substantivo "energia elétrica".

Conclui-se que o negócio jurídico tem por objeto a energia elétrica, um bem incorpóreo que pode ser consumido de várias formas finais de utilização, a luz, o movimento, calor etc.

416 Dispõe o Art. 24, § 1º que a União estabelecerá normas gerais e os Estados exercerão a competência suplementar (§2º), na ausência da norma geral (§3) os Estados exercerão a competência legislativa plena (§4º). Assim, a União não criou normas gerais sobre o ICMS e os Estados firmaram o Convênio nº 66/1988. Posteriormente, em 1998, a União editou a Lei Complementar nº 87, neste caso, a superveniência de normas gerais suspende a eficácia da norma Estadual, neste caso, o Convênio nº 66/88 teve a sua eficácia suspensa.

417 Verifica-se que antes aplicava-se o Art. 34, § 9º, do ADCT (Ato das Disposições Constitucionais Transitórias da Constituição Federal de 1988) que era no mesmo sentido.

418 Dispõe o Art. 9º, § 1º, II:

"Art. 9ºA adoção do regime de substituição tributária em operações interestaduais dependerá de acordo específico celebrado pelos Estados interessados.

§ 1º A responsabilidade a que se refere o art. 6º poderá ser atribuída:

I – Omissis

II – às empresas geradoras ou distribuidoras de energia elétrica, nas operações internas e interestaduais, na condição de contribuinte ou de substituto tributário, pelo pagamento do imposto, desde a produção ou importação até a última operação, sendo seu cálculo efetuado sobre o preço praticado na operação final, assegurado seu recolhimento ao Estado onde deva ocorrer essa operação."

2.4.4.6. ICMS e petróleo

2.4.4.6.1. Desenvolvimento da indústria do petróleo no Brasil

Nos fins do século XIX, consagra-se a livre iniciativa à exploração do petróleo, os Estados e as empresas/particulares buscavam a descoberta do petróleo.

Em relação à gênese normativa, a primeira norma a tratar da exploração do petróleo no Brasil se deu sob a égide da Constituição do Império (1824), onde através de um Decreto Imperial nº 3352-A, de 30 de novembro de 1864, foi concedido ao inglês Thomas Denny Sargent, a faculdade pelo prazo de noventa anos, "por si ou por meio de uma Companhia, extrair turfa, petróleo e outros minerais nas Comarcas do Camamu e Ilhéus, da Provincia da Bahia." Apesar de toda pertinácia e aterro financeiro, não restou nenhuma evidência de combustível fóssil/Petróleo.

Outras concessões foram outorgadas posteriormente e a primeira sondagem profunda que alcançava cerca 488 metros, ocorreu em São Paulo por ocasião em que Eugênio Ferreira de Camargo perfurou um poço em Bofete. Novamente houve outra frustação, pois o que jorrou foi água sulfurosa.

Passaram-se muitas décadas – para ser mais preciso – somente em 1938, foi neste momento que o governo decidiu explorar um poço em Lobato e lá foi constatado pelos técnicos a existência do petróleo. A partir daquele momento o petróleo foi descoberto, esta exploração abriu novas perspectivas para o desenvolvimento da indústria do petróleo no Brasil. Consubstancia- se, assim, a natividade do prestigiado Centro de Estudos e Defesa do Petróleo e da Economia Nacional (CEDPEN).[419]

No Brasil, engendrou-se a Petrobras[420], com forma de estabelecer a presença do Estado na exploração do petróleo, iniciou com a Lei Federal nº 2004, sancionada por Getúlio Vargas[421] em 3 de outubro de 1953 (publi-

[419] Cf. NETO, Lira. Getúlio – 1945-1954 – Da volta pela consagração popular ao suicídio. Companhia das Letras, 2014, p. 116.

[420] "O projeto da Petrobras despertaria controvérsias infinitamente mais acaloradas que as suscitadas pelo Plano Lafer. Os nacionalistas o rotularam de 'entreguistas'. Isso porque, em vez de estabelecer o monopólio estatal sobre a exploração do produto, a proposta original do governo previa a cria de uma empresa de economia mista – com a União detendo 51% das ações -, abrindo-se espaço para o capital privado e permitindo 10% do controle acionário ficasse nas mãos de estrangeiros." NETO, Lira. Getúlio 1945-1954 – De volta pela consagração popular ao suicídio. Companhia das Letras:2014, p. 217.

[421] O Presidente Getúlio Vargas pronunciou uma frase que se tornou símbolo do orgulho da nação brasileira: "O petróleo é nosso".

cada na mesma data), que dispunha sobre Política Nacional do Petróleo e definia as atribuições do Conselho Nacional do Petróleo[422], instituía a Sociedade Anônima (Petrobras), e dava outras providências. Essa lei, ainda, tornava a Petrobras executora do monopólio estatal do petróleo (Art. 2º, II).[423]

Nesse diapasão, a Petrobras alicerça o Estado na proteção do petróleo, assim entendido como patrimônio da nação, garantindo, assim, um processo de autonomia nacional.[424] Essa situação perdurou após a promulgação da Constituição de 1988 e assim permaneceu até a Emenda Constitucional nº 9, de 09.11.1998.[425] Após essa Emenda Constitucional foram estabelecidas profundas mudanças acerca do monopólio petrolífero, foi alterado o Art. 177, Parágrafo 1º , estabelecendo que a União poderá contratar empresas estatais e privadas para realização das atividades (incisos I-IV): de pesquisa e a lavra das jazidas de petróleo e gás natural e outros hidrocarbonetos fluidos; a refinação do petróleo nacional ou estrangeiro; a importação e exportação dos produtos e derivados básicos resultantes das atividades previstas nos incisos anteriores e o transporte marítimo do petróleo bruto de origem nacional ou de derivados básicos de petróleo produzido no País, bem assim o transporte, por meio de conduto, de petróleo bruto, seus derivados e gás natural de qualquer origem.

Além da Constituição, a Lei nº 9478, 06.06.1998, vem estabelecer uma política energética no Brasil com a Lei 9478, de 06.06.1998 e dessa forma, atendidas as condições acima, poderá ser objeto de concessão qualquer das atividades descritas.

422 Os trabalhos de exploração, até então a cargo da CNP, foram assumidos pela Petrobras em fins do primeiro semestre de 1954 até 1975, foram perfurados 4.032 poços, sendo 997 pioneiros, 751 de outras categorias de poços exploratórios, 1995 de desenvolvimento de campos de petróleo, 198 para injeção de campos e 91 poços especiais (produção de água, estruturais, rasos etc.).

423 Um dos mais ferrenhos críticos a esse monopólio estatal foi o autor Monteiro Lobato (muito conhecido por suas obras infantis), que, nesta época escreveu dois livros: "Exploração do Petróleo" e o "O poço de Visconde". De forma irônica, Lobato, em um dos discursos constantes no "O poço de Visconde", Pedrinho (um dos protagonistas da história), descreve a situação do Brasil: "– Bolas! Todos os dias os jornais falam em petróleo e nada do petróleo aparecer. Estou vendo que se nós aqui no sítio não resolvermos o problema o Brasil ficará toda a vida sem petróleo." Já o livro "Exploração do Petróleo" foi censurado e, apesar de ter sido sucesso de venda, posteriormente sua venda foi proibida e o autor foi preso por algum tempo.

424 Vide: http://memoria.petrobras.com.br/artigos-e-publicacoes/memoria-impressa-os-livros-da-petrobrassobre-sua-historia#.V3o1NP36vmI

425 Em abril de 2016, já havia 313 concessões a 24 empresas.

2.4.4.6.2. ICMS sobre o petróleo e seus derivados

Conforme acima descrito, a descoberta do petróleo se deu em 1938, logo em seguida a Constituição de 1937 foi emendada através da Lei Constitucional nº 4, de 20 de setembro de 1940.

Naquele momento foi instituído um imposto a ser cobrados pela União, com o elemento objetivo de incidência a produção e o comércio, a distribuição[426] e o consumo, englobando a importação e a exportação, tanto do carvão mineral, quanto dos combustíveis fósseis.[427]

Esse tributo foi instituído com o objetivo de atribuir receitas aos Estados e Municípios para ser aplicado na conservação e desenvolvimento das redes ferroviárias.[428]

A Constituição de 1946 manteve a competência da União instituir o imposto sobre os combustíveis[429], mantendo os mesmos elementos materiais da Constituição de 1937 (Lei Constitucional nº 4/1940).

Essa mesma lógica em relação ao imposto sobre os combustíveis, isto é, o mesmo elemento material das constituições anteriores, foi mantido na Constituição de 1967[430] e a sua posterior Emenda Constitucional de 1969[431].

Foi somente com a Constituição de 1988 que esses elementos objetivos do fato gerador do imposto sobre os combustíveis formam incorporados ao ICMS, assim essa competência tributária passou a ser dos Estados e Distrito Federal.

Observa-se que conceitualmente destacam-se os seguintes elementos materiais verbais: "produzir", "importar", "circular", "distribuir" e "consumir" lubrificantes ou combustíveis líquidos e gasosos.

Cada elemento material impõe ações concatenadas, salvo o conceito "consumir" que por si só é exauriente imediato do produto.

A delimitação verbal do campo de incidência do ICMS encontra fronteira na Constituição Federal de 1988.

[426] Em 1971 foi criada a Petrobras Distribuidora, neste momento a Petrobras não só extraia o petróleo, mas também fazia a sua distribuição de combustíveis e derivados. Em 2017 foi aberto o capital e, finalmente, em 2019 a Br Distribuidora se tornou inteiramente um capital privado.

[427] Lei Constitucional nº4/1940, Parágrafo Único.

[428] Lei Constitucional nº 4/1940, Segundo Parágrafo do Parágrafo Único.

[429] Art. 15, III da Constituição de 1946. empresas.

[430] Art. 22, inciso VIII da Constituição de 1967.

[431] Art. 22, inciso VIII da Constituição de 1967 – Emenda Constitucional nº 1/1969.

Nos negócios jurídicos que destinem o petróleo e derivados para outros Estados não há incidência tributária[432], salvo se talhado ao consumo[433].

Como característica de um tributo não cumulativo, portanto, essa vedação constitucional qualificada não se estende ao consumidor final, este tributo será suportado por ele.

Objetiva-se com esse benefício fiscal constitucional que repercuta a incidência tributária, na circulação interna entre os entes federativos, no Estado de destino dos produtos em causa, desde a remessa até consumo, assim, a tributação ocorrerá na sua integralidade no Estado de consumo.

2.4.4.6.3. Deslocamento das mercadorias entre os Estados federados

Há um entendimento já consolidado na jurisprudência brasileira de que quando se desloca mercadorias entre filiais ou sede-filial é ausente à circulação jurídica, a qual pressupõe a transferência de titularidade[434], poder-se-ia configurar autoconsumo interno.

Conforme será posteriormente analisado, esse posicionamento embora aparentemente pacificado, no que concerne ao gás natural ainda gera diversos problemas de ordem prática e com decisões conflitantes.

2.4.4.7. Gás natural[435] - exportação, produção nacional e importação

2.4.4.7.1. Produção brasileira de gás natural

O Brasil é um grande produtor de gás natural e vem registrando recordes de produção, em dezembro de 2014 foram produzidos 95,1 milhões de metros cúbicos.[436]

[432] Art. 155, § 2º, X, "b" da Constituição Federal.

[433] Cf RE 198.088, Relator Ministro Ilmar Galvão, publicado em 05.09.2003.. empresas.

[434] ARE 746.349-AgR/RS, Rel. Min. Teori Zavascki, Segunda Turma, Dj 01.10.2014.

[435] O gás natural é um combustível proveniente das frações mais leves do petróleo produzido nas bacias sedimentares terrestres e marítimas. Em todo o mundo, cresce o consumo dessa importante fonte de energia, que tem usos diversos. O gás natural é usado como combustível nas usinas termelétricas, que complementam as necessidades de energia do país. Também é convertido em ureia, amônia e outros produtos usados como matéria-prima em diferentes tipos de indústria. O gás ainda é usado como combustível nos transportes e como fonte de energia em residências e indústrias. (http://www.petrobras.com.br/pt/nossas-atividades/areas-deatuacao/oferta-de-gas-natural/?gclid=CJnN4JCd4MkCFVAEkQodzwUOGg)

[436] Cerca de 92,2% da produção de petróleo e gás natural foi proveniente de campos operados pela Petrobras. Aproximadamente 93,4% da produção de petróleo e 75,6% da produção de gás natural do Brasil foram extraídos de campos marítimos. O campo de Roncador, na bacia

Só com a exploração do Pré-sal já vem produzindo 24,5 milhões de metros cúbicos por dia de gás natural.

Com toda essa produção nacional, ainda faz-se necessário adquirir trinta e dois por cento de gás natural através da importação.

Portanto, há uma grande relevância econômica para o Estado brasileiro, tanto na produção interna, quanto na importação.

2.4.4.7.2. Importação de gás natural

O Brasil importa grandes volumes de gás natural[437]. Há um deslocamento desse gás natural entre estabelecimentos do importador e depois é comercializado entre os diversos Estados federados, onde finalmente é consumido.

Observa-se que há diversos agentes econômicos até chegar ao consumidor final, passa desde a importação em si, até o estabelecimento do importador e finalmente aos Estados distribuidores.

Conforme acima descrito, deve haver o desembaraço aduaneiro nas importações de bens, nesse caso, além da possibilidade de ocorrer em transações interestaduais ou intermunicipais (caso não haja estabelecimento do importador no local de chegada), e que, portanto, o tributo deveria ser devido no Estado federado de destino, ficando, portanto, postergado quando for revendido.

Há de se observar, como se disse, que a empresa importadora pode possuir estabelecimento em local diverso da entrada da mercadoria vinda do estrangeiro, neste caso o gás natural, dessa forma o recolhimento do

de Campos, foi o de maior produção de petróleo, com uma média de 346,6 mil barris por dia, e o campo de Lula, na bacia de Santos, foi o maior produtor de gás natural, com uma produção média de 12,1 milhões de metros cúbicos por dia. A plataforma P-52, localizada no campo de Roncador, produziu, através de 17 poços a ela interligados, cerca de 171,1 mil barris de óleo equivalente por dia e foi a plataforma com maior produção. Os campos cujos contratos são de acumulações marginais produziram um total de 74 barris diários de petróleo e 15,4 mil metros cúbicos de gás natural. Dentre esses campos, Morro do Barro, operado pela Panergy, foi o maior produtor de petróleo e gás natural, com 88,5 barris de óleo equivalente por dia.A produção procedente das bacias maduras terrestres (campos/TLDs das bacias do Espírito Santo, Potiguar, Recôncavo, Sergipe e Alagoas) foi de 167,2 mil barris de óleo equivalente por dia, sendo 136,5 mil barris de petróleo por dia e 4,9 milhões de metros cúbicos de gás natural por dia. (http://www.anp.gov.br/?pg=17019&m=&t1=&t2=&t3=&t4=&ar=&ps=&1436383756874).

[437] VIDE RODAPÉ 432

ICMS deve ser feito em favor do Estado onde estiver estabelecida a empresa importadora. Portanto, a mera entrada de um bem no país e não se torna devido pela simples liberação aduaneira, mas ao Estado onde se localiza o sujeito passivo do tributo, melhor dizendo, no estabelecimento do Estado federado de destino.

Neste sentido, o bem importado deve ser nacionalizado por ocasião do desembaraço aduaneiro, portanto, o Estado de chegada do bem, deve estabelecer as autoridades administrativas com o objetivo de realizar não só a tributação, como também a nacionalização do bem estrangeiro.[438]

Verifica-se, que se houver o transporte da mercadoria do Estado de entrada do mercado (gás natural), segundo o entendimento do Supremo Tribunal Federal[439], haverá um segundo fato gerador tributário, isto é, o transporte de mercadoria, podendo o mesmo ser intermunicipal ou interestadual.

Por fim, haverá uma terceira incidência do fato gerador do ICMS, aquando houver a comercialização do gás natural.

Concluindo, de acordo com o Supremo Tribunal Federal[440], haverá incidência do ICMS em três momentos: na importação (aqui a tributação no estabelecimento do importador); no transporte interestadual e intermunicipal e na comercialização.

2.4.4.7.3. Análise crítica a posição do Supremo Tribunal Federal

O princípio da não cumulatividade configura um dos alicerces principiológicos do ICMS, nesse princípio configura-se a possibilidade de dedução do tributo pago na etapa anterior.

Mas não só isso, também estabelece um liame objetivo (aplicação do próprio instituto da não cumulatividade) e subjetivo (os atores participantes do circuito econômico) entre as várias transações ocorrentes no decorrer do circuito econômico, portanto, para sua configuração deve ser analisado o objetivo final, quer dizer, todos os negócios jurídicos celebrados até o consumidor final fazem parte de um todo.

[438] Vide Instrução Normativa SRF n° 116, de 31 de Dezembro de 2001. Em que pese o ICMS seja um tributo estadual, essa orientação deve ser utilizada pelas autoridades transfronteiriça.

[439] Vide Instrução Normativa SRF n° 116, de 31 de Dezembro de 2001. Em que pese o ICMS seja um tributo estadual, essa orientação deve ser utilizada pelas autoridades transfronteiriça.

[440] Vide ACO 854-2, Relator Celso Melo, decisão de 15 de Maio de 2006.

Obviamente até chegar ao consumidor final são necessários vários agentes pertencentes ao circuito econômico, não podendo, portanto, equipará-los ao consumidor final.

Se assim o fizesse, além de sobrecarregar o consumidor final com valores excessivos, vai onerar desproporcionalmente as empresas com encargos contábeis e de extrema complexidade.

Observa-se, ainda, a contrariedade do princípio da neutralidade, na medida em que impõe comportamentos às empresas de modo a estabelecer medidas, como por exemplo – não firmar estabelecimento no Estado de destino, pois com isso deverá pagar o ICMS de importação, ou mesmo, buscar meios de importação para o Estado de destino da mercadoria, ainda que possa onerá-lo.

Conclui-se que essa posição da Suprema Corte brasileira contraria diversos princípios basilares do próprio ICMS, destacando-se ainda o princípio da isonomia dos entes federativos, na medida em que impõe comportamento em transações que constitui-se dentro do mesmo liame objetivo, tratando como se fossem diversos impostos.

Considera-se incoerente o próprio Supremo Tribunal Federal considerar que para haver direito ao crédito decorrente do consumo de serviços e de produtos onerados do consumo de serviços e de produtos onerados com ICMS, mas desvinculados do processo de industrialização da mercadoria comercializada como principal, e demonstrar uma tendência de ignorar esse liame objetivo e subjetivo que justamente demonstram o processo de industrialização da mercadoria comercializada. (Vide as decisões AI-AgR 8007, 2ª Turma, Min. Gilmar Mendes, Dj de 01.07.11 e RE 354.376-AgR/MG, Rel Min Teori Zavascki, Segunda Turma, Dj 04.06.2013).

Repita-se, gera um ônus exagerado às empresas e importa em última instância ao consumidor final.

2.4.4.8. Substituição tributária nas operações com combustíveis e lubrificantes, derivados ou não de petróleo e com outros produtos

2.4.4.8.1. Substituição tributária e o Convênio CONFAZ

Ressalta-se que essa matéria foi objeto de regulamentação através do Convênio CONFAZ n. 110 de 28 de setembro de 2007 celebrado entre os Estados federado brasileiro.

Verifica-se que os Estados e o Distrito Federal, quando forem os destinatários, estão autorizados a atribuir ao remetente de combustíveis e lubrificantes, derivados ou não de petróleo,[441] a condição de sujeito passivo por substituição tributária[442], a partir da operação que o remetente estiver realizando, até a última.[443]

Depara-se novamente com um sistema extremamente complexo, agora envolvendo a substituição tributária "pra frente" e a substituição tributária "pra trás".[444]

Na hipótese de importação de combustíveis derivados ou não do petróleo, estabelece a Convênio nº 110, Cláusula segunda, que o imposto é devido por substituição pelo importador.

2.4.4.8.2. Base de cálculo do ICMS na substituição tributária

A base de cálculo do imposto a ser aplicada para cálculo na substituição tributária é o preço máximo ou único de venda a consumidor fixado por autoridade competente.[445]

Acrescente-se que na falta do preço, haverá uma discricionariedade para autoridade fiscal possa atribuir e estabelecer o tributo devido.[446]

[441] Cita-se como exemplo: álcool etílico desnaturado, gasolina, querosene, óleos combustíveis, óleos lubrificantes etc. (Vide Claúsula Primeira do Convênio 110/07.

[442] Substituição: ocorre quando, em virtude de uma disposição expressa de lei, a obrigação tributária surge desde logo contra uma pessoa diferente daquela que esteja em relação econômica com o ato, fato ou negócio tributado: nesse caso, é a própria lei que substitui o sujeito passivo direto por outro indireto. No imposto de renda sobre dividendos de ações, o sujeito passivo direto é p acionista; mas, quando as ações sejam ao portador, o fisco não pode evidentemente cobrar o imposto acionista, porque este é desconhecido; então, por uma disposição expressa de lei, o imposto é cobrado da própria sociedade anônima que paga o dividendo e que fica sendo assim, o sujeito indireto por substituição

[443] Cláusula Primeira do Convênio 110/07.

[444] Segundo Schoueri: "...Na chamada substituição 'pra frente', espera-se que o 'substituto' recolha o tributo antes mesmo de se ter imputado ao contribuinte um fato jurídico tributário, agora se tem algo diverso: A situação que dará azo à sujeição passiva é diversa (e até mesmo anterior) ao fato jurídico tributário. (Luís Eduardo Schoueri. Direito Tributário. Editora Saraiva, São Paulo, 2011, pp. 483 e ss.)

Já na substituição tributária pra trás, ou diferimento, ao contrário, nela um dos atores componentes do circuito econômico, por determinação legal, deverá arcar com o pagamento integral do tributo até então correspondente às etapas anteriores. Neste caso, permite-se o pagamento do tributo devido em momento posterior a ocorrência do fato gerador.

[445] Cláusula sétima do Convênio 110/07.

[446] Isso pode implicar em insegurança jurídica e possível vulneração do princípio da igualdade, dentre outros.

Observa-se que neste caso o lançamento é um ato vinculado[447], isto é, devem estar todos os elementos essenciais do tributo estabelecidos em lei, de modo que a autoridade fiscal possa proceder ao lançamento.

Interessante notar que essa margem ampla de discricionariedade conferida à autoridade fiscal gera uma insegurança jurídica ao contribuinte, inclusive uma contrariedade ao princípio da legalidade estrita.

Insurge-se por uma situação ainda pior, caso não haja um valor estabelecido pela autoridade fiscal, estabelece o Convênio nº 110/97 que será o valor da operação acrescido dos valores correspondentes a frete, seguro, tributos, contribuições e outros encargos transferíveis ou cobrados do destinatário.[448]

Esclarece o Convênio nº 110/97 que se o sujeito passivo for importador, na falta de preço, a base de cálculo será o montante formado pelo valor da mercadoria no documento de importação, acrescido dos valores correspondentes a tributos, inclusive o ICMS devido pela importação, contribuições, frete, seguro e outros encargos devidos pelo importador.

2.4.4.8.3. Substituição tributária em produtos derivados do petróleo e não derivados quando configuram um produto final único – Quid Iuris

Consubstancia-se a situação em que distribuidoras adquirem combustível derivado do petróleo, portanto figuram como substituto tributário "pra frente" e paralelamente adquirem álcool etílico anidro combustível (AEAC) e biodiesel (B100), com o objetivo, de acordo com a legislação brasileira, de produzir a gasolina tipo C (composta de 75% de gasolina A e 25% de AEAC).

Surge o problema, na medida em que as operações posteriores não sofrem incidência, caso seja petróleo e seus derivados, contudo outros combustíveis ou similares que não sejam derivados do petróleo há incidência do tributo.

Assim, o Convênio determinava que as distribuidoras efetuassem o estorno do crédito do imposto correspondente ao volume de AEAC e de B100 contido nas misturas.[449]

Argumenta-se, contrariamente à tributação do AEAC, pois não há lei estabelecendo essa tributação, portanto haveria um gravame sem uma previsão constitucional e que o fato de não serem derivados do petróleo,

[447] Art. 142, Parágrafo Único do Código Tributário Nacional

[448] Cláusula oitava do Convênio 110/07

[449] Cláusula Vigésima do Convênio 110/97.

mas serem utilizados como combustível deveria seguir a regra geral – não haver qualquer tributação.[450]

Após a decisão de inconstitucionalidade pelo Supremo Tribunal Federal[451] dos parágrafos 10 e 11 da Cláusula Vigésima do Convênio 110/97, essas normas foram revogadas. Dispunha esses dispositivos da obrigação de estornar que teriam as distribuidoras neste problema apresentado.

Constata-se a complexidade da questão, e isso só ocorre tendo em vista o sistema confuso onde se busca regulamentar sem, contudo, haver uma legislação estrita (oriunda do legislativo) que lhe desse esse suporte.

Evidencia-se, portanto, que em um mesmo tributo – ICMS, buscam-se diversos tratamentos, como se fossem diversos tributos e que essa unidade seria uma mera formalidade.

Desconsideram-se princípios que alicerçam esse tributo, que é o da não cumulatividade, que, como já se disse, estabelece um liame objetivo e subjetivo.

2.4.4.9. ICMS sobre a extração, circulação, distribuição ou consumo de minerais[452]

Verifica-se que o processo de mineração[453] representa, em 2018, 12,5% das exportações brasileiras e 36.6% do saldo comercial.[454]

Historicamente a mineração brasileira passou a ter um papel relevante a partir do Ano de 1700, quando atingiu o ápice de produzir 50% da produção mundial.[455]

[450] Vide manifestação do Advogado Geral da União – AGU no processo nº ADI 4171-DF, Rel. Elen Gracie, pub. 20.05.2015.

[451] Ação Direta de Inconstitucionalidade 4.171 Distrito Federal relatora: min. Ellen Gracie. Publicado em 20.05.2015

[452] "Mineral é toda substância homogênea, sólida ou líquida, de origem inorgânica e que toma parte, naturalmente, da crosta sólida da Terra. Possui, usualmente, uma composição química definida e, se formado em condições favoráveis, terá uma estrutura atômica característica que condiciona sua forma cristalina e suas propriedades físicas." Enciclopédia Mirador Internacional. Nº 14, pp. 7698 e ss.

[453] Tramita no Congresso Nacional o Projeto de Lei nº 5807/2013 com objetivo de instituir o Novo Marco Regulatório da Mineração, almeja-se facilitar investimentos e, ainda, aumentar os recursos aos Municípios e Estados.

[454] Cf. Relatório Annual de Atividades Julho de 2018 e Junho de 2019 do Instituto Brasileiro de Mineração – IBRAM, p. 41

[455] Cf. ARAUJO, Eliane R. e FERNANDES, Francisco R. Chaves. Mineração no Brasil: crescimento econômico e conflitos ambientes. https://cetem.gov.br/images/capitulos/2016/CCL0001-00-16.pdf. p. 6.

Observa-se que a mineração tem sido submetida à cobrança tributação no curso da história. Decorre essa cobrança, sobretudo, pois consubstancia a propriedade desses recursos minerais ao Estado, em havendo essa concessão para exploração, em contrapartida, será exigido o pagamento de alguma contraprestação, no nosso caso, da tributação.[456]

Soma-se a isso, a finitude dos bens minerais, de modo que o seu aproveitamento reduz o patrimônio do seu proprietário, assim essa tributação teria uma natureza não só conferir ao Estado recursos, mas também uma forma de compensação.

No período anterior à Constituição de 1988 havia dois tributos que incidiam sobre a mineração: Imposto Único sobre Minerais (IUM) e o Imposto de Renda de Pessoas Jurídicas (IRPJ).

Foi promulgada/sancionada a Lei Constitucional nº 4, 20 de setembro de 1940, o Imposto Único sobre Minerais, estabelecia a competência privativa da União de tributar a produção e o comércio, a distribuição e o consumo, inclusive a importação e a exportação de carvão mineral e dos combustíveis e lubrificantes líquidos de qualquer origem.[457]

Observa-se que essa norma constitucional propiciava um imposto único sobre o carvão minera, incluindo neste conceito os combustíveis e lubrificantes líquidos, portanto, já refinados.

Com a promulgação da Constituição de 1946, manteve-se como um imposto único[458] de Competência da União[459], contudo foi ampliado, passou a incidir sobre: produção, comércio, distribuição e consumo, e bem assim importação e exportação de lubrificantes e de combustível líquidos ou gasosos de qualquer origem ou natureza, estendendo-se esse regime, no que for aplicável, aos minerais do país e à energia elétrica.[460]

Posteriormente, esse sistema tornou-se muito mais complexo, com a Constituição de 1967, mantendo-se a competência tributária da União, esse

[456] O Supremo Tribunal Federal reiteradamente reconhece a imunidade recíproca mesmo em estatais, ainda que haja capital privado, se a estatal possuir o capital majoritariamente ao Estado, pois considera essa prestação de serviço público essencial e, portanto, somando-se ao fato do capital ser estatal não pagará tributo.
Ex.: RE (AgRg) 205.355-DF, RREE 227.832-PR, 230.337-RN, 233.807-RN, rel. Min. Carlos Velloso, 1º7.99.

[457] Parágrafo Único da Lei Constitucional nº 4/1940.

[458] Art. 15, § 2º da Constituição de 1946.

[459] Art. 15, inciso VI da Constituição de 1946.

[460] Vide Lei nº 4425, de 08 de Outubro de 1964.

imposto único foi fracionado em dois[461]: imposto sobre produção, importação, circulação, distribuição ou consumo de lubrificantes[462] e combustíveis líquidos e gás e imposto sobre extração, circulação, distribuição ou consumos de minerais no país[463]. Apesar de serem impostos diferentes, a Constituição (1967) estabeleceu que a incidência será única, sobre uma dentre as operações ali previstas e excluem quaisquer outros tributos.[464]

Deve-se acrescentar ainda ao sistema de tributação de energia o ICM (posteriormente, após 1988, ICMS), que surgiu nessa Constituição de 1967[465], este de competência dos Estados, que além de incidir, conforme anteriormente estudado, sobre operações relativas à circulação de mercadorias, aqui, incluem-se os lubrificantes e combustíveis líquidos utilizados por veículos rodoviários. Ressalta-se que a incidência do ICM em lubrificantes e combustíveis líquidos utilizados por veículos rodoviários não foi repetido após a Emenda Constitucional nº 1/1969.

Finalmente por ocasião da Constituição de 1988, que unificou o regime tributário da mineração no ICMS, foi revogado o imposto único de mineração. Passou a ser de competência dos Estados e Distrito Federal.

Apesar da reformulação constitucional, o Código de Minas continua a precisar ser atualizado, pois o Decreto lei nº 1895, é de 29 de janeiro de 1940, pois essa sistemática relacionada ao direito minerário precisa ser atualizada, não sem razão precisaria também o sistema tributário, nomeadamente do ICMS incidente sobre minerais.

Neste sentido, o sistema tributário do ICMS incidente sobre minerais avançou em relação ao petróleo, sobretudo na tributação dos combustíveis líquidos e gasosos.

Em relação à mineração especificamente, há uma cobrança de uma Compensação Financeira pela Exploração de Recursos Minerais – CFEM, que encontra o seu fundamento Constitucional no Art. 20, § 1º da Cons-

[461] Art. 22, incisos VIII e X da Constituição de 1967 (a Emenda Constitucional de 1969, Art. 21, nos incisos VIII e IX, modificando, somente, que acrescentando a energia elétrica ao imposto sobre produção, importação, circulação, distribuição ou consumo de lubrificantes e combustíveis líquidos ou gasosos).

[462] Decreto Lei nº 335, de 18 de Outubro de 1967.

[463] Decreto Lei nº 334, de 12 de Outubro de 1967.

[464] Art. 22, § 5° da Constituição de 1967 (Dispositivo não repetido na Emenda Constitucional nº 1/1969)

[465] Art. 24, inciso II da Constituição de 1967 (Art. 23, inciso II da Emenda Constitucional de 1969)

tituição, que "É assegurada, nos termos da lei, aos Estados, ao Distrito Federal e aos Municípios, bem como a órgãos da administração direta da União, participação no resultado de exploração de petróleo ou gás natural, de recursos hídricos para fins de geração de energia elétrica e de outros recursos minerais no respectivo território, plataforma continental, mar territorial ou zona econômica exclusiva, ou compensação financeira por essa exploração."

Conforme se observa, não possui natureza jurídica de tributo, neste sentido, o Supremo Tribunal Federal pacificou o entendimento de que embora os recursos naturais da plataforma continental e os recursos minerais sejam bens da União a participação ou compensação aos Estados, Distrito Federal e Municípios no resultado da exploração de petróleo, xisto betuminoso e gás natural são receitas originárias destes entes federativos.[466]

Em conclusão, não há como questionar e confundir a natureza jurídica do CFEM e o ICMS, o primeiro é uma forma de compensação (forma de receita originária) e o segundo configura um tributo (receita derivada), portanto, não há nenhuma incompatibilidade entre eles.

Portanto, no atual regime do ICMS, os Estados e o Distrito Federal podem tributar a extração, a circulação, a distribuição ou o consumo de minerais, além da incidência em combustíveis líquidos ou gasosos (este último será tratado em capítulos destacados).[467] Não necessitam escolher a operação que sofrerá a incidência, contudo, deve haver observância do princípio da não-cumulatividade.

Em relação a exportação, como regra não incide ICMS, aplicação do princípio do Estado de destino, contudo, um ponto interessante que merece atenção é a possibilidade de incidência do ICMS para exportação dos produtos semielaborados.

Deve-se estabelecer o conceito de "semielaborado" para delimitar o campo da incidência ou não tributária, neste caso a opção da fazenda pública foi criar listas de quais são os produtos que podem ser ou não conceituado como semielaborados.[468]

[466] Vide MS 24312, Rel. Min. Elle Gracie, Tribunal Pleno, DJ 19.12.2003.

[467] Art. 20, § 1º da Constituição Federal brasileira.

[468] É o Conselho Nacional de Política Fazendária – CONFAZ quem define quais produtos são semielaborados, vide Convênio nº 15/1991 que dispõe sobre o tratamento tributário dos produtos industrializados semi-elaborados destinados ao exterior.

Destaca-se que poderá incidir ICMS sobre o produto fabril semielaborado se for destinado ao exterior se preenchido cumulativamente[469] os seguintes requisitos: *in natura*, ou tenha como substância essencial minérios e represente mais de sessenta por cento do custo do correspondente produto segundo o nível tecnológico no país.[470]

2.4.4.10. Propostas recentes de Reforma Tributárias no Brasil – adoção do IVA?[471]

2.4.4.10.1. Proposta de emenda constitucional nº 233/2008

Verifica-se que essa discussão não é nova, mesmo aquando ocorreu a reforma tributária na década de 60 foi constatado o erro de não se ter adotado um tributo indireto não cumulativo de caráter geral.

Contudo essa discussão volta de tempos em tempos e após a Constituição de 1988, para ser mais exato em 2008, tomou corpo e culminou na Proposta de Reforma Tributária nº 233.

Essa proposta estabelecia muitas mudanças, nomeadamente nos tributos indiretos, destacam-se, para o objetivo do presente trabalho, os seguintes pontos:

[469] Neste sentido vide decisão do Superior Tribunal de Justiça: Recurso Especial nº 784.552 – MS(2005/0160494-2), Relatora Ministra Eliana Calmon. Data do Julgamento em 03 de Agosto de 2006.Também o Supremo Tribunal Federal: Agravo de Instrumento nº 786.121. São Paulo. Relator Min. Gilmar Mendes. Em 19 de Fevereiro de 2013.

[470] Art. 1º, I- III da Lei Complementar nº 65/1991.

[471] Vide Maneira, Eduardo. Reforma Tributária no Brasil – Quando fazer e porque fazer. Reforma Tributária – Tributação, Desenvolvimento e Economia Digital. Coordenador Fabio Luiz Gomes. Editora Almedina: São Paulo/Coimbra, 2022, pp. 35 e ss. Qualquer reforma tributária também deve levar em consideração o direito constitucional de não pagar impostos inconstitucionais ou ilegais, portanto, no afã de auferir receitas pode ser que o fisco ultrapasse esse limite. Para maior aprofundamento vide: Gomes, Fabio Luiz e Leite De Campos, Diogo. O Direito Constitucional de não pagar impostos inconstitucionais ou ilegais. Reforma Tributária – Tributação, Desenvolvimento e Economia Digital. Coordenador Fabio Luiz Gomes. Editora Almedina: São Paulo/Coimbra, 2022, pp. 49 e ss. Vide ainda: Moreira, Gabriel e Rosenblatt, Paulo. Reforma Tributária e Simplificação: mantras fiscais de risco. Reforma Tributária – Tributação, Desenvolvimento e Economia Digital. Coordenador Fabio Luiz Gomes. Editora Almedina: São Paulo/Coimbra, 2022, pp. 83 e ss. Martins, Ives Gandra da Silva. Aspectos de uma eventual Reforma Tributária. Reforma Tributária – Tributação, Desenvolvimento e Economia Digital. Coordenador Fabio Luiz Gomes. Editora Almedina: São Paulo/Coimbra, 2022, pp.145 e ss.

- Criação de um imposto sobre "operações com bens e prestações de serviços, ainda que as operações e prestações se iniciem no exterior";[472]
- Manutenção do ICMS estadual, contudo, criando a competência conjunta entre os Estados e Distrito Federal, mediante instituição por lei complementar – mantendo os conceitos "circulação de mercadorias" e "prestação de serviços" de "transporte interestadual e intermunicipal" e de "comunicação", ainda que as operações se iniciem no exterior.[473]

O ISS prosseguiu existindo com a competência dos Municípios e o IPI na União.

Em relação aos tributos indiretos, a mudança apregoada seria o imposto sobre operações com bens e prestação de serviços (União) extinguindo as seguintes contribuições: a Contribuição de Intervenção no Domínio Econômico CIDE, o Programa de Integração Social – PIS e a Contribuição para o Financiamento da Seguridade Social – CONFINS e o Salário Educação.[474]

Aqui destaca-se que ainda que fosse aprovada essa emenda constitucional nada impediria que fossem criadas outras contribuições similares a essas, portanto o fato de não estarem na constituição após a emenda constitucional, estas poderiam serem criadas ou por outras emendas constitucionais ou mesmo normas infraconstitucionais – ainda que sobre elas pesassem a discussão se seriam constitucionais.

Portanto, de fato nada restaria resolvido, ao menos definitivamente.

Ressalta-se ainda que o modelo federal seria mais amplo do que o modelo estadual, no primeiro o conceito utilizado é genérico "operação" com "bens" e "prestação de serviços", donde subjaz que qualquer negócio jurídico que tenha por objeto bens e prestação de serviços.

Como o termo utilizado aqui não se encontra dentro do direito empresarial esse conceito amplia-se para os negócios jurídicos não onerosos.

[472] Art. 1º da Proposta de Emenda Constitucional nº 233/2008 que alteraria o Art. 153 da Constituição Federal de 1988, acrescentando um inciso VIII.

[473] Art. 1º da Proposta de Emenda Constitucional nº 233/2008 que criaria um Art. 155-A da Constituição de 1988.

[474] CIDE – Art. 177, § 4º, o PIS – Art. 239; COFINS – Art. 195, I, "b" e o salário educação – Art. 212, § 5º todos da Constituição de 1988.

Denota-se, portanto, uma sobreposição e ampliação em relação aos tributos federais, estaduais e municipais, isto é, o imposto sobre os produtos industrializados – IPI (Federal), o imposto sobre circulação e mercadorias e serviços – ICMS (Estadual) e o imposto sobre serviços de qualquer natureza – ISS (Municipal).

Esses três tributos estariam contidos no tributo federal, com a desmoronada incidência deles, a base de cálculo desses tributos estaria contida naquele.

Inúmeras discussões surgiriam em torno dessa falta de metodologia jurídica, onerando demasiadamente as empresas que suportariam os custos administrativos e a cobrança desses quatro tributos e repercussão no consumidor final que seria o destinatário de todos os custos e aumento da carga tributária que inevitavelmente ocorreria.

Verifica-se que o imposto federal seria não cumulativo, assim como o ICMS estadual, mas a distorção econômica viria em razão de que cada agente econômico na cadeia transacional poderia pagar um, dois, três ou mais tributos em cada etapa.

Dessa forma, não existiria um imposto geral sobre o consumo, ao contrário existiriam quatro impostos e outras contribuições, mantendo assim o sistema tributário brasileiro excessivamente complexo.

2.4.4.10.2. Proposta de emenda constitucional nº 45/19

Essa proposta de reforma tributária foi oriunda da Câmara dos Deputados, busca a extinção dos seguintes tributos: IPI, ICMS, ISS, PIS e COFINS, todos eles seriam incorporados ao imposto sobre bens e serviços – IBS.

Verifica-se que este tributo possuiria um caráter genérico, diferente da proposta anterior (PEC nº 233/2008), dentro do circuito econômico, o seu início pega da produção até o consumidor final.

O legislador constituinte derivado, através dessa proposta, atribuiu à "União e aos Estados, ao Distrito Federal e Município que exerçam sua competência exclusivamente por meio da alteração de suas alíquotas".[475]

Ressalta-se que a União permaneceria com a sua competência de criar normas gerais tributárias, nesse caso para instituição do IBS, e aos Estados e Distrito Federal a competência suplementar.[476]

[475] Art. 1º do Proposta de Emenda Constitucional nº 45/2019, que criaria o Art. 152-A da Constituição Federal.

[476] Art. 24, §§ 1º e 2º da Constituição Federal.

Insta ressaltar que a sua instituição e delineamento pela Constituição, estabelece que a repartição da receita entre os entes da federação[477] seja padronizada, ainda o destino do bem ou serviço como objeto da tributação, quando estes circularem no Estado brasileiro.

Outra mudança importante é a não aplicação do princípio da seletividade, questiona-se se isso não atingiria a capacidade contributiva dos contribuintes, tendo em vista que em razão inversa da essencialidade do produto, a seletividade impunha uma alíquota maior aos bens menos essenciais e uma alíquota menor aos bens mais essenciais.

Observa-se que em que pese esse argumento seja louvável, não responde a diversas questões e todas elas partem da premissa: o que é essencial?

Nesse sentido, diversas distorções são causadas em razão do princípio da seletividade nos tributos indiretos, para ser considerado ou não essencial deve ser levada em consideração questões objetivas e subjetivas.

Poder-se-ia justificar a sua existência nos tributos indiretos na cesta básica, assim as pessoas necessitadas teriam acesso a esses alimentos com valores mais baixos, livres de tributação.

Inicialmente, as pessoas com maior capacidade contributiva não estariam impedidas de consumir esses produtos.

Ou seria ofertado produtos com qualidade pior para possuírem essa alíquota diferenciada e esses seriam enquadrados como essenciais, afinal os produtos com a qualidade maior seriam mais caros e gerariam mais receitas.

Dentro da premissa da seletividade nos tributos indiretos, as camisas sociais seriam não essenciais e, portanto, com alíquotas maiores, o que de fato se mostra também falha, afinal ao advogado, ao porteiro e outras tantas profissões, essa vestimenta se mostra essencial.

E as bebidas alcóolicas, estas possuiriam alíquotas maiores, afinal é não essencial, mas as pessoas com menos capacidade contributiva também consomem e pagariam mais pelo produto. Estabeleceria o argumento de que com a alíquota maior seria desestimulado o seu consumo, e assim também reduziria os problemas de saúde pública decorrente do consumo alcóolico.

A começar que a esse argumento não se aplicaria o princípio da seletividade, afinal a capacidade contributiva daquele que está consumindo estaria atingida.

[477] Art. 1º da Proposta de Emenda Constitucional nº 45/2019, que criaria o Art. 152-A, § 5º da Constituição Federal.

Na verdade, haveria o risco do casuísmo, uma insegurança daquilo que pode ou não ser consumido com alíquotas maiores ou menores.

No final, as legislações buscariam critérios objetivos para estabelecer o que é seletividade, pois se assim não o fizesse suas falhas seriam maiores ainda, e os consumidores poderiam ou não serem encaixados com capacidades contributivas maiores ou não.

Quanto mais objetivas fossem essas leis, maior a margem de acerto, contudo, ainda assim esta seria alta, causando diversas distorções nas atividades econômicas.

Em última análise, havia exceções, depois exceções dessas, e assim por diante, quando o fim último da tributação é gerar receitas aos Estados para que ele possa funcionar.

Observa-se que o conceito de "bem" e "serviço" é de incidência ampla[478], outrossim, acrescenta, os bens intangíveis, a cessão e o licenciamento de direitos, a locação de bens, a importação de bens, tangíveis e intangíveis, serviços e direitos.[479]

Verifica-se que o legislador da proposição, embora tenha estabelecido uma incidência ampla, foi redundante ao estabelecer de forma exemplificada os itens mencionados, afinal no conceito de bem já está incluído os tangíveis ou intangíveis; na locação de bens pode ser considerado ou uma prestação de serviços como na Europa, ou fruto de um bem; essas mesmas considerações poderiam ser feitas em relação à importação, onde o conceito de bens e serviços já estariam englobados.

Dificulta-se a análise em relação à cessão ou licenciamento de direitos, neste conceito poder-se-ia enquadrar como bem ou serviço, ou os dois.[480]

Na certeza que haverá discussões sobre a extensão dessa tributação, se alcançará, p. ex., na cessão de direitos creditórios, considerada opera-

[478] Na justificativa da Proposta de Reforma Tributária, os autores ressaltam que: "Como mencionado no início desta justificativa, a base da proposta é a substituição de cinco tributos atuais – PIS, Cofins, IPI, ICMS e ISS – por um único imposto do tipo IVA, denominado imposto sobre bens e serviços (IBS). Pela proposta, o novo imposto sobre bens e serviços (IBS): (i) incidirá sobre base ampla de bens, serviços e direitos, tangíveis e intangíveis, independentemente da denominação, pois todas as utilidades destinadas ao consumo devem ser tributadas;" Grifos nossos file:///C:/Users/fluiz/Desktop/Reforma%20Tribut%C3%A1ria%20no%20Brasil/Reforma%20tribut%C3 %A1ria%20no%20Brasil%20-%20Camara.pdf

[479] Art. 1º da Proposta de Reforma Tributária nº 45/2019, acrescentaria o Art. 152=A na Constituição Federal.

[480] Arts. 286 e ss. do Código Civil brasileiro.

ção financeira, portanto dentro do campo de incidência do imposto sobre operações financeiras – IOF, observa-se a abrangência do que poderia ser tributado nesse caso, se equipararia a bem ou serviço qualquer cessão de direito, na certeza que precisaria de uma grande adaptação dos sistemas tributários das empresas e, portanto, repercutiria de alguma forma no destinatário final, que não necessariamente seria consumidor. Isso desnaturaria o tributo, pelo menos nesses casos como um tributo sobre o consumo, uma vez que poderia ser enquadrado como tributo tipo-indústria, sobre retalho ou varejista, que efetivamente suportariam o tributo.

Assim poderá repercutir na empresa cedente, ou particular, ou empresa instituição financeira, enfim, um complexo sistema ainda não devidamente discutido.

Um outro ponto passível de crítica é a incidência do IBS sobre a locação de bens, o fruto dessa locação já, isto é, o aluguel, é tributada pelo imposto de renda, portanto, a natureza jurídica desse fruto é a renda, caso venha a considerar para fins de tributação do IBS, será também um bem ou um serviço.

Esse contrato de locação por assimilação seria bem ou serviço, contudo, novamente discutiríamos se o locador seria o consumidor final, a repercussão do tributo, não seria, nesse caso, um tributo plurifásico, dada a bilateralidade da relação jurídica.

Na maior parte desses contratos as relações jurídicas se configuram entre particulares, portanto haveria mais uma excepcionalidade, na medida em que esse tributo atinge cadeias econômicas empresariais.

Como consequência disso, ou será demasiadamente onerado o proprietário e, portanto, desestimulado a alugar, ou o locatário, que suportará o aluguel ainda mais alto.

Dito de outra forma, aquele proprietário que estivesse atendendo a sua função social, isto é, alugando o seu imóvel e o tornando produtivo, seria penalizado ou, pior, o locador que deveria pagar o preço pelo tributo.

Além disso, surgiriam obrigações administrativas ao particular, deveria mensalmente ou outra forma que o fisco quisesse, faturar o valor do aluguel de modo que pudesse ser recolhido o tributo.

Portanto, além dos custos tributários, haveria os custos administrativos, que seriam ou suportados pelo locador ou repercutiria ao locatário.

Na Europa a prestação de serviços é negativa, se não for entrega de bens é afixada como prestação de serviços, no IBS não há a preocupação com a natureza jurídica do instituto, com o tempo esse tributo vai ser questionado ou no âmbito administrativo ou no judicial, se aquele objeto a ser conceituado será produção, bem ou serviço, de acordo com a posição ocupada na cadeia econômica, e o objetivo será pagar menos tributo na perspectiva do contribuinte ou pagar a maior na perspectiva do fisco.

2.4.4.10.3. Proposta de emenda constitucional nº 110/2019 – Senado Federal

Tramita paralelamente a Proposta de Emenda Constitucional nº 45/2019 a Proposta de Emenda Constitucional nº 110/2019, esta proposta foi apresentada no Senado Federal.

Em relação à substituição de tributos a proposta do Senado Federal inicialmente parece mais ambiciosa, aqui objetiva-se a extinção de nove tributos: IPI, ICMS, CIDE, ISS, Salário Educação, PIS/PASEP, COFINS e IOF.

Obviamente ao extinguir nove tributos simplificaria o sistema tributário, contudo, como se verá, essa mesma proposta estabelece a possibilidade de criação de um imposto seletivo federal – ISF e mantem o ICMS, ainda que este último sofra alterações.

Em comparação dessa proposta do Senado Federal e da Câmara dos Deputados verifica-se a extinção do imposto sobre operações financeiras – IOF.

O nome do tributo da proposta do Senado Federal também é imposto sobre bens e serviços – IBS.

Inicia-se por analisar o imposto seletivo federal, é um tributo com natureza extrafiscal, monofásico[481], mas que atinge um setor estratégico que é o setor energético, das telecomunicações e bebidas alcoólicas ou não alcoólicas, veículos automotores novos, terrestres, aquáticos e aéreos.[482] Acrescenta-se, ainda, a importação, a qualquer título.[483]

Constata-se que o setor energético é fator de grande receita aos Estados, alguns mantem a sua folha de pagamento com essa tributação através do ICMS.

[481] Proposta de Emenda Constitucional nº 110/2019, Art. 1º, que acrescentaria o § 6º, inciso V ao Art. 153 a Constituição Federal.

[482] Proposta de Emenda Constitucional nº 110/2019, Art. 1º, que acrescentaria o inciso VIII ao Art. 153 a Constituição Federal.

[483] Proposta de Emenda Constitucional nº 110/2019, Art. 1º, que acrescentaria o § 6º ao Art. 153 a Constituição Federal.

A telecomunicação é espécie do gênero comunicação, portanto, incidirá esse imposto seletivo federal e o ICMS, pois continua como elemento objetivo do fato gerador deste imposto e de competência estadual.

Constata-se ainda que os conceitos do ICMS – "Operação", "Circulação", Prestação de Serviços" que foram mantidas e como o espectro tributário do IBS é amplo, há de se referir a possibilidade de incidência desses dois tributos em diversas transações jurídicas.

No ICMS continuariam a ser tributados negócios jurídicos que envolvam bens e serviços a título oneroso, neste caso, incidiria também o IBS.

Já as transações gratuitas seriam tributadas somente por IBS.

Acrescente-se ao IBS as operações financeiras que estariam na base de incidência desse tributo.

Como já se disse acima, o ICMS deixaria de tributar o petróleo e seus derivados, estes seriam tributados por Imposto Seletivo Federal – ISF.

O ICMS e o IBS seriam tributos plurifásicos e não cumulativos e o ISF seria monofásico.

A proposta em questão retirou a natureza extrafiscal do ICMS e IBS e atribuiu essa função ao ISF, compondo este último tributo da função regulatória no mercado, com maleabilidade nas alíquotas.

Com essas alterações acabariam as discussões sobre as listas de serviços e produtos, ISS e IPI respectivamente, e possuiria o IBS dentro do conceito de bem e serviço toda a base normativa atribuída a esses dois tributos.

Destaca-se, portanto, que o sistema tributário brasileiro, com base nesta proposta, simplificaria o sistema tributário, mas não o suficiente para desonerar substancialmente as empresas e geraria, como pode-se vislumbrar haveria uma sobreposição entre o IBS e o ICMS, acrescido do ISF, a sobrecarga tributária do contribuinte continuaria alta.

Por tudo isso, não me parece, ainda em uma análise preliminar, pois a norma ainda não existe e as discussões ainda serão amadurecidas, que a simplificação constante nesse projeto tenha o impacto desejado pelos legisladores, pode ser um avanço em relação ao sistema anterior, mas de forma tímida.

CAPÍTULO 3
REFORMA TRIBUTÁRIA DOS TRIBUTOS INDIRETOS COMO CONDICIONANTE PARA FORMAÇÃO DE UMA ZONA DE LIVRE COMÉRCIO BIREGIONAL ENTRE UNIÃO EUROPEIA E MERCOSUL – ELEMENTO DE PROPULSÃO PARA UMA REFORMA TRIBUTÁRIA DOS TRIBUTOS INDIRETOS EM ÂMBITO INTERNACIONAL

3.1. Comércio internacional de bens e serviço

3.1.1. Dimensões conceituais

Ao analisarmos o comercio internacional de bens e serviços, constata- se que é indissolúvel estabelecer três dimensões de análise, a interna, intra-comunitária e internacional.

Observa-se que na dimensão internacional ao celebrar o Tratado Internacional entre a União Europeia e o Mercosul e firmar uma zona de livre comércio, as transações de bens e serviços passam a ganhar um novo corpo no cenário internacional – as transações de bens e serviços intrarregionais.

Firmar-se-á um grande espaço bi-continental – intrarregional.

Esse elemento de conexão tridimensional permite uma maior precisão das transações de bens e serviços realizadas internamente nos países, entre os países dentro dos blocos regionais e, finalmente, entre os países no cenário internacional, sejam nas relações entre eles

individualizadas ou entre os blocos regionais, ou, ainda entre os blocos regionais e Estados individualizados e, por último, entre blocos regionais.

Verifica-se, portanto, que a dimensão interna, onde a entrega de bens ou a prestação de serviços se exaurem dentro Estados membros, aplicando-se ou não conceitos do direito privado de acordo com ordenamento jurídico interno.

A segunda dimensão, a dimensão intracomunitária, onde a entrega de bens ou a prestação de serviços são celebradas em transações entre Estados-Membros, ou Estados-Partes, dentro do Bloco União Europeia ou Mercosul.

E finalmente a dimensão internacional (externa) e o subgrupo intrarregional, onde a entrega de bens ou a prestação de serviços são realizadas entre Estados que não pertencem ao bloco regional (União Europeia ou Mercosul), que podem se desenvolver, como acima dito, Países- Blocos, Blocos-Blocos e Países-Países.

Portanto faz-se necessário estabelecer um fio condutor entre essas três perspectivas de entrega de bens e prestação de serviço.

3.1.2. Subordinação conceitual aos elementos essenciais de bens e serviços

Estabelece-se um vértice tangencial entre as três dimensões conceituais do direito privado, esse vértice será o elemento de conexão, dessa forma, entende-se que será possível à harmonização do direito tributário do IVA.

No aspecto conceitual os signos estabelecem diversos significados, sobretudo, os oriundos dos contratos de compra e venda de bens e serviços, e aos destinatários da norma (sejam empresas ou pessoas naturais) em três dimensões, sem qualquer parâmetro conceitual, isso pode denotar inúmeras distorções decorrentes de inúmeras variáveis.

Qualquer tentativa em prosseguir nessa harmonização tributária, em que pese o grande avanço necessário, seria inócua, sem um tratamento internacional estabelecendo conceitos do direito privado e ainda, deveriam estabelecer conexão direta com intracomunitário (de acordo com o nosso trabalho União Europeia e Mercosul) e o próprio direito interno dos Estados envolvidos.

Constata-se, assim, a impossibilidade de harmonização tributária em termos reais por não haver uma harmonização dos conceitos do direito privado.

Essa harmonização deve partir de uma variedade de dimensão zero, onde buscar-se-ia o tangenciamento tridimensional e harmônico, dessa forma, estar-se-ia diminuindo as variáveis possíveis em relação a diversos princípios, dentre eles destacaríamos: a neutralidade fiscal, a segurança jurídica, a confiança e a isonomia.

Um próximo passo seria desenvolver normas que viessem a garantir os contribuintes nas três dimensões, o que só seria possível caso fosse desenvolvido efetivamente uma harmonização conceitual tridimensional.

Atualmente os trabalhos desenvolvidos pela OCDE[484] segue essa linha de forma muito tímida, dando maior ênfase ao desenvolvimento do comércio internacional e aplicação dos princípios da neutralidade e Estado de destino.

De outro lado, como será posteriormente demonstrado, as Nações Unidas buscam harmonizar os contratos de compra e venda, isto é, normas do direito privado, através da CISG – United Nations Conventionon International Sale of Goods.

Constata-se que o desenvolvimento do direito privado e direito fiscal vem ocorrendo de forma separada, como se isso fosse possível, gerando um complexo normativo assistemático, dificultando as transações internacionais e o desenvolvimento do comércio internacional.

Fenômeno similar vem ocorrendo na União Europeia, sem mencionar o Mercosul (pois neste nem se discute, está anestesiado na própria origem), onde se desenvolvem grandes grupos de estudo para harmonizar o direito privado europeu[485] e o prosseguimento da harmonização do IVA.

Em que pese serem trabalhos muito bem elaborados, constantemente o Tribunal de Justiça das Comunidades Europeia, os Tribunais internos de cada Estado são instados a se pronunciar sobre a aplicação ou não de uma norma conceitual do direito privado interno.

Observa-se que a aplicação da teoria econômica das normas conceituais tributárias (como será desenvolvido) leva ao casuísmo, uma opção a favor do fisco e, no âmbito internacional, onde há muitas soberanias fiscais envolvidas, acaba por inviabilizar a tributação internacional ou intracomunitária dessas transações ou inviabilizariam a atuação das pequenas e médias empresas a atuarem no cenário internacional – interregional ou dentro de um bloco integracional.

[484] VAT/GST Relief for foreign businesses: the state of play – A Business and Government Survey – February 2010.VAT in an EU and International Perspective – Essays in honour of Han KogelsEditors:Henk van Arendonk – Sjaak Jansen e René van de Paard – Amsterdã: 2011.

[485] São trabalhos acadêmicos: Principles of European Contract Law, Pavia Group on a European Civil Code, Study Group on Tort Law, Acquis Group. Em âmbito das instituições comunitárias desenvolve-se o Quadro Comum de Referência com escopo de harmonizar a legislação europeia e as decisões dos tribunais, bem como servir de base para produção legislativa, doutrinária e jurisprudencial. Tudo no sentido de tornar os direitos nacionais menos díspares entre si, facilitando desta maneira as transações transfronteiriças de modo a incrementar o mercado interno.

3.2. Gênese da proposta de acordo birregional entre Mercosul e união europeia

3.2.1. Acordo-quadro – pilar de formação

Já nos idos da década de noventa a União Europeia e o Mercosul já tencionavam firmar um Acordo de Associação Inter-Regional para a formação entre os blocos de uma zona de livre comércio.

O Conselho Europeu firmou uma Decisão n. 1.999/279/CE em 22 de março de 1999 para a formação desse Acordo-quadro. Estabeleceu-se os seguintes pilares: comercial, político e cooperação.

A União Europeia fundamentou a necessidade desse acordo no princípio[486] do desenvolvimento econômico e social sustentável dos países em desenvolvimento.[487]

Posteriormente, prosseguindo nas negociações, entre 2001 (dois mil e um) *usque* 2004 (dois mil e quatro), foram elaborados textos compromissórios com o tema tarifário.

Novamente as negociações foram suspensas, somente retomando em 17 de maio de 2010 na cidade de Madrid, os dois blocos regionais manifestaram a intenção de reafirmar as negociações birregionais.[488]

As posteriores negociações não avançaram muito, mas entre 2016 e 2019 houve um salto e os temas mais complexos que estão em discussão atualmente foram convertidos em textos.

Quando finalmente em 28 de Junho de 2019 o Mercosul e a União Europeia fixaram em Bruxelas o teor do acordo birregional.

3.2.2. Acordo de Associação Mercosul-União Europeia – 4 de Julho

Consubstanciam-se esse acordo sob três pilares: diálogo político, cooperação e livre comércio.

Observa-se que a formação de uma zona de livre comércio ocorre com a não tributação transfronteiriça, portanto, será necessário o aprimoramento dos tributos para que ocorra a circulação de bens e serviços no espaço inter-regional.

[486] Art. 130 do Tratado.

[487] Primeiro Considerando da Decisão nº 1999/279/CE.

[488] Foram formados onze grupos de trabalho e painéis de negociação, vide: Em 28/06/2019, ministros do MERCOSUL e comissários da UE anunciaram, em Bruxelas, a conclusão da parte comercial do Acordo de Associação MERCOSUL-EU.

Além disso, deverá haver o desenvolvimento das comunicações entre as autoridades aduaneiras, para a formação de um cadastro de dados com a comunicação entre as autoridades fiscais entre os blocos.

Será necessário então paulatinamente a desgravação tarifária para as transações inter-regionais de bens e serviços, uma cooperação aduaneira (para evitar a fraude e evasão fiscal[489]), normas com tratamentos prioritários especiais para as pequenas e médias empresas, e, o desenvolvimento do comércio eletrônico dentro do espaço inter-regional.

Neste sentido, a experiência europeia bem como os estudos da OCDE servirá de norte para o desenvolvimento de um grande mercado transacional de bens e serviços inter-regional.

Esse acordo permitirá alavancar as transações entre os dois blocos regionais em 92% nas importações do Mercosul e para 95% para importações na União Europeia.[490]

A formação dessa zona de livre comércio necessitará de desoneração tributária transfronteiriça, segundo o acordo firmado, será escalonada entre 0,4,7,10 e 15 anos, ressaltando a possibilidade de desgravação parcial.[491]

Verifica-se que o Brasil é um grande exportador de produtos agrícolas e o mercado europeu configura um grande consumidor desses produtos.

Neste sentido a relação entre os dois blocos poder-se-ia estreitar e aprofundar essa relação importação/exportação desses produtos agrícolas.

De outro lado, no setor industrial, a União Europeia será impulsionada pela desgravação no aspecto quantitativo dos tributos aduaneiros até chegar à alíquota zero.

No âmbito da prestação de serviços, o comércio eletrônico será o grande protagonista, mesmo em se tratando de conceito de bens, por essa razão será necessário um tratamento normativo específico que venha a coadunar as normas já existentes nos blocos regionais.

[489] César García Novoa. *La conflictividad en los delitos y en las infracciones tributarias.* DOCUMENTOS DE TRABAJO 11/2019 VII Encuentro de Derecho Financiero y Tributario "Una estrategia global al servicio de la reducción de la conflictividad en materia tributaria" Cristina García-Herrera Blanco (coordinadora) Instituto de Estudios Fiscales.

[490] Cf. http://www.itamaraty.gov.br/images/2019/2019_07_03_-_Resumo_Acordo_Mercosul_UE.pdf, p. 3

[491] Cf. http://www.itamaraty.gov.br/images/2019/2019_07_03_-_Resumo_Acordo_Mercosul_UE.pdf, p. 3.

No acordo firmado havia uma preocupação com a prática concorrencial nas telecomunicações, inclusive no estabelecimento de um marco regulatório, sem, contudo, descriminar quais seriam as medidas a serem tomadas.

Consoante a tendência mundial, acelerada pela pandemia do COVID-19, o comércio eletrônico deve fazer parte de qualquer pauta de negociação onde envolvam Estados, no caso organizações internacionais, além de empresas que exploram ou queiram explorar as transações de bens e serviços no cenário internacional, aqui inter-regional.

Para que possa de fato implementar o comércio internacional deverá haver uma aproximação de vários institutos que venham a transversar entre os Estados componentes dos blocos, de fato o compromisso firmado da busca proteção dos consumidores, deve haver uma preocupação com as administrações fazendárias e também com uma harmonização dos tributos indiretos no Mercosul para que possa de fato estabelecer regras comuns que permitam uma tributação se causar distorções na concorrência, bem como perdas de receitas tributárias.

No campo da administração fiscal, a intercomunicação entre os fiscos dos Estados componentes dos blocos regionais permitirá uma maior transparência e segurança jurídica para os vários agentes econômicos, desde transações que envolvam consumidores e empresas, como também, Estados e empresas.

Apesar de não ser objeto do presente trabalho, a licitação no sistema jurídico brasileiro, isto é, a contratação do Estado e empresas fornecedoras de bens e serviços, é demasiada burocrática e emperrada, podendo uma licitação demorar mais de um ano para contratação, não permitindo a dinâmica necessária para o Estado brasileiro obter um bem ou serviço, e as empresas a encontrar um ambiente favorável a realizar contratações.

Portanto, as leis que envolvem as contratações entre o Estado brasileiro e empresas, ou mesmo outros Estados devem passar por uma grande reforma para adaptar o sistema jurídico brasileiro ao terceiro milênio, sempre fazendo a ressalva da maior transparência e segurança de que aquele bem ou serviço atenda ao interesse público.

O grande desafio a ser superado neste momento é a questão ambiental de como compatibilizar o desenvolvimento sustentável e o crescimento econômico que será viabilizado aos Estados envolvidos, nomeadamente o Brasil, aqui deve ser levado em consideração os estudos da agenda 2030.[492]

[492] Vide: Chamorro y Zarza. José Antonio. Revisin Crítica de la Fiscalidad como Intrumento de Protección del Medio Ambiente: Idoneidad y Riesgo de Desnaturalización

O princípio da precaução[493] foi ressaltado como fundamento ao desenvolvimento sustentável, bem como a segurança e o trabalho.[494]

3.2.3. Transações de bens e serviços inter-regional

Existem muitas diferenças entre os blocos regionais, não só em grau de integração, mas também no aspecto econômico, social etc.

No acordo firmado entre o Mercosul e a União Europeia foi destacado o Artigo X só para o processo de integração, logo no item 1 já menciona as diferenças existentes entre os blocos.

Para seja implementado o acordo entre os blocos as partes assumiriam o compromisso para facilitar a circulação de bens e serviços.[495]

O princípio da livre circulação de bens e serviços, que norteia uma zona de livre comércio, uma primeira ação é haver um sistema tributário que permita compatibilizar os sistemas jurídicos.

Uma outra ação necessária será uma coordenação entre as administrações fiscais dos Estados membros envolvidos.

Neste sentido, o sistema tributário da União Europeu já se encontra harmonizado nos tributos indiretos – adota o IVA não três dimensões, no âmbito interno dos Estados membros, no âmbito intracomunitário e internacional.

Como já discorrido no decorrer do trabalho, o Mercosul não possui um sistema jurídico tributário harmonizado, o que demandará muitos esforços para buscar resolver as inúmeras demandas que surgirão e normas intrarregionais para suprir essa deficiência institucional.

de la Instituición del Tributo. Reforma Tributária – Tributação, Desenvolvimento e Economia Digital. Coordenador Fabio Luiz Gomes. Editora Almedina: São Paulo/Coimbra, 2022, pp. 197 y ss. ROLIM, João Dácio e Vivian Marcondes de Oliveira. Reforma Tributária Constitucional Verde e o Ordenamento Jurídico Internacional. Reforma Tributária – Tributação, Desenvolvimento e Economia Digital. Coordenador Fabio Luiz Gomes. Editora Almedina: São Paulo/Coimbra, 2022, pp. 161 e ss.

493 Acerca do desenvolvimento europeu do princípio da precaução, vide: Art. 7º do Regulamento 178/2002; Considerando 11 e 44 da Diretiva nº 2000/60/2000; Considerando nº 1 da Diretiva nº 2001/95/CE. Em recentes decisões o Tribunal de Justiça das Comunidades Europeias vem delineando o princípio da precaução, bem como as áreas abrangidas, vide: Processos C-629/19, C-733/19, C-629/19, dentre outros

494 http://www.itamaraty.gov.br/images/2019/2019_07_03_-_Resumo_Acordo_Mercosul_UE.pdf, p. 15.

495 Artigo X, 1 do Acordo Mercosul e EU 2019.

O Brasil é a maior potência econômica dos Estados membros do Mercosul, portanto, um grande produtor de commodities agrícola e de Petróleo e um mercado consumidor, não há um sistema tributário racional, com um tributo moderno indireto.

Essa deficiência não só repercute no próprio país, mas também em todo o bloco regional – Mercosul, pois não permite que estes Estados possam promover uma harmonização fiscal dentro do Mercosul, afinal os outros Estados já possuem em seus territórios o imposto sobre valor acrescentado – IVA.

Para que haja a circulação de bens e serviços nos territórios dos dois blocos regionais e a retirada das barreiras fiscais entre os Estados que compõe esses blocos deverá ocorrer essa reforma tributária[496] no Brasil e depois uma reforma tributária no Mercosul – harmonização dos tributos indiretos.

Dispõe o Acordo que os Estados devem buscar harmonização de regulamentos técnicos e avaliação de procedimentos, contudo, somente a busca de redução de burocracias e simplificação das normas não serão o suficiente para avançar nesse processo de integração.

Aliás, esse procedimento deve ter como núcleo a não tributação transfronteiriça e para viabilizar esse procedimento é necessário que os sistemas intrabloco estejam o mais próximo possível, sobretudo, no aspecto tributário e contratual.

O direito romano nos aproximam no aspecto contratual, contudo, será necessária uma regulamentação no território intrarregional, já a língua facilitará o acesso as normas integracionistas.

[496] Vide MANEIRA, Eduardo. Reforma Tributária no Brasil – Quando fazer e porque fazer. Reforma Tributária – Tributação, Desenvolvimento e Economia Digital. Coordenador Fabio Luiz Gomes. Editora Almedina: São Paulo/Coimbra, 2022, pp. 35 e ss. Qualquer reforma tributária também deve levar em consideração o direito constitucional de não pagar impostos inconstitucionais ou ilegais, portanto, no afã de auferir receitas pode ser que o fisco ultrapasse esse limite. Para maior aprofundamento vide: GOMES, Fabio Luiz e LEITE DE CAMPOS, Diogo. O Direito Constitucional de não pagar impostos inconstitucionais ou ilegais. Reforma Tributária – Tributação, Desenvolvimento e Economia Digital. Coordenador Fabio Luiz Gomes. Editora Almedina: São Paulo/Coimbra, 2022, pp. 49 e ss. Vide ainda: MOREIRA, Gabriel e ROSENBLATT, Paulo. Reforma Tributária e Simplificação: mantras fiscais de risco. Reforma Tributária – Tributação, Desenvolvimento e Economia Digital. Coordenador Fabio Luiz Gomes. Editora Almedina: São Paulo/Coimbra, 2022, pp. 83 e ss. MARTINS, Ives Gandra da Silva. Aspectos de uma eventual Reforma Tributária. Reforma Tributária – Tributação, Desenvolvimento e Economia Digital. Coordenador Fabio Luiz Gomes. Editora Almedina: São Paulo/Coimbra, 2022, pp.145 e ss.

Não haverá o conceito de importação nas relações intrarregional, sim, transações intrarregionais de bens e serviços.

Entende-se como mais adequado a utilização do termo importação para as relações dos Estados membros com Estados terceiros, sem querer dizer com isso que estar-se-ia a estabelecer uma política externa comum – PEC, sim, que as exportações e importações[497] não se enquadraram nos termos idealizados para o comércio de bens e serviços dentro dos blocos regionais, pois terão um tratamento específico.

Dessa forma não haverá discriminações na circulação de bens e serviços de mercadorias e serviços oriundos de qualquer Estado membro dos blocos regionais.

Essa normatização intrarregional deverá buscar reforçar ao princípio da liberdade de bens e serviços de modo que haja uma proteção ao consumidor, nomeadamente aos seus dados e garantia de recebimento do bem ou serviço, mas também permitir o acesso a pequena e média empresa garantido normas simplificadas e procedimentos acessíveis, sobretudo, no pagamento dos tributos.

Caso não se faça as reformas tributárias à formação de uma Lista de Mercadorias[498] com as respectivas alíquotas estabelecidas não haverá uma possibilidade de correspondência e igualdade de tratamento, um sistema fiscal complexo como o brasileiro em um grande mercado como seria esse inter-regional, causaria distorções na concorrência e instabilidade na circulação desses bens.[499]

Ainda que haja um compromisso relacionado ao "subsídio à exportação"[500] e medidas compensatórias para que nenhuma das partes mantenha, introduza ou reintroduza subsídios à exportação ao exemplo dos produtos agrícolas[501], de nada adiantará sem que antes se faça uma adequação dos sistemas tributários, isto é, reforma tributária.

Na última hipótese, a concorrência será atingida em razão de sistemas tributários obsoletos e extremamente complexos.

Atentos a necessidade de impulsionar o comércio de bens, há a previsão no Acordo da criação de um Subcomitê de Comércio de Bens, que

[497] Art. 5º do Acordo Mercosul-EU de 2019.

[498] Art. 3º do Acordo Mercosul-EU 2019.

[499] Em relação as proibições das restrições quantitativas, vide: Art. 10 do Acordo Mercosul-EU 2019.

[500] Art. 7º do Acordo Mercosul-EU 2019.

[501] Vide Lista do Anexo II – Direitos da Exportação do Mercosul.

dentre outras funções deverá promover o comércio de mercadorias, organizar fóruns de discussão, coordenar intercâmbio de informações, avaliar anualmente o uso e a administração de cotas e de preferências, discutir questões técnicas etc.[502]

Antecipando-se aos painéis que serão debatidos, a questão fiscal será um dos pontos fulcrais, não só na gestão administrativa fazendária, mas também na necessidade de uma harmonização dos tributos indiretos no Mercosul para poder coordenar políticas fiscais com a União Europeia.

Com os sistemas fiscais harmonizados em seus blocos, a normatização será tangenciada entre os sistemas jurídicos internos de cada Estado membro, no território dos blocos regionais[503] e na relação dos blocos com Estados terceiros.

Um traço relevante, é a distância do grau de integração entre os dois blocos, a União Europeia estando na fase de União Política e Financeira e o Mercosul em uma União Aduaneira imperfeita.

Deverá, portanto, haver uma coordenação normativa específica para lidar com dois setores: aproximação entre os sistemas fiscais e nos sistemas obrigacionais e contratuais.

Nomeadamente nos conceitos fiscais e do direito privado de entrega de bens e serviços.

No cenário fiscal intrarregional há a eliminação de barreiras fiscais, portanto, a liberdade de circulação de bens e serviços, assim o tratamento fiscal dado as transações de bens e serviços deve ser o mesmo aos similares internos.[504]

A simplificação dos sistemas jurídicos tributários não só facilitará as empresas e os consumidores no recolhimento do tributo, mas também permitirá o combate a fraude e a evasão fiscal[505].

Em consonância, deve-se normatizar os procedimentos aduaneiros de forma racional e tanto a União Europeia e o Mercosul reconhecem essa necessidade, normas não discriminatórias com métodos modernos e eficientes[506].

502 Art. 12 do Acordo Mercosul-EU de 2019.

503 Cf. Art. 13 EUROPEAN UNION-MERCOSUR, PROTOCOL ON RULES OF ORIGIN.

504 Arts. 3º e ss do EUROPEAN UNION-MERCOSUR, PROTOCOL ON RULES OF ORIGIN.

505 Art. XY do Trade part of the EU-Mercosur Association Agreement.

506 Art. 1 do Trade part of the EU-Mercosur Association Agreement – CHAPTER CUSTOMS AND TRADE FACILITATION.

Será ponto essencial a cooperação entre as administrações fazendárias[507] e a tecnologia amplamente utilizada, não só para o cadastro desses contribuintes, mas também como elemento facilitador da realização das transações intrarregional de bens e serviços.

Para que haja essa cooperação entre as administrações fazendárias dos Estados membros do Acordo inter-regional é necessária a simplificação e modernização de procedimentos; proteção da propriedade intelectual pelas autoridades aduaneiras; coordenação transfronteiriça; Gestão de riscos; intercâmbio tecnológico; liberdade de circulação de bens e serviços e integração regional etc.[508]

Novamente ressalta-se que a celeridade nos trâmites administrativos[509] para liberalização da circulação de bens e serviços somente será alcançado se houver uma adaptação tecnológica, utilizando as ferramentas disponíveis na Internet, onde os procedimentos serão simplificados e o pagamento dos tributos devidos.

Dessa forma, será liberada a mercadoria ou o serviço com maior celeridade e eficiência, garantindo maior segurança jurídica e justeza.

Além disso, a utilização da tecnologia da Internet[510] poderá em muitas situações reduzir muito aos custos administrativos, portanto, haverá não só a maior celeridade, mas também atenderá ao princípio da economicidade nos trâmites administrativos.[511]

Neste momento será apurado se há ausência de qualquer infração grave ou repetida à legislação aduaneira e regras tributárias[512], controle de operações, a solvência financeira e o tipo de atividade empresarial, a com-

[507] Art. 2º do Trade part of the EU-Mercosur Association Agreement – CHAPTER CUSTOMS AND TRADE FACILITATION.

[508] Art. 2º do Trade part of the EU-Mercosur Association Agreement – CHAPTER CUSTOMS AND TRADE FACILITATION.

[509] Art. 4º do Trade part of the EU-Mercosur Association Agreement – CHAPTER CUSTOMS AND TRADE FACILITATION.

[510] Art. 18 do Trade part of the EU-Mercosur Association Agreement – CHAPTER CUSTOMS AND TRADE FACILITATION.

[511] A redução de custos administrativos constitui um dos objetivos do Acordo UE-Mercosul, vide: Art. 7º do Trade part of the EU-Mercosur Association Agreement – CHAPTER CUSTOMS AND TRADE FACILITATION.

[512] Art. 19 do Trade part of the EU-Mercosur Association Agreement – CHAPTER CUSTOMS AND TRADE FACILITATION.

petência comprovada ou qualificações profissionais relacionadas aquela atividade e normas de proteção e segurança adequadas.[513]

Destaca-se que todo e qualquer procedimento não pode contrariar ao princípio da igualdade e permitir o acesso as pequenas e médias empresas.[514]

Para implementação desses procedimentos, o acordo sinalizou a criação de uma "*Single Windows*", em que os blocos regionais devem depreender esforços para criar sistemas de janelas únicas.[515]

A criação de uma plataforma digital onde tanto as administrações fazendárias, quanto os contribuintes, possam armazenar dados e procedimentos, assim, além de tornar célere esse procedimento, haverá maior segurança e o almejado tratamento não discriminatório.

Destaca-se que a criação de uma plataforma digital única será essencial para que possa as pequenas e médias empresas acessar ao grande mercado que se inaugurará na integração entre esses dois blocos regionais.

Insta mencionar que os armazenamentos desses dados deveriam ser através do *cloud computing*, além de ser mais econômico, tornará o processo mais eficiente e célere.

Poder-se-ia utilizar a inteligência artificial[516] como o primeiro filtro para apurar o histórico das empresas e permitir a sua qualificação de forma objetiva, dessa forma facilitará a coordenação e comunicação entre as administrações fazendárias.

Por oportuno, aplica-se o princípio da transparência, isto é, devem ser transparentes: os procedimentos, a legislação, as consultas, as interpretações normativas, os formulários, o quanto devido de tributo e os custos administrativos e as restrições ou proibições de importação, exportação ou trânsito.[517]

[513] Art. 8º do Trade part of the EU-Mercosur Association Agreement – CHAPTER CUSTOMS AND TRADE FACILITATION.

[514] Art. 8º do Trade part of the EU-Mercosur Association Agreement – CHAPTER CUSTOMS AND TRADE FACILITATION.

[515] Art. 9º do Trade part of the EU-Mercosur Association Agreement – CHAPTER CUSTOMS AND TRADE FACILITATION.

[516] Guillermo Sanchez-Archidona Hidalgo. **La tributación de los servicios digitales y la conflictividad tributaria: entre una deficiente técnica legislativa y la imposibilidad de someter a gravamen los algoritmos y los datos**. Cronica Tributaria, Boletín de Actualidad 2/2012, pp 288. Fabio Luiz Gomes e Fabíola Vianna Morais. **Inteligência Artificial – Desafios Acerca do seu Estatuto Jurídico**. Fundamentos do Direito – Estudos em Homenagem ao Professor Francisco dos Santos Amaral Neto. Processo, 2021, pp. 617 e ss

[517] Cf. Art. 10 do Trade part of the EU-Mercosur Association Agreement – CHAPTER CUSTOMS AND TRADE FACILITATION.

Insta evidenciar que deve ser aplicado o princípio da confiança[518] de que as normas criadas pelos Estados membros, intrabloco e intrarregional devam ser dentro de um prazo razoável de modo a permitir que as empresas, consumidores, ou mesmo outros Estados possam adaptar os seus procedimentos ou mesmo outros atos necessários a permitir as transações intrarregionais sem que com isso sofra qualquer distorção concorrencial.

Como medida necessária para manter a aplicação do princípio da transparência mesmo após a liberação da mercadoria, deve ser feitas auditorias[519] constantes e de forma mais transparente possível, assim procurar-se-á evitar fraudes ou evasões fiscais.

A legislação inter-regional deverá uniformizar e definir procedimentos administrativos[520], não só para revisão de decisões das autoridades administrativas, mas também a possibilidade recursal, sempre atendendo ao princípio do devido processo legal.

A prestação de serviços transfronteiriça também foi objeto de discussão, isto é, de pessoas[521] de um Estado membro que exerçam atividade econômica em outro Estado membro.

Assim como nas transações de bens, há a aplicação do princípio da igualdade (não discriminação) entre os serviços prestados por pessoas (físicas ou jurídicas) que compõem os Estados membros, portanto, em serviços similares o tratamento fiscal e administrativo deve ser o mesmo.[522]

Nestes termos, evita-se a distorção na concorrência e que causaria grande impacto no território intrarregional.

Conforme constata-se, o conceito de prestação de serviço no âmbito intrarregional deve ser uniformizado, assim como nos blocos em si considerados, para que possa tangenciar o desenvolvimento das transações de serviços.

518 Cf. Art. 10 do Trade part of the EU-Mercosur Association Agreement – CHAPTER CUSTOMS AND TRADE FACILITATION.

519 Art. 13 do Trade part of the EU-Mercosur Association Agreement – CHAPTER CUSTOMS AND TRADE FACILITATION.

520 Art. 16 do Trade part of the EU-Mercosur Association Agreement – CHAPTER CUSTOMS AND TRADE FACILITATION.

521 Aqui o termo pessoas se refere as pessoas físicas e jurídicas, vide: Art. 2º do Trade part of the EUMercosur Association Agreement – TITLE XXX TRADE IN SERVICES AND ESTABLISHMENT.

522 Art. 4º, 3 do Trade part of the EU-Mercosur Association Agreement – TITLE XXX TRADE IN SERVICES AND ESTABLISHMENT.

Mais uma vez, no aspecto tributário, será necessária uma harmonização dos tributos indiretos no Mercosul para que possa o conceito de prestação de serviços coincidir com o utilizado no território intrarregional.

3.3. Harmonização dos tributos indiretos e a formação de uma concepção uniforme – normas regionais, intrarregionais e internacionais contratuais

Introdução

Considera-se essencial para o prosseguimento do desenvolvimento do comércio internacional de bens e serviços a harmonização do IVA, de modo que possa haver um tratamento tributário internacional uniforme, não somente atinente à aplicação da tributação no Estado de destino e no Estado de origem, mas sim o estabelecimento harmonizado.

Constata-se, portanto, que tanto nas transações sobre bens e serviços inter-regional entre a União Europeia e Mercosul, quanto nas transações extrablocos, a harmonização dos tributos indiretos será um ponto essencial.

Na relação Bloco/Bloco que forma um grande território – bi- continental formando um espaço de liberdade de circulação de bens e serviços, bem como a relação extrablocos, no cenário internacional, a harmonização fiscal dos tributos indiretos dentro do território dos blocos será um grande propulsor da expansão dessas transações. Assim como houvesse o prosseguimento em uma harmonização dos tributos indiretos no âmbito internacional.

Portanto, a formação desses blocos com a harmonização dos tributos indiretos, mesmo sem ambicionar uma política externa comum, simplificaria procedimentos, tornaria o sistema tributário dos Estados membros mais racionais, evitaria distorções na concorrência, adaptaria os seus sistemas às discussões sobre o comércio eletrônico etc.

Entende-se que somente seria possível essa harmonização inter-regional do IVA, caso haja também um tratamento uniforme dos conceitos de entrega de bens e prestação de serviços, que somente seria possível se esse processo vier a caminhar junto com a harmonização do direito dos contratos, ao menos, a formação de um quadro-comum dos contratos através de uma legislação uniforme.

Como se verá, a CISG (Convention on International Sale of Goods) representa uma conciliação entre os sistemas *common law* e *civil law*, na medida em que adota regras de ambos os sistemas jurídicos e poderá servir de modelo para sua implementação como norma interregional.

3.3.1. Contrato Internacional de compra e venda de mercadorias– CISG – *United Nations Convention on International Sale of Goods* de 1980[523]

3.3.1.1. Noções

A CISG (sigla em inglês de *Convention on fInternational Sale o fGoods*), aprovada em Viena, em1980[524], é um instrumento internacional de caráter vinculativo com 101 artigos e está em vigor na maioria dos Estados- Membros da União Europeia. Visa à eliminação dos obstáculos jurídicos às trocas internacionais e favorecer o desenvolvimento do comércio internacional.[525]

O Brasil veio a aderir a CISG recentemente, através do Decreto Legislativo nº 538/2012.

Essa adesão não só permitiu o primeiro passo da adaptação do Estado brasileiro no direito dos contratos no âmbito internacional, mas também ao desenvolvimento do Mercosul.

Como os Estados partes do Mercosul compõem o Tratado da CISG poderão caminhar para a harmonização dos direitos dos contratos no âmbito do Mercosul.

Em conclusão, nas transações de bens e serviços terão uma norma- quadro de direito dos contratos.

[523] Estão excluídos da aplicação da CISG os seguintes contratos:a) Venda de mercadorias compradas para uso pessoal, familiar ou doméstico, a menos que o vendedor, em qualquer momento anterior à conclusão do contrato ou na altura da conclusão deste, não soubesse nem devesse saber que as mercadorias eram compradas para tal uso; b) Compra e venda em leilão; c) Compra e venda em processo executivo.; d) Compra e venda de valores mobiliários, títulos de crédito e moeda; e) Compra e venda de navios, barcos, aerobarcos e aeronaves; f) Compra e venda de eletricidade. Contudo, a CISG dispõe de uma norma extensiva. Destarte, são considerados de compra e venda os contratos de fornecimento de mercadorias a fabricar ou a produzir, a menos que o contraente que as encomende tenha de fornecer uma parte essencial dos elementos materiais necessários para o fabrico ou produção

[524] A adoção da CISG em 1980 foi a culminação de cinquenta anos de trabalho que começou em 1929, quando o Instituto Internacional para a Unificação do Direito Privado,sob proposta do comparativista alemão Ernst Rabel, decidiu iniciar os estudos preparatórios com vista à elaboração de um lei uniforme para os contratos de vendas internacionais. (Cfr. BONELL, Michael Joachim. The Unidroit Principles of International Commercial Contracts and CISG – Alternatives or complementary instruments?In Uniform Law Review. Unidroit V. I, 1996-1, p. 27)

[525] Preâmbulo da Convenção.

O Tratado da CISG constitui referência normativa para os contratos internacionais entre signatários que representam aproximadamente 2/3 do comércio mundial.

De fato, representa um marco no processo de unificação legislativa internacional, porquanto foi adotada por unanimidade na Conferência das Nações Unidas sobre os contratos de compra e venda internacional de mercadorias da qual participaram representantes de 62 Estados e 8 organizações internacionais e foi ratificada por 45 países dos cinco continentes.[526]

Além disso, o êxito da Convenção é demonstrado pelo crescente número de decisões dos tribunais nacionais ou dos tribunais arbitrais que a aplicam[527] e pela influência que exerceu na elaboração da revogada Diretiva 1999/44/CE sobre a venda de bens de consumo e as garantias a ela relativas, substituída pela Diretiva (UE)2019/771, e na reforma do direito das obrigações alemão de 2001.

3.3.1.2. Extensão das normas da CISG

Em que pese não estabelecer regras quanto à validade dos contratos de compra e venda, cuida da formação deste contrato, direitos e obrigações do vendedor e do comprador, regras do cumprimento do contrato e incumprimento deste.

Dessa forma almeja-se eliminar obstáculos jurídicos às trocas internacionais[528] e promover o desenvolvimento do comércio internacional.[529]

No âmbito internacional, o princípio da igualdade consubstancia-se um dos princípios basilares no comércio internacional, assim busca-se desenvolver o comércio internacional e por conseguinte a concorrência internacional.

Observa-se que o desenvolvimento de um tratamento uniforme no que concerne ao direito contratual no âmbito internacional é indispensável para o comércio internacional.

Deve-se levar em consideração uma conceituação contratual uniforme e não se pode deixar de analisar um conjunto de problemas na formação do próprio contrato internacional[530].

[526] BONELL. The Unidroit..., op. cit., p. 26.

[527] droit..., op. cit., p. 26. 455

[528] Vide Eduardo Raposo de Medeiros. Economia Internacional. 7ª Edição. Instituto Superior de Ciências Sociais e Políticas, Lisboa, 2003.

[529] Vide terceiro considerando do Tratado de Viena.

[530] Para o estudo desses aspectos vide: António Carneiro da Frada de Sousa. Conflito de Clausulados e Consenso nos Contratos Internacionais. Universidade Católica Portuguesa: Porto, 1999.

No âmbito do direito contratual, o contrato de compra e venda, por ser o contrato mais celebrado, tem recebido especial atenção dos juristas e legisladores, sobretudo na Europa, no sentido de diminuir a disparidade existente entre os direitos nacionais a fim de incrementar o comércio internacional, as trocas transfronteiriças, através da redução dos custos de transação possibilitada por uma harmonização, uniformização, ou unificação do direito neste setor.[531]

Dessa forma, a presente convenção consubstancia-se em um direito geral da compra e venda internacional, servindo como referência para posteriores trabalhos de uniformização e harmonização do direito dos contratos.

3.3.1.3. Análise conceitual contratual dos contratos de compra e venda na CISG

A. Obrigações do comprador

O contrato de compra e venda internacional de mercadorias gera para o comprador a obrigação de pagar o preço e aceitar a entrega das mercadorias, nas condições previstas no contrato e na Convenção.

Em caso de incumprimento do comprador, pode o vendedor exigir-lhe o pagamento do preço e a aceitação da entrega das mercadorias, concedendo- lhe prazo suplementar para a execução, bem como pleitear indenização por perdas e danos decorrentes do atraso.

A resolução do contrato[532] só é permitida se a inexecução do comprador constituir uma violação essencial do contrato[533], ou se ele não cumprir a obrigação no prazo suplementar[534].

[531] Sobre tentativas de harmonização, uniformização e unificação do direito contratual e os trabalhos acadêmicos e legislativos sobretudo na União Europeia a esse respeito, vide MORAIS, Fabíola Vianna. "Aproximação do Direito Contratual dos Estados-Membros da União Europeia" (Renovar: RJ, 2007)

[532] Depende de notificação, nos termos do artigo 26.

[533] Por violação essencial do contrato entende-se a violação que causa à outra parte um prejuízo de tal monta que a prive substancialmente daquilo que era legítimo esperar do contrato, salvo se a parte faltosa não previu esse resultado e se uma pessoa razoável, com idêntica qualificação e colocada na mesma situação, não o tivesse igualmente previsto. (Artigo 25).

[534] Todavia nenhum prazo suplementar pode ser concedido ao comprador por um juiz ou por um árbitro quando o vendedor se tenha prevalecido de um dos meios de que dispõe em caso de violação do contrato.

Durante o referido prazo, o vendedor não pode prevalecer-se de qualquer dos meios de que dispõe em caso de violação do contrato (à exceção do direito de indenização pelo atraso da(s) prestação(ões)), salvo se tiver recebido do comprador uma notificação informando-o de que este não executaria as suas obrigações no prazo concedido.

A resolução não terá lugar, entretanto, se o comprador pagou o preço e o vendedor deixou de exercer o direito de resolução antes de ter sabido que a execução tardia teve lugar ou não exerceu o direito de resolução num prazo razoável a partir do momento em que o vendedor teve ou deveria ter tido conhecimento da violação do contrato, ou após o decurso de qualquer prazo suplementar concedido pelo vendedor ou depois de o comprador ter declarado quer não cumpriria as suas obrigações.

A transferência do risco para o comprador se opera, em regra, quando ele tomar conta das mercadorias ou, se não o fizer na altura devida, a partir do momento em que as mercadorias são postas à sua disposição.

Solução diversa, porém, existe para a hipótese em que o contrato implicar um transporte de mercadorias a não cargo do vendedor, caso em que o vendedor só responde até a remessa das mercadorias ao primeiro transportador.

B. Obrigações do vendedor

Inicialmente, cumpre ressaltar, que são obrigações do vendedor: a. Entrega das mercadorias; b. Entrega dos documentos, se for caso disso e c. Obrigações adicionais se envolver transporte: identificar as mercadorias, escolher adequadamente os meios de transporte, fornecer as informações necessárias à subscrição de uma apólice de seguro por parte do comprador.

O lugar da entrega das mercadorias é via de regra o convencionado, ou quando implicar um transporte das mercadorias ficam entregues quando o primeiro transportador as recebe do vendedor (lugar do envio); à disposição do comprador, ou no domicílio do devedor.

3.3.2. Elemento de conexão entre a Harmonização Fiscal[535] e a Harmonização Contratual Internacional (CISG)

Observa-se que a Convenção da CISG direciona aos Estados um direito contratual geral nas transações internacionais entre pessoas que tenham

[535] Vide: HARRIS, Peter. Income Tax in Common Law Jurisdictions – from the Origins to 1820.Cambridge Tax Law Series: 2006.

estabelecimento em Estados diferentes signatários da Convenção ou cujo direito internacional privado do Estado do foro remeta à aplicação da CISG

As normas da CISG destinam-se primordialmente a transações comerciais, contudo, estender seus conceitos para transações e B2C e B2G[536]

Obviamente, quanto mais houver transações contratuais mais haverá também necessidade de uma harmonização fiscal.

Denota-se, como necessária, o caminhar junto conceitualmente, esses dois ramos do direito, o direito fiscal e direito privado.

Ainda que tenha um caráter subsidiário, o direito fiscal não pode se furtar da utilização dos conceitos de direito privado.

Um caminhar junto, harmônico, utilizando-se de normas internacionais que vêm influenciando os direitos internos dos Estados seria extremamente possível e necessário para que se possa haver uma harmonização fiscal, sobretudo, do IVA e do IR, em âmbito internacional.

A CISG pode ser um embrião não só da harmonização do direito dos contratos, mas também da harmonização fiscal.

Portanto, nas transações que envolvam entrega de bens e prestação de serviços, institutos com um condão contratual inerente, poder-se-ia, como se disse, ainda que em caráter subsidiário, estabelecer um fio condutor, um liame, entre o direito fiscal e direito privado internacional

Essa grande harmonização fiscal e contratual permitiria o desenvolvimento das transações regionais, intrarregionais e internacionais, criando, assim, um grande espaço econômico adaptado às necessidades atuais de circulação de pessoas, bens e serviços.

Ademais, os sistemas jurídicos estão obsoletos às necessidades atuais e uma harmonização fiscal do IVA em conjunto com o desenvolvimento de normas contratuais tornaria os sistemas jurídicos mais vibrantes e atuais, assim, não representariam mais entraves concorrenciais e econômicos aos verdadeiros destinatários dessas normas, o homem.

[536] B2C é a empresa e o consumidor, e B2G é a empresa e o Governo.

3.4. Tratados internacionais multilaterais – formação de blocos regionais – acordo interregional – desafios da interpretação semiótica – perda do sentido literal das concepções das normas tributárias

Introdução

3.4.1. Signo linguístico[537]

O significado das palavras é um fato linguístico[538], ou seja, um fato semiótico, dessa forma não há significado sem signo.

O significado de um signo não é mais que sua tradução para outro signo que lhe pode ser substituída e segundo Santo Agostinho: "...que o nome significa a si mesmo junto com os outros nomes que significa.."[539], e conclui: "Chegamos, portanto, àqueles sinais que significam a si mesmos e, com inteira reciprocidade, um significa o outro, ou seja, os seus significados reciprocamente se significam, de forma que o que este significa também aquele significa e vice-versa, diferenciando-se entre si apenas pelo som..."

Esse signo representa uma proposição de uma situação possível, uma representação de um pensamento, uma relação projetiva com o mundo.[540]

Assim, essa proposição é articulada, exprimem fatos, uma expressão[541], deve estabelecer de forma lógica a realidade.

Observa-se, portanto, que a perspectiva da distribuição significativa pode variar de um intérprete para o outro, o que pode acarretar contradições terminológicas.[542]

Para diminuir essa abstração estabelecem-se critérios principiológicos hermenêuticos de modo que haja uma aproximação dos significados.

[537] Vide: O Direito e sua Linguagem. Luis Alberto Warat com a colaboração do Leonel Severo Rocha. 2ª Edição Aumentada. Editora Sergio Antonio Fabris: Porto Alegre, 1995, p. 19 e ss.

[538] Termo utilizado por Roman Jakobson, Linguística e Comunicação. Cultrix, São Paulo, 1970, p. 63

[539] Santo Agostinho. "De Magistro". RM, 11, 4ª Edição, pp. 305 e ss.

[540] Cf. Ludwig Wittgenstein. TractatusLógico-Philosophicus. Biblioteca Universitária – Série – Filosofia, Vl. 10. Tradução e Apresentação de José Arthur Giannotti. Companhia Editora Nacional – Editora da Universidade de São Paulo: São Paulo, 1961, p. 62.

[541] Wittgenstein esclarece:"A expressão é tudo que, sendo essencial para o sentido da proposição podem ter em comum entre si." Tractatus..., p. 65.

[542] Vide: BARTHES, Roland. Elementos da Semiologia. 19ª Edição. Cultrix:São Paulo, 2012, pp. 48 e ss.

3.4.2. Semiótica e as normas jurídicas tributárias

Numa interpretação semiótica[543] deve ser levada em consideração a figura do leitor por constituir a busca da *intentio operis*, isto é, daquele destinatário da norma.

As normas jurídicas estabelecem padrões de comportamento atribuindo-lhes valor, onde esses comportamentos são qualificados como obrigatórios ou permitidos.

Dessa forma, aos destinatários da norma são exigidos observância, pois a linguagem inclui-se entre as instituições humanas resultantes da vida em sociedade.

Observa-se, portanto, que os sistemas jurídicos utilizam uma linguagem constitutiva ou mesmo declaratória comportamental.

Segundo Paulo de Barros: "Projeta-se sobre o campo social, disciplinando os comportamentos intersubjetivos com seus três (e somente três – lei do quarto excluído) operadores deônticos (obrigatório, permitido e proibido) e canalizando as condutas em direção aos valores que a sociedade que ver implantados."[544]

Além disso, esses comportamentos intersubjetivos estabelecidos nessas normas, aqui consideradas as normas tributárias, não podem prescindir da ética e da moral, essas normas devem ocupar-se em estabelecer uma tributação justa-racional.[545]

Obviamente, o Estado não existe sem uma tributação[546], contudo, deve buscar essa tributação através de normas que não anulem ou desprezem o destinatário dessas normas, o intérprete, aquele que efetivamente vai pagar o tributo.

[543] Umberto Eco distingue a interpretação semântica ou semiósica e interpretação semiótica: "La interpretación semântica o semiótica es el resutado del processo por el cual destinatário, ante la manifesción lineal del texto, lallena de significado. La interpretación crítica o simiótica es, en cambio, aquella por la que se intenta explicar por qué razones estructurales el texto puede producir essas (u otras, alternativas) interpretaciones semânticas."
Los limites de la Interpretacion. Umberto Eco. Gruppo EditorialeFalbi, Bompiciani: Milán, 1990.

[544] BARROS, Paulo de Barros. Interpretação e Linguagem. Concessão e delegação de serviço público. In Revista Trimestral de Direito Público, nº 10, p. 81.

[545] TIPKE, Klaus. Moral. Tributaria del Estado y de los contribuyentes (BesteuerungsmoralundSteuermoral). Tradução Pedro M. Herrera Molina. Marcial Pons, Ediciones Jurídicas y Sociales, S. A.: Madrid Barcelona: 2002, pp. 25 e ss.

[546] NABAIS, José Casalta. O Princípio da Legalidade Fiscal e os Actuais Desafios da Tributação. Volume Comemorativo do 75° Tomo do Boletim da Faculdade de Direito (BED), pp. 1059 e ss.

Neste sentido, os estudos da semiótica estabelecida em normas jurídicas permitem adequar essas normas ao princípio da confiança, assim, os destinatários da norma (contribuintes) diminuiriam a margem de indeterminação[547], delimitando de forma mais justa o sentido literal da norma.

Normas transparentes, com regras claras, com o referencial voltado ao destinatário, facilita ao contribuinte o atendimento ao princípio da cooperação[548] – dever de cooperar com as administrações fazendárias.

Pode-se exigir do contribuinte um comportamento fiscal adequado quando essas normas são criadas de forma justa-racional[549], dessa forma, estabeleceria a função ordenadora de manter o equilíbrio na relação entre o fisco e o contribuinte.

3.4.3. Semiótica dos conceitos tributários

Os conceitos estabelecidos em normas tributárias devem ter como fundamento o princípio da adequação à realidade[550] – o caráter dimensional dessa norma, e ainda, estar de acordo (familiarizado) com a sociedade a que se destina.[551]

Dessa forma, a interpretação do direito fiscal encontra muitas dificuldades na definição dos conceitos tributários.

Agrava-se a situação se considerarmos que o intérprete produz decisões individuais[552].

Portanto, não há como furtar-se da utilização dos conceitos do direito privado, pois além da tradição – origem romana, estar-se-ia mais próximo da realidade do intérprete e, portanto, mais adequado.

As variáveis restariam indetermináveis quanto mais distantes daquele a quem se destina essa norma, isto é, o contribuinte.

Buscar interpretações econômicas geraria um alto grau de indeterminação, sobretudo em conceitos já consagrados socialmente.

[547] Segundo Julien Guez: "La première considère l'acte d'interpréter comme une opération de connaissance. C'est um travail purement rattionnel qui a por but de découvrira signification d'um énoncé à l'aide du raisonnement juridique. Le pustulatus-jacent est celui de l'aide d'une interprétation unique." Julien Guez. L'Interprétation em Droit Fiscal. L.G.D.J., p. 4

[548] Campos, Diogo Leite de e Campos Mônica Horta Leite de. Direito Tributário. Editora Almedina: Coimbra, p.

[549] Campos, Diogo Leite de. O Sistema Tributário no Estado dos Cidadãos. Editora Almedina: Coimbra, 2006, pp. 99 e ss.

[550] Tipke, Klaus. Moral Tributaria do Estado....., p. 30.

[551] Vide Klau Larenz. Metodologia da Ciência do Direito....

[552] Vide JulienGuez. L'Interprétation en Droit Fiscal. L.G.D.J, p. 3.

Portanto, as normas tributárias devem ser criadas visando à compreensão dos seus destinatários.

3.4.5. Desafios lingüísticos – formação das normas fiscais internacionais e de integração

Ressalta-se, conquanto, ao traduzir uma língua para outra, substituem- se mensagens em uma das mensagens inteiras de outra língua.

Essa tradução configura-se em um discurso indireto, portanto o tradutor recodifica e transmite uma mensagem recebida de outra fonte.

Assim, a tradução envolve duas mensagens equivalentes em dois códigos diferentes.[553]

Verifica-se que a prática e a teoria da tradução configuram muitos problemas complexos, fazem-se tentativas de cortar o nó górdio, proclamando o dogma da impossibilidade da tradução.[554]

As línguas diferem essencialmente naquilo que devem expressar e não naquilo que podem expressar.[555]

Há a participação de todos os Estados-membros na formação das normas comunitárias, contudo, os desafios linguísticos são intransponíveis, ainda que essas normas sejam transpostas, ainda que tenham sido idealizada s em conjunto, ao serem internalizadas altera-se o conteúdo semântico- normativo.

Não haverá uma forma de interpretação, surgem conflitos interpretativos, ou simplesmente haveria somente uma preocupação macro- interpretativa, para as grandes questões, restando ao dia a dia, aos destinatários cotidianos, um alto grau de indeterminação dos conceitos, que somente poderia suprir de acordo com suas experiências, com os conceitos de direito privado interno.

Dessa forma, perderia o foco, O objetivo, o próprio fio condutor, o prosseguimento da harmonização tributária – ponto fulcral do Desenvolvimento Internacional.

O processo de harmonização é um processo contínuo, na medida em que a sociedade avança é necessário também que seja desenvolvido o direito

[553] 1 Cf. Jakobson, p. 65

[554] Jakobson exemplifica:"Para traduzir corretamente a sentença inglesa 'I hired a worker' ("Contratei (- ava) um operário/uma operária), um russo tem necessidade de informações suplementares – a ação foi completada ou não? O operário era um homem ou uma mulher? – porque ele deve escolher entre um verbo de aspecto completivo ou não completivo – nanjal ou nanimal – e entre um substantivo masculino ou feminino rabotnika ou rabtnicu."

[555] Cf. Jakobson, p. 68.

de internacional, essa dinâmica não pode ser interrompida, sob pena de estagnação, ou mais, de regressão.

Entende-se que o desafio conceitual seja o ponto central do desenvolvimento do direito tributário no âmbito internacional, intracomunitário e interno dos Estados.

Nos conceitos questionam-se as interpretações, a aplicação das normas antielisivas, os novos paradigmas, a delimitação de justiça tributária (princípios de isonomia).

No processo de integração entre blocos regionais, como é o caso do Acordo entre a União Europeia e o Mercosul, o desafio passa a ser maior ainda, haja vista a quantidade de Estados envolvidos.

No Mercosul são duas línguas adotadas, contudo, como visto acima, os signos linguísticos envolvem diversos outros fatores que não a só tradução interpretativa, o aspecto cultural, o aspecto político, o aspecto filosófico etc.

E o desafio se torna maior ainda quando falamos da União Europeia, aqui são 24 (vinte e quatro) idiomas e com todas as nuances acima.

Apesar dos Estados membros do Mercosul possuírem origens linguísticas da Europa, nomeadamente o Português e o Castelhano, muitos ingredientes foram acrescentados.

No Mercosul os Estados sofreram muitas influências indígenas latino-americanas e africanas, incorporando em si toda a carga cultural desses povos, passando a ser um só.

Posto isto, será necessário fixar normas-quadro de modo a não gerar inconsistências entre as interpretações normativas entre os Estados membros dos dois blocos regionais

E os dois polos essenciais para chancelar o processo de integração: a harmonização dos tributos indiretos e a harmonização do direito dos contratos.

Os conceitos de transações de bens e serviços – transação, bem e serviço, muitas vezes essas normas tributárias e aduaneiras buscarão socorro em normas do direito privado.

E se não houver normas-quadro que uniformizem esses conceitos gerara confusões inescusáveis, além do risco de discriminação entre as empresas dos Estados membros, danos aos consumidores e, por fim, aos Estados membros, este último com perdas de receitas fiscais.[556]

[556] Em razão da confusão normativas seriam excluídas diversas empresas dessa ambiente interregional, principalmente as pequenas e médias empresas, ou por empresas se utilizarem desse camaleão ncaormativo para não pagar tributos.c

A harmonização do direito dos contratos, por ter uma origem comum, isto é, o direito romano, esse direito já está incorporado nos ordenamentos jurídicos dos Estados membros, contudo em razão de todos os fatores apontados, para não restar dúvidas e minorar as imprecisões, essa harmonização fixar um quadro normativo que servirá de parâmetro entre todos os ordenamentos jurídicos dos Estados membros.

Já o direito tributário, ao se socorrer aos conceitos do direito privado, buscará nessas normas-quadro a extensão normativa desses conceitos.

Obviamente, caso haja uma previsão legal tributária esta prevalecerá – princípio da reserva legal, do contrário, poderá se utilizar dos conceitos do direito privado e essas normas-quadro delimitará a sua extensão.

3.5. Imposto sobre valor acrescentado[557] como tributo harmonizador nas relações internacionais e o desenvolvimento do comércio internacional – premissa para um tratado intrarregional

3.5.1. Configuração do IVA como tributo internacional – "*Big Bang*" do terceiro milênio – fronteiras e princípio da territorialidade – soberania fiscal

3.5.1.1. Tributos harmonizadores diretos e indiretos – imposto de renda[558] e imposto sobre o valor acrescentado[559]

Conforme acima explicitado, a soberania fiscal delimita fronteiras fiscais dos Estados, contudo, observa-se que faz-se necessário buscar tributos

557 Uma análise comparativa do IVA vide:Alan Schenk e Oliver Oldman. Value Added Tax – A Comparative Approach. Cambridge Tax Law Series: New York, 2007, pp. 58 e ss. Vide também: Loris Tosi e Roberto Baggio. Lineamenti di Diritto Tributario Internazionale. Quarta Edizione. Cedam:2013, pp. 151 e ss.. Vinte Anos de Imposto sobre o Valor Acrescentado em Portugal: Jornadas Fiscais em Homenagem ao Professor José Guilherme Xavier de Basto. Tributação do Valor Acrescentado. Paulo de Pitta e Cunha. Almedina: Coimbra, pp. 101 e ss. Tributação Indireta nas Economias em Desenvolvimento. John Due. Tradução Camila Perret. Editora Perspectiva: São Paulo.

558 Vide Gomes, Marcus Lívio. Reforma Tributária e a Tributação da Economia Digital: Aspectos Internacionais e Nacionais. Reforma Tributária – Tributação, Desenvolvimento e Economia Digital. Coordenador Fabio Luiz Gomes. Editora Almedina: São Paulo/Coimbra, 2022, pp. 265 e ss.

559 Interessante consideração é que o Imposto sobre a Renda tem origem no Reino Unido em 1799, enquanto, o IVA, é bem mais recente, foi criado pelo Alemão W. Von Siemens, em 1919, e, implantado na França. Vide: Amaral, Antônio Carlos Rodrigues. O Direito Tributário no Mercosul. Ives Gandra da Silva Martins (Coord.). Forense: Rio de Janeiro, 2000, pp. 42 e ss.; Philippe, Jean-Jacques. La TVA à l'heureEuropéenne. Litec: Paris, 1996.

harmonizantes, como forma de permitir o desenvolvimento do comércio internacional, intrabloco e interno de cada Estado.

Portanto, deve-se buscar determinar/desenvolver normas tanto na tributação direta (Imposto de Renda[560]), quanto na tributação indireta (IVA), não apenas na definição econômica, mas também estabelecer princípios norteadores.

Dessa forma, os Estados adaptariam os seus sistemas jurídicos internos de acordo com as diretrizes estabelecidas.

Portanto, a extensão da jurisdição fiscal de cada Estado restaria adaptada para o desenvolvimento das transações de bens e serviços de modo de garantir a neutralidade fiscal[561].

Essas diretrizes devem buscar não só o sentido formal (adoção de um IVA em todos os Estados), mas também no sentido material – através dos mesmos princípios e sistema estabelecidos nestas diretrizes, aqui o núcleo do fato gerador deve ser incluído como objeto de estudo.

A simplificação tributária permitiria uma maior transparência das transações internacionais, facilitaria e permitiria uma maior comunicação entre as fazendas fiscais dos Estados – um maior controle e assim evitando sonegações, fraudes e evasões fiscais de grandes proporções (ou ao menos restaria mais difícil), garantiria uma maior isonomia fiscal, o desenvolvimento concorrencial- na medida em que esses tributos causariam menor distorção no mercado internacional; uma adaptação maior a realidade atual – nomeadamente o crescimento vertiginoso que proporcionou o comércio eletrônico.

Esses itens serão desenvolvidos posteriormente.

3.5.1.2. Harmonização fiscal – desafios na gestão e administração fiscal dos Estados

A tributação possui origens muito antigas, não sendo, portanto, possível delimitar um momento histórico e um local onde, com um mínimo rigor, o seu aparecimento possa ser circunscrito.[562]

[560] Gomes, Marcus Lívio. Reforma Tributária e a Tributação da Economia Digital: Aspectos Internacionais e Nacionais. Reforma Tributária – Tributação, Desenvolvimento e Economia Digital. Coordenador Fabio Luiz Gomes. Editora Almedina: São Paulo/Coimbra, 2022, pp. 265 e ss.

[561] Vide Fabio Luiz Gomes. Princípio da Neutralidade Aplicado ao IVA e ao ICMS. Garantias dos Contribuintes no Sistema Tributário... pp. 171 e ss.

[562] Cf. Teoria Fiscal. J. Albano Santos. Instituto Superior de Ciências Sociais e Políticas: Lisboa, 2013, pp. 15.

Constata-se que todos os Estados são sustentados regularmente através da tributação, portanto, historicamente a cobrança de impostos em moldes permanentes teve de ser precedida do conveniente desenvolvimento da produtividade econômica.[563]

Desde as primeiras civilizações, a administração fiscal teve que ser composta por funcionários dotados de poderes para cobrar os contribuintes.

Como é evidente, a natureza dessa cobrança de tributos por parte das administrações tributárias, mudou-se muito ao longo da história humana.

Ao longo das últimas décadas passou-se a utilizar crescentemente tributos sobre o consumo, ao exemplo do IVA.

Através do desenvolvimento impulsionado pela globalização, o comércio internacional de bens e serviços ganhou uma nova dimensão e relevância.

Leva-se em consideração, inclusive, que as empresas transnacionais que realizam essas transações e que, portanto, a tributação não se restringe dentro do território das suas jurisdições fiscais.

Observa-se que a crise internacional iniciada em (com repercussão global) 2007 exige mudanças profundas nos paradigmas, com especial atenção à reformação das políticas fiscais dos Estados, nomeadamente a administração tributária.

Para tanto, obriga-se a criação de novas instituições e mecanismos institucionais.

Constata-se que uma maior comunicação entre as administrações fazendárias entre os Estados, com regras claras e factíveis.

Neste momento, há ainda diferenças significativas entre os tributos internos de cada Estado, ainda que muitos deles já adotem um modelo de tributação indireta sobre o valor acrescentado.

Ainda assim, há muitos conceitos, fundamentos, classificações impõem diferenças entre os vários Estados.

Verifica-se, portanto, ser de grande entrave para o desenvolvimento do mercado internacional – além de estar completamente ultrapassado conceitualmente, com uma tributação racional, que não sejam meramente pautadas em soberania fiscal de cada Estado.

Em 2002, foi iniciado um diálogo fiscal internacional (InternationalTax Dialogue – ITD) pelo Fundo Monetário Internacional (FMI), a Organização

[563] Teoria Fiscal. J. Albano Santos..., p. 27.

para a Cooperação e Desenvolvimento Econômico (OCDE) e o Banco Mundial, com o objetivo de reunir as principais organizações internacionais ativas no domínio fiscal para buscar mecanismos para atender essa nova realidade[564]. Ressalta-se que a Comissão Europeia (CE) tem sido um participante ativo desde 2007.[565]

Objetiva-se incentivar o diálogo entre os Estados na busca, assim, de um conhecimento global entre os países. Para atender essas metas o ITD realiza conferências bienais fiscais globais a que todos os países são convidados.

Esse diálogo constante visa atingir como um dos principais objetivos às muitas autoridades fiscais, expondo os problemas decorrentes do mundo globalizado.

O IVA impõe uma maior eficiência administrativa e receita, daí o seu sucesso globalizante. Atualmente 120 países no mundo adotam (com inúmeras variações) o IVA[566] como modelo de tributação indireta.[567]

Atualmente existem muitos Estados que adotam o modelo federativo, em razão da divisão entre entes federativos acaba por impor um enorme desafio interno no sentido de implementação e gestão dos tributos indiretos.[568]

Essa administração fiscal interna em Estados federados gera reflexos imediatos nas transações internacionais de bens e serviços, o que acaba

[564] Vide: International Tax Dialogue – Key issues and Debates in VAT, SME taxation the tax treatment of the financial sector. Ed. By Alan Carter.
www.itdweb.org .

[565] International Tax Dialogue – Key issues and..., p. 6.

[566] Vide: Worldwide Corporate Tax Guide, 2015, EY Building Working World. (http://www.ey.com/Publication/vwLUAssets/Worldwide_corporate_tax_guide_2015/$FILE/Worldwide%20Corporate%20Tax%20Guide%202015.pdf)

[567] Nos EUA há propostas para se estabelecer a implantação de um IVA de âmbito nacional, contudo, existem grandes oposições, com o argumento de que o IVA é um tributo regressivo. O tributo indireto adotado em grande parte dos Estados é um tributo monofásico retalhista – saletax.
Para melhor aprofundar as propostas nos EUA para implantação de um IVA vide: Value Added Tax a Moldel Statute and Commentary – A Report of the Committee on Value Added Tax of the American Bar Association Section of Taxation . Alan Schenk. American Bar Association Section of Taxation: 1989.

[568] Países como Brasil (será posteriormente analisado) e Índia possuem problemas internos para implementação de um imposto sobre valor acrescentado, seja por razões constitucionais, seja por razões políticas. Também nesta linha, os EUA, como já mencionado também impõe grandes resistências a implementação de um IVA, que, como se disse, possuiria um caráter regressivo.

por dificultar também um processo que permita uma gestão administrativa em transações de exportação ou importação.

Rege-se para adoção de IVA internacional deve ser considerado que a estrutura interna das empresas deve estar sofisticadas o suficiente para que possa efetuar o seu pagamento.

Neste sentido, deve se buscar maneiras de simplificar, ou adotar critérios diferenciados para pequenas empresas, dessa forma, poder-se-ia agendar a eficiência da sua implantação e possibilitar o seu desenvolvimento para um mercado internacional.[569]

Consubstancia-se que uma administração fiscal eficiente culminada com uma tributação justa não geraria as receitas necessárias para os Estados, mas permitiria o desenvolvimento econômico em âmbito mundial.

Verifica-se, assim, uma forma eficiente de combater a fraude fiscal com dimensões internas e internacionais.

Dificulta-se a gestão fiscal do IVA por envolver o método crédito-imposto, com direito a restituição do tributo pago nas operações anteriores.

A gestão administrativa dessa espécie de tributo envolve um conhecimento técnico específico, além de exigir um controle amplo das transações realizadas.

Contudo, apesar dessas dificuldades encontradas acima, o quadro atual, com diversas espécies de tributos indiretos (mesmo aqueles que adotam o IVA, possuem diversas variações entre os modelos adotados) praticamente inviabiliza um controle, a gestão, a administração internacional das transações de bens e serviços.

Somente há essa possibilidade de forma efetiva quando, de fato, houver uma maior harmonização, entre os tributos diretos e indiretos (na hipótese em questão, os tributos indiretos, nomeadamente o IVA), para que as administrações possuam meios para implementar tratamentos e procedimentos aduaneiros equânimes.

Essas diretrizes devem ser aprofundadas e não só influenciarem, mas como efetivamente serem desenvolvidas em conjunto com os Estados, de modo que essas premissas/regras/princípios sejam harmonizadas dentro do sistema jurídico interno de cada país.

[569] Vide: International Tax Dialogue – Key issues and Debates in VAT, SME taxation the tax treatment of the financial sector. Ed. By Alan Carter. www.itdweb.org , p. 3.

Portanto, qualquer iniciativa de organizações internacionais no sentido de haver maior comunicação entre as autoridades fiscais, de modo a evitar evasões fiscais, será inócua.

Superada essa etapa, como se verá mais à frente, outros desafios surgiram, que não só envolveriam aspectos tributários, mas também a harmonização do direito contratual, portanto, os conceitos do direito privado.

3.5.1.3. Natureza das leis fiscais internacionais frente ao desafio do "*big bang*" globalizante – formação inter-regional – delimitação do fato gerador do IVA

As normas fiscais, assim como as demais normas, com essa nova onda de transformações que se iniciaram no século 20, estabelecem uma movimentação constante e com maior liberdade de circulação de pessoas (natural e empresas), bens e serviços, de diversos Estados.

Dessa forma, são necessárias profundas mudanças, inclusive tributárias, pois regras complexas, obscuras e inconsistentes tornariam impossíveis o desenvolvimento do comércio internacional – dadas as incertezas e os custos que representariam as empresas e seria um grande limitador a concorrência internacional.

Não há padrões absolutos, contudo, deve-se buscar um referencial, uma relação de conexão entre as normas jurídicas entre os Estados, neste sentido o direito fiscal pode exercer uma função essencial para esse desenvolvimento.

Neste sentido, o grande desafio atual consubstancia-se na territorialidade, isto é, as fronteiras entre os Estados e a forma de regulamentação internacional de fenômenos já existentes.

3.5.1.4. Redefinição da territorialidade internacional – desenvolvimento da tributação indireta – IVA

De acordo com o princípio da territorialidade a soberania fiscal pertence a cada Estado.

O Imposto sobre Valor Acrescentado – IVA configura-se um tributo com grande crescimento no comércio internacional de bens e serviços, expande-se rapidamente em uma economia globalizada, como dito acima, junto com o imposto de renda – IR[570], o IVA é um tributo globalizante/globalizado.

[570] GOMES, Marcus Lívio. Reforma Tributária e a Tributação da Economia Digital: Aspectos Internacionais e Nacionais. Reforma Tributária – Tributação, Desenvolvimento e Economia Digital. Coordenador Fabio Luiz Gomes. Editora Almedina: São Paulo/Coimbra, 2022, pp. 265 e ss.

Os sistemas jurídicos dos países estão a desenvolver uma maior interação entre os seus tributos, neste sentido, destaca-se o IVA.

Constata-se que já existem muitos países que adotam o IVA no seu ordenamento jurídico interno, contudo devem ser estabelecidos parâmetros internacionais através de diretrizes, para que não haja diferenças estruturais entre estes sistemas, de modo que isso possa impedir que sejam evitadas distorções na concorrência internacional

Ainda há pouca literatura que venha a desenvolver a importância de uma maior sistematização entre os sistemas jurídicos dos Estados, todavia, faz-se necessário essa reformulação tendo em vista a nova noção de soberania fiscal redesenha em todo mundo.

Muitos países ainda fazem opção pelo modelo de tributo indireto monofásico, contudo, demonstra-se que o modelo plurifásico de valor acrescentado tipo-consumo é o modelo mais adequado para os objetivos internos e internacionais.

3.5.2. Conclusão

Destaca-se que a ocorrência de uma harmonização fiscal dos tributos indiretos no âmbito do Mercosul facilitará o Acordo de Livre Comércio com a União Europeia e permitirá uma possível harmonização fiscal dos tributos indiretos entre os dois blocos, como já ressaltado, mesmo que não se avance para uma pauta externa comum – uma União Aduaneira.

Apesar de nos documentos firmados entre a União Europeia e o Mercosul não demonstrarem essa vontade, ao menos nesse momento, posteriormente, aquando do avanço nesse processo de integração, será necessário o estudo e a sua implementação.

Tudo isso resta mais evidente quando nos estudos acima dos documentos entre os dois blocos destacam diversos princípios norteadores para o avanço do acordo, dentre eles: o princípio da igualdade tributária; o princípio da celeridade, economicidade e eficiência na gestão administrativa aduaneira e fiscal; o princípio do tratamento diferenciado às pequenas e médias empresas etc.

Na conjugação de todos estes princípios não só torna possível, mas necessária uma harmonização fiscal dos tributos indiretos, para que possa coadunar com todos eles e tangenciar a possibilidade de transações de bens e serviços no âmbito dos dois blocos regionais.

3.6. Transações de bens e serviços no direito tributário internacional e a tributação através do imposto sobre valor acrescentado – IVA – destaques para o desenvolvimento das transações de bens e serviços no comércio interregional entre a união europeia e o Mercosul

3.6.1. Noções

No início do Terceiro Milênio (século 21) vive-se uma revolução tecnológica. Os progressos alcançados na elaboração e transmissão de informações através de dados eletrônicos, a "era digital"[571] estabelece uma espécie de consciência coletiva, revolucionou as relações humanas em todos os setores.

Essa revolução influencia perspectivas políticas, econômicas, sociais etc, ampliando de forma significativa os conceitos do direito privado e público, estabelecendo um mercado concorrencial de amplitude mundial, com fronteiras fragmentárias, estabelecimentos empresariais virtuais e transações de bens e serviços todos realizados via eletrônica.

No campo da tributação, os Estados buscam não só evitar a evasão[572] fiscal, mas mecanismos que permitam o desenvolvimento do comércio internacional, já potencializado, dessa nova forma através do comércio eletrônico.

Assim, o comércio eletrônico impõe mudanças em todos os setores, nomeadamente nos sistemas tributários.

As transações de bens e serviços através de meios digitais faz parte de um processo de transformação profunda, e, nesse início do terceiro milênio, com a crise ocasionada pelo vírus COVID-19[573], esse processo está acelerando em proporções ainda não mensuráveis.

[571] McLure demonstra essa evolução histórica em três fases:"Una primera fase, la de lap reimpresión o pre-Gutenberg, se refiere al período anterior a la invención de la imprenta. La segunda fase, la de la impresión, sigue al descubrimiento de la energía eléctrica pero precede al empleo de la energía eléctrica y a las numerosas invenciones derivadas de ella. A nuestro fines, estas puedem ser combinadas en una sola, lap reeléctrica. La tercera fase esla eléctrica/analógica: sigue al descubrimiento de la energía eléctrica pero antecede a la comunicación ampliamente difundida de las informaciones digitalizadas, o sea, el meollo del moderno comercio electrónico." MCLURE, Charles and CORABI, Giampaolo.La Tributación sobre el comercio electrónico: objetivos económicos, restricciones tecnológicas y legislación tributaria. Depalma:2000, Buenos Aires.

[572] CÉSAR GARCÍA NOVOA. *La conflictividad en los delitos y en las infracciones tributarias.* DOCUMENTOS DE TRABAJO 11/2019 VII Encuentro de Derecho Financiero y Tributario "Una estrategia global al servicio de la reducción de la conflictividad en materia tributaria" CRISTINA GARCÍA-HERRERA BLANCO (coordinadora) Instituto de Estudios Fiscales.

[573] O Estado Sanitário – A pessoa e seus direitos no Estado Constitucional de Exceção – Reflexões sobre a crise sanitária mundial. Hamilton Sarto Serra de Carvalho e Diogo Leite de Campos. Editora Autografia: Barcelona: 2021, p.76 e ss.

Essa realidade nova impõe transformações nos sistemas jurídicos dos Estados e no âmbito internacional.

Inicialmente gera como consequência a não tributação por falta de regulamentação efetiva, uma perda enorme de receita, deslocamento de grandes empresas para os locais com menor ou inexistente cargas tributárias e distorções na concorrência internacional onde o direito tributário passa a ser um mecanismo concorrencial.[574]

Portanto, no direito fiscal, o IVA poderá ter um papel protagonista, não só por gerar uma grande receita fiscal, mas por ser um tributo globalizado, assim um processo de harmonização fiscal restará facilitado.

No que concerne a tributação de produtos digitais, também será necessária uma coordenação das administrações fiscais de modo em que elas possam trocar informações e evitar a evasão ou fraude fiscal[575].

Como sabido, a esse progresso digital vem mudando, sobretudo, o setor varejista, convertendo bens materiais em bens imateriais (digitais).

Observa-se que há uma mudança comportamental do consumidor, antes a sua presença física era imprescindível, atualmente não, já se pode adquirir bens e serviços em plataformas digitais, conferindo, assim, um maior dinamismo nessas transações.

Em 2019, a OCDE, projetou que as transações digitais consumidores/empresas (B2C) movimentariam cerca de US$ 2 trilhões anuais, com projeções de chegar a US$ 4,5 trilhões até 2021 e US$ 1 trilhão nas transações transfronteiriças.[576]

Deve-se aguardar se esses projetos serão confirmadas ou até dilatadas, pois a ocorrência da crise COVID-19, expandiu a utilização digital.

A consequência disso é que além das perdas fiscais em razão da crise, pois os Estados tiveram que realizar os mais diversos incentivos fiscais para

[574] Vide: Campos, Hélio Silva Ourém e Santos, Gabriela Cristina Rosa dos. Análise Crítica do Caso Appe x Irlanda sob a ótica do BEPS. Reforma Tributária – Tributação, Desenvolvimento e Economia Digital. Coordenador Fabio Luiz Gomes. Editora Almedina: São Paulo/Coimbra, 2022, pp. 113 e ss.

[575] César García Novoa. *La conflictividad en los delitos y en las infracciones tributarias.* DOCUMENTOS DE TRABAJO 11/2019 VII Encuentro de Derecho Financiero y Tributario "Una estrategia global al servicio de la reducción de la conflictividad en materia tributaria" Cristina García-Herrera Blanco (coordinadora) Instituto de Estudios Fiscales.

[576] OECD (2019), The Role of Digital Platforms in the Collection of VAT/GST on Online Sales, OECD, Paris. www.oecd.org/tax/consumption/the-role-of-digital-platformsin-the-collection-of-vat-gst-on-online-sales.pdf, p. 13.

remediar ou aliviar os efeitos nocivos na economia, mas também aumentará as perdas fiscal, na medida em que o comércio formal de bens ou serviços físicos estão a ampliar a digitalização dessas transações.

A conjugação da globalização econômica e a globalização tecnológica estabelece grandes desafios jurídicos, atingindo a economia dos Estados, formando oligopólios empresariais globais, fragmentando as soberanias fiscais.

Deve-se substituir o entendimento fragilizado de soberania fiscal, a interdependência dos Estados atribui maior relevância ao sistema jurídico internacional.

Essas empresas internacionais estabelecem um estudo profundo para explorar essa fragilidade através de um planejamento fiscal internacional e preenchendo essa lacuna a seu favor.

Portanto, a fluidez de deslocamento de capitais, bens e serviços no cenário internacional exige essa estruturação normativa fiscal.

Há de se prosseguir o no processo de integração entre os dois blocos regionais União Europeia e Mercosul, onde o grau de desenvolvimento dos blocos encontram-se em fases muito distintas, o que poderá impor o maior cuidado normativo.

O avanço do comércio eletrônico já se impunha em grande velocidade, mas após a pandemia do COVID-19 esse processo foi muito acelerado e com isso não poderá ser descuidado nesse processo de formação de um grande espaço de liberdade de circulação de bens e serviços.

Apesar do grande número de documentos já acordados esse processo se encontra em processo embrionário e discussões como essas serão pautas constantes proximamente.

No âmbito internacional já há estudos profundos no sentido do avanço do comércio eletrônico, inclusive, muitas vezes tomando por base o direito europeu e sua experiência.[577]

[577] Segundo Daniel Freire e Almeida e Verônica Scriptore Freire e Almeida sustentam: "Contudo, nossa proposta propugna por incentivos fiscais que proporcionem o investimento, o crescimento e o desenvolvimento das áreas prospectivas, como o comércio eletrônico, e que promovam a realização de negócios, mas com a diminuição de riscos relacionados à disseminação do novo coronavírus. ALMEIDA, Daniel Freire e ALMEIDA, Verônica Scriptore Freire e. A Tributação do Comércio Eletrônico – da Isenção inicial para a imposição de alíquota incentivadora mínima. Reforma Tributária – Tributação, Desenvolvimento e Economia Digital. Editora Almedina: São Paulo/Coimbra, 2022, p. 25.

O IVA serve de grande norte para os Estados do mundo e apesar de ser um tributo contemporâneo no campo do comércio eletrônico encontra grandes desafios.

No Mercosul os sistemas jurídicos dos Estados membros procuram adaptar a essa nova realidade, no entanto no Brasil ainda há muito o que ser feito, por essa razão vem sendo discutidas diversas reformas tributárias.

Contudo, o comércio eletrônico as pautas de discussão ainda são muito superficiais, principalmente quando se trata de bens incorpóreos.

E somente com normas claras e modernas poder-se-á ser minimizados os efeitos nocivos aos fiscos dos Estados, e diminuir as grandes perdas de receitas correntes.

Portanto deverá ser tangenciadas normas entre os sistemas jurídicos dos Estados membros aos Blocos pertencentes e posteriormente aos Blocos firmados União Europeia e Mercosul, e, ainda, nas suas transações internacionais.

3.6.2. Harmonização do IVA e o desenvolvimento do comércio eletrônico

No campo tributário, faz-se necessário um processo de harmonização dos tributos indiretos entre os diversos sistemas jurídicos, uma comunicação entre as autoridades administrativas dos Estados, definição clara e precisa das regras internacionais e internas de cada Estado.

Neste sentido, além da atualização tecnologia normativa decorrente dessa harmonização, deve se buscar mecanismos para ser utilizada a tecnologia para tributar transações através de tecnologia.

Constata-se que no comércio eletrônico (*e-commerce* ou *cybercommerce*) não existe uma autoridade formal, nem um legislador, muito menos fronteira física, o que paulatinamente vem substituindo, ao menos dentro dessa espécie de comércio, vários conceitos clássicos, como estabelecimento físico, bens e serviços etc.[578]

A criação de uma plataforma digital que uniformize procedimentos administrativos trará maior segurança aos Estados, empresas e contribuintes.

Esses desafios já estão a ser enfrentados na União Europeia que procura soluções inclusive instituindo planos para combate a fraude fiscal e a

[578] Neste sentido, Alejandro C. Altamirano. La Tributación Directa ante el Comercio Electrónico y la Fiscalización de las Operaciones Desarrolladas a través de Internet. Ciência e Técnica Fiscal nº 397, pp. 12 e ss.

evasão[579], já no Mercosul essas discussões ainda estão em fase embrionária e, portanto, deverá ser objeto de maior aprofundamento até para que se avance no processo integracional entre os blocos.

3.6.2.1. Atuação dos atores no circuito econômico e os bens digitais

Os agentes, atores no circuito econômico, deparam-se com diversos desafios no desenvolvimento do comércio eletrônico.

Se de um lado o Estado este vem assistindo perdas fiscais em constante aumento e devido a pandemia COVID-19 esse processo, conforme já dito, acelerou.

De outro lado o empresário encontra um grande mercado em desenvolvimento em que quer fazer parte e muitas vezes a barreira entre os Estados a impede, outras as gigantes do Vale do Silício (Google, Amazon, etc.) possuem tamanho domínio que impedem os seus crescimentos, por fim o consumidor, que apesar de encontrar um grande mercado ainda não conseguiu superar a receita da insegurança nas transações eletrônicas.

Além disso, há a desintermediação, a desmaterialização de documentos, desenvolvimento de transações via certificadores etc.

Percebe-se uma grande dificuldade no que concerne à prestação de serviços, nomeadamente os realizados através da via eletrônica, aqui, as fronteiras seriam virtuais.

Dessa forma, faz-se necessária uma harmonização fiscal em âmbito internacional, iniciando-se pelos tributos mais globalizados, nomeadamente o Imposto de Renda (IR)[580] e o Imposto sobre Valor Acrescentado (IVA).

Neste caso, a OCDE estabeleceu orientações também pela tributação no Estado de destino.

Para o desenvolvimento das transações transfronteiras de bens e serviços, entre empresas (B2B) e entre empresas e consumidor (B2C), além do fornecimento de serviços intangíveis ao consumidor ("business-to-con-

[579] César García Novoa. *La conflictividad en los delitos y en las infracciones tributarias.* DOCUMENTOS DE TRABAJO 11/2019 VII Encuentro de Derecho Financiero y Tributario "Una estrategia global al servicio de la reducción de la conflictividad en materia tributaria" Cristina García-Herrera Blanco (coordinadora) Instituto de Estudios Fiscales.

[580] Gomes, Marcus Lívio. **Reforma Tributária e a Tributação da Economia Digital: Aspectos Internacionais e Nacionais. Reforma Tributária – Tributação, Desenvolvimento e Economia Digital.** Coordenador Fabio Luiz Gomes. Editora Almedina: São Paulo/Coimbra, 2022, pp. 265 e ss.

sumersupplies"; "B2C supplies"), precisa estabelecer de um modo mais preciso qual será o Estado tributante.

Neste sentido, aplica-se o Princípio do Estado de Destino ou Estado de Origem, isto é, a tributação ocorrerá no Estado do Consumo (destino)[581] ou no Estado de produção (origem).[582]

Portanto, neste momento deve ser focado na aplicação do Princípio do Estado de Destino, onde as jurisdições tributárias dos vários Estados devem buscar a não tributação na origem. Entende-se que seria a melhor forma de desenvolver o comércio internacional de bens e serviços e com isso evitar distorções na concorrência.

3.6.2.2. Transações digitais – comércio eletrônico – conceituação de entrega de bens e serviços – fato gerador tributário – desafios

TRANSAÇÕES DIGITAIS – UM NOVO PARADIGMA

Observa-se que o comércio eletrônico pode envolver a entrega de bens materiais, bens imateriais e serviços. Deve-se observar ainda que a tecnologia da informação influencia a natureza das atividades econômicas provocando a concentração ou desconcentração da atividade econômica (em particular a produção, distribuição e infraestruturas concernentes á comunicação).

Os bens materiais e os serviços historicamente possuem importância fundamental no desenvolvimento da atividade econômica, acrescentem-se os bens imateriais e os serviços digitais como conceitos com dimensões e conceitos novos.

Desde a invenção da energia elétrica os bens imateriais assumem um papel de grande relevo na sociedade, nos dias atuais a comunicação digi-

[581] Segundo o princípio da tributação no Estado de destino, as exportações estariam livres de tributação (seja por isenção, imunidade ou mesmo alíquota zero) e as importações são tributadas na mesma base da tributação aplicada internamente, assim, institui um encargo compensatório sobre as mercadorias importadas, em ordem a colocá-las ao menos em pé de igualdade com as regras internas. Neste sentido, vide: Alberto Xavier. Direito Tributário Internacional. Almedina: Coimbra, 1997, p. 210.

[582] De acordo com o princípio da tributação no Estado de origem, em cada jurisdição fiscal, o regime jurídico será o baseado na origem, portanto ao Estado exportador, aplicar-se-ia as mesmas regras aplicadas internamente no Estado de saída do bem ou serviço. Argumenta-se, nomeadamente no âmbito da União Europeia, pois conduziria à inexistência de controles transfronteiriços e que, portanto, atenderia melhor aos objetivos do processo de integração. Ao eliminar esses controles vigoraria nas relações internas dentro de um espaço integrado.

tal permitiu desenvolver uma complexa rede de negócios que envolvem bens imateriais, além da prestação de serviços.

Dessa forma, atualmente, a possibilidade de transmitir informações armazenadas eletronicamente é cada vez mais em forma bidirecional e interativa recorrendo a uma variedade de tecnologias produtoras de sinais de alta qualidade.[583]

Portanto, o comércio eletrônico (e-commerce) pode envolver transações eletrônicas de produção, distribuição, compra e venda de bens e serviços no âmbito do comércio interno (de cada Estado) e numa dimensão internacional, aqui, estabelecidas entre personas/empresas/Estados em uma fronteira digital por transmissão de dados.

TRANSAÇÕES DIGITAIS – CONCORRÊNCIA INTERNACIONAL

No que concerne à concorrência, o mesmo produto pode ser oferecido (em razão da sua posição, e serviços que dispõe, etc.) a preços diferentes – um mercado que haveria concorrência preço-qualidade, dependendo na competência do consumidor, ou meios facilitadores de busca, de encontrar e comparar preços e qualidade.

Acrescente-se, ainda, esse desenvolvimento crescente do comércio eletrônico (e-commerce), o menor preço tem conexão direta com a desintermediação desde o processo de produção até o consumidor. Não havendo necessidade sequer de estabelecimentos de vendas físicos. Observa- se, contudo, que essa influência nos preços tende a estabilizar na medida que esse comércio vier a se desenvolver.

Neste diapasão, faz-se necessário desenvolver mecanismos seguros de informação, tanto para o consumidor, quanto para empresa, deve-se detalhar todas as características, utilidades, aspectos de segurança, discriminar quantidade e qualidade, talvez até com certificadores oficiais etc.

Nesse novo mercado o controle fiscal configura-se o grande desafio, tanto na tributação direta, quanto na indireta, neste último, o desafio será espelhar se este tributo será sobre a produção ou sobre o consumo, ou, monofásico ou plurifásico.

No que concerne a desintermediação, poder-se-ia pensar na diminuição de arrecadação, pois, em tributos plurifásicos, não haveria muitos agentes no circuito econômico.

[583] Cf.McLure, Charles and Corabi, Giampaolo. La tributación sobre el comercio electrónico..., p. 13

Contudo, o volume de negócios que ocorreriam, num mercado com conexões múltiplas e transfronteiriça, o mais importante é definir se será tributado no Estado de Destino ou de Origem.

Bens digitais – ao exemplo e-book

O e-book configura-se em um bem digital e como tal possui características próprias que esbarram nos conceitos clássicos.

Obviamente o conteúdo do e-book, isto é, o trabalho intelectual estabelecido nele é um bem intangível.

Contudo, o e-book em si, configura-se não só neste conteúdo, mas também, um acervo de programas que permitem a circulação (em valores incalculáveis) deste bem e a sua proteção intelectual.

Neste sentido, o que é objeto de negociação é a licença de uso.

Obviamente, apesar do processo de criação ser o mesmo que em relação ao livro físico, a reprodução e circulação (além do custo ser muito menor) serem muito maiores, por não necessitarem de corpo físico.

No que tange ao desenvolvimento do mercado de livros, o percentual de vendas, isto é, um potencial enorme a ser desenvolvido, vem crescendo vertiginosamente.

Assim, a *Associationof American Publishers* (2013)[584] apresentou como resultados que as vendas do e-books cresceram 45% nos Estados Unidos e em 100% na Alemanha no período de 2011-2012, enquanto a venda dos livros no modelo clássico ainda se mantêm estável.

Com esses dois exemplos, observa-se o potencial que poderá ser desenvolvido não só nesses dois países, mas com amplitude mundial.

Verifica-se, assim, que a crescente comercialização do e-book possui grande relevância econômica, e, portanto, uma adaptação dos seus sistemas jurídicos.

Bens imateriais internos e externos

A classificação de bens imateriais internos e externos foi definida outrora por Marshall,[585] onde o autor definia:

> *"A man's non-material goods fall into two classes. One consists of his own qualities and faculties for action and for enjoyment; such for instance as business ability, professional skill, or the faculty of deriving recreation from reading or music. All these*

[584] http://www.publishers.org/issues/

[585] Alfred Marshall. Principles of Economics.8th ed., 1890, p. 39.

> *lie within himself and are called internal. The second class are called external because they consist of relations beneficial to him with other people. Such, for instance, were the labour dues and personal services of various kinds which the ruling classes used to require from their serfs and other dependents. But these have passed away; and the chief instances of such relations beneficial to their owner now-a-days are to be found in the good will and business connection of traders and professional men."*

Poder-se-ia adaptar o conceito de Marshall aos dias atuais. Os bens imateriais internos, neste caso o bem seria adquirido para o autoconsumo imediato entre bem e o consumidor, por exemplo, ter-se-ia a leitura de um livro, ouvir uma música etc.

Já em relação aos bens imateriais externos, haveria uma relação benéfica entre o consumidor e outras pessoas, aqui, restariam exemplificadas as aulas ministradas por professores, a boa vontade entre o empresário e o consumidor, etc.

Bens digitais – bens imateriais interno e externo

Levando-se esses conceitos para os bens digitais, buscar-se-ia como bem imaterial interno: o e-book, uma música digitalizada, enfim, bens que seriam objetos de autoconsumo.

Já os bens digitais externos, seriam aqueles compartilhados em redes sociais, as aulas ao vivo ou gravadas disponibilizadas/vendidas em páginas onde haveria o consumo coletivo.

Observa-se que o que distingue um do outro seria o consumo, isto é, ser consumido por um destinatário específico ou genericamente.

Análise tributária conceitual

Verifica-se que a negociação dos bens digitais produz efeitos econômicos distintos.

Ao analisar o conceito de bem imaterial interno, verifica-se que esse conceito aproxima-se dos conceitos de bens materiais, pois, aqui há um consumo, inicialmente ou não,[586] individualizado.

Na análise conceitual de bem imaterial externo essa disponibilização é genérica, e, muitas vezes não se consegue identificar o número de destinatário, aqui passa a ser mais complexa a relação tributária.

[586] Constata-se que dependendo do bem digital este pode ser compartilhado com outras pessoas, desde que não haja um consumo genérico não sairia dessa classificação.

Verifica-se ainda que o mecanismo de pagamento constitui um grande desafio a ser estudado.

3.7. Era digital[587] – tributação de bens e serviços nas nuvens (*cloud computing*[588]) no âmbito internacional

3.7.1. Noções iniciais

Verifica-se que em 1995 dois grandes navegadores na Internet[589] – a World Wide Web: Netscape Navigator[590] e o Microsoft Internet Explorer – revo-

[587] demonstrando que há uma transformação na sociabilidade, e o meio digital interconecta um número muito maior de pessoas.Inicialmente a Internet configurava um meio de transmissão de dados pela via eletrônica, atualmente é multifacetado, está em constante mutação, cotidianamente faz parte de um complexo espectro das relações humanas. Por essa razão há autores que defendem que a Internet faz parte de uma Revolução Tecnológica da Informação, vide: Byrne, David M. and Oliner, Stephen D. and Sichel, Daniel E., Is the Information Technology Revolution Over? (March 27, 2013). Available at SSRN: https://ssrn.com/abstract=2240961 or Mas como acima antecipado, atualmente as relações humanas através da Internet ultrapassaram e muito somente um meio de comunicação, na verdade, alterou-se o comportamento humano, suas relações interpessoais, diminuiu fronteiras, influenciou a política e o meio de fazê-lá, impulsionou a venda de dados etc, enfim, houve uma ruptura inicial através da comunicação, mas essa transformação ainda está em andamento, e, mais recentemente, com a crise pandêmica COVID-19, esse processo foi acelerado e com proporções ainda não definidas. Por tudo isso, entende-se que essa nova realidade inaugurada pela era digital vem ocasionando profundas transformações, portanto, faz-se necessário não negar-lhe a evidente e irreversível mudança, mas nos adaptar, p. ex., há quem diga que a tecnologia destroem empregos, isso somente será verdade se não houver uma transformação nos empregos, com a qualificação dos empregados a essa nova realidade. Também argumenta-se que a Internet isola, contundo nessa crise pandêmica aproximou as pessoas que estão impossibilitadas de estarem presentes fisicamente, não só desmistificando esse argumento, mas

[588] Segundo National Institute of Standards and Technology ("NIST"), cloud computing pode ser definido: "Cloud computing is a model for enabling ubiquitous, convenient, on-demand network access to a shared pool of configurable computing resources (e.g., networks, servers, storage, applications, and services) that can be rapidly provisioned and released with minimal management effort or service provider interaction. This cloud model is composed of five essential characteristics, three service models, and four deployment models." https://nvlpubs.nist.gov/nistpubs/Legacy/SP/nistspecialpublication800-145.pdf

[589] Segundo Raphael Cohen-Almagor: "During the mid-1980s, the Internet entered its commercial phase. In 1984, the Department of Defense split the ARPANET into two specialized networks: ARPANET would continue its advanced research activities, and MILNET(for Military Network) would be reserved for military uses that required greater security. Connections were developed so that users could communicate between the two networks. In 1986, the number of Internet hosts increased to 5000. By 1987, when the number of hosts reached 10,000, congestion on the ARPANET caused by the limited-capacity leased

lucionaram ao permitir a navegação comercial (browser), através de software, na Internet de maneira massificada.

Neste mundo virtual os empresários poderiam fornecer bens e serviços ao consumidor (B2C).

O ciberespaço exige soluções jurídicas inovadoras, representa um processo em curso de mudança tecnológica e, portanto, as normas tradicionais não são suficientes para solucionar.

No aspecto tributário, as regras fiscais tradicionais para e-commerce não apresentam respostas à gama de atividades comerciais realizadas nesse ambiente virtual.

As transações de bens e serviços se tornaram uma parte normal do comércio doméstico e internacional, onipresente na vida cotidiana de milhões de pessoas.[591]

Atualmente, foi desenvolvida a computação em nuvem (*Cloud computing*), que pode tanto ser utilizada para armazenamento de informações de dados, bem como a discussão detalhada sobre a venda desses dados.[592]

Verifica-se, ainda, que o sistema jurídico tributário internacional é oriundo do século 20, portanto, as transações de bens no comércio internacional eram basicamente oriundo de bens físicos e, mesmo as prestações de

telephone lines was becoming complicated. To trim down the traffic load on the ARPANET, a network run by the National Science Foundation, called NSFnet, merged with another NSF network, called CSNet, and with BITNET to compose one network that could carry much of the network traffic. As the civilian network became increasingly commercial, budget limitations impelled the U.S. government's departure from participation in the Internet's structure. In turn, private telecoms companies entered the Picture (Cerf, 2008; Langford, 2000). The civilian network's use widened as a consequence of the proliferation of computer networks, and became more varied. Grassroots networks were established by university students. Merit Network, Inc., IBM, Sprint, and the State of Michigan were contracted to upgrade and operate the main NSFnet backbone.33 By the late 1980s, many other TCP/IP networks had merged or established interconnections (Schneider and Evans, 2007)." Cohen-Almagor, Raphael. Internet History. International Journal of Technoethics, 2(2), 45-64, AprilJune 2011 45.

[590] Criado por Jim Clark e Marc Andreessen , em 1994, na Mosaic Communications Corporation. Vide: https://www0.gsb.columbia.edu/mygsb/faculty/research/pubfiles/1196/mosaic_case.pdf.

[591] A OCDE vem realizando fóruns e estudos para o aprimoramento da tributação do consumo no âmbito internacional, o IVA mostrou-se adequado para esse objetivo.
Vide: https://www.oecd.org/tax/consumption/

[592] Cf. Judith Hurwitz, Marcia Kaufman e Fern Halper. Cloud Services for Dummies. John Wiley & Sons, Inc. 111 River Street Hoboken, NJ 07030-5774, 2012.

serviços quando não eram presenciais, isto é, envolvia bens imateriais, em grande parte a sua transmissão (ex. software) eram através de bens físicos.

Portanto, o seu controle se fazia nas fronteiras fiscais, onde ocorre o desembaraço aduaneiro – não só eram controlados os bens fronteiriços, mas também ocorria o pagamento dos tributos.

A *cloud computing* veio a impulsionar as transações internacionais por bens e serviços imateriais através da transmissão eletrônica.

3.7.2. Tributação de bens intangíveis e serviços prestados de forma digital

Faz-se necessário reduzir a dupla tributação, não tributação ou uma tributação demasiadamente reduzida.

Todas essas hipóteses levam a um comportamento distorcido na concorrência internacional entre as empresas ou consumidores, levando aos Estados não só à perda de receita fiscal, mas também a ser um espectador sem capacidade de concorrer com esses sistemas jurídicos fiscais.

O imposto sobre valor acrescentado é um tributo globalizado (165 países adotam o modelo que permite a dedução) e globalizante (na medida em que facilita a integração entre os países/países, blocos/blocos e países/blocos.

A OCDE chama a atenção que a expansão global do IVA coincidiu com o desenvolvimento do comércio internacional de bens e serviços.[593]

Diante disso, é possível avançar na maior coordenação administrativa entre os Estados e minorar a evasão ou fraude fiscal[594].

Com uma maior ambição, de fato uma necessidade, poder-se-ia avançar para uma harmonização dos impostos indiretos e adotar o IVA tipo-consumo como parâmetro a ser utilizado.

O problema se agrava, isto é, essa falta de coordenação e harmonização mencionada, com a evolução tecnológica digital, que, repita- se, vem substituindo diversos bens tangíveis em bens intangíveis, além da prestação de serviços digitais, assim facilitando o deslocamento desses bens e permitindo uma grande expansão dessa prestação de serviços.

[593] OECD (2017), International VAT/GST Guidelines, OECD Publishing, Paris.http://dx.doi.org/10.1787/9789264271401-em, p. 5.

[594] César García Novoa. *La conflictividad en los delitos y en las infracciones tributarias.* DOCUMENTOS DE TRABAJO 11/2019 VII Encuentro de Derecho Financiero y Tributario "Una estrategia global al servicio de la reducción de la conflictividad en materia tributaria" Cristina García-Herrera Blanco (coordinadora) Instituto de Estudios Fiscales.

Entende-se que não bastam as reformas fiscais internas nos Estados, com a priori de adotar o IVA em seus sistemas jurídicos, apesar de ser um passo necessário para o prosseguimento no comércio internacional, isso por si só não resolveria o problema.

Com o tempo, cada sistema jurídico tributário interno iria se alterando e estabelecendo exceções, depois mais exceções até que por fim tornaria o seu sistema jurídico com tantas especificidades que não permitiria se coadunar com os demais países.

Novamente se cairia na esparrela de sistemas jurídicos tão diferentes que seria necessário voltarem as discussões à margem inicial.

Portanto, mais do que um padrão acordado internacionalmente, o avanço a um sistema harmonizado acaba por se impor.

Em 2017 a OCDE publicou o "*International VAT/GST Guidelines*", não com o objetivo de estabelecer prescrições detalhadas para os Estados, sim o estabelecimento de diretrizes.

Essas diretrizes serviriam de norte, um objetivo a ser alcançado, colaborar para o desenvolvimento dos sistemas fiscais e suas jurisdições, obviamente tencionando considerar as circunstâncias econômicas, jurídicas, institucionais, culturais e sociais.

Caberia, portanto, aos Estados adaptarem os seus sistemas jurídicos fiscais de acordo com as diretrizes traçadas.

O IVA seria um imposto plurifásico geral tipo-consumo, que permite a dedução do tributo pago na etapa anterior (método de subtração) no decorrer do circuito econômico[595]. [596]

Entende-se que o IVA seja realmente o tributo indireto mais adequado para ser implementado nos Estados e, por conseguinte, permitirá a evolução do comércio internacional, além de ser grande fonte de receita (afinal a sua tributação se inicia desde a produção do bem ou serviço até o consumidor final – para ter o direito de deduzir é necessário faturar).

Acrescente-se que esse tributo já foi devidamente laboratoriado na União Europeia, inclusive permitindo analisar as suas vantagens e desvantagens, os seus pontos fortes e fracos.

Essa característica do IVA de permitir a dedução do imposto em cada etapa atinge a aplicação efetiva do princípio da neutralidade, isto é, a tri-

[595] OECD (2017), International VAT/GST Guidelines, OECD Publishing, Paris. http://dx.doi.org/10.1787/9789264271401-en, p. 13

[596] Esse modelo de IVA é o mesmo adotado na União Europeia.

butação não deve causar distorções na concorrência, nesse caso a concorrência internacional.

Em conclusão, esse tipo de imposto transpassa as empresas e repercute no consumidor final.

Em relação ao princípio da territorialidade tributária, o princípio a ser aplicado é o do Estado de destino[597], isto é, na jurisdição do Estado de consumo.

Dessa forma, o Estado de destino permitiria a igualdade de concorrência entre as empresas no comércio internacional[598], poderiam buscar o Estado que tivesse o sistema tributário que fosse melhor ao seu negócio.

Contudo as desvantagens seriam aos Estados sem a tecnologia de ter um sistema tributário avançado, ou ainda teria que concorrer com outros Estados com menor/inexistente carga tributária.

Constata-se, então, que somente com a harmonização fiscal internacional dos tributos indiretos com parâmetros genéricos e vinculativos, conseguir-se-ia afastar os efeitos nefastos da concorrência fiscal internacional.

Inicialmente pensava-se que o comércio eletrônico pudesse favorecer as pequenas e médias empresas, todavia com o seu desenvolvimento constata-se que as grandes empresas[599] são as que possuem a capacidade de explorar esse comércio de forma plena.[600]

[597] O estudo sobre o princípio do Estado de origem ou Estado de destino será melhor desenvolvido no .....

[598] OECD (2017), International VAT/GST Guidelines.
OECD Publishing, Paris. http://dx.doi.org/10.1787/9789264271401-en, p. 17.

[599] Campos, Hélio Silva Ourém e Santos, Gabriela Cristina Rosa dos. Análise Crítica do Caso Appe x Irlanda sob a ótica do BEPS. Reforma Tributária – Tributação, Desenvolvimento e Economia Digital. Coordenador Fabio Luiz Gomes. Editora Almedina: São Paulo/Coimbra, 2022, pp. 113 e ss.

[600] Acerca da atividade concorrencial vide: USA v. Microsoft Corp, No. 00-5212 (D.C. Cir. 2001) – United States Court of Appeals,FOR THE DISTRICT OF COLUMBIA CIRCUIT, Argued February 26 and 27, 2001.
Vide também: Processo T-201/04 – Microsoft Corp. v Comissão das Comunidades Europeias-Concorrência – Abuso de posição dominante – Sistemas operativos para PC cliente – Sistemas operativos para servidores de grupos de trabalho – Leitores multimédia de transmissão – Infracção de decisão ao artigo 82. ° CE – Recusa da empresa dominante de fornecer e autorizar a utilização de informações de interoperabilidade – Fornecimento pelo dominante realização do sistema operacional do PC cliente, condicionada à aquisição simultânea de seu media player – Remédios – Nomeação de um administrador independente de monitoramento – Multa – Determinação da quantia – Proporcionalidade).

Essas empresas conseguem explorar a publicidade, a aquisição, o pedido, armazenamento, o pagamento etc. dos produtos digitalizados.

Por essa razão a normatização tributária internacional dos bens e serviços deve proporcionar um sistema específico para que as pequenas e médias empresas possam acessar essa forma de comércio, sob pena de que com o tempo grande parte delas seja extinta.

Além disso, as administrações fiscais ao utilizarem e-government precisarão também da normatização não só tributária, mas também normas de coordenação a serem utilizadas pelos Governos.

Como conclusão, a OCDE – *Ottawa Taxation Framework Conditions*, estabeleceu os seguintes princípios a serem utilizados como parâmetros do IVA: a neutralidade, a eficiência, o menor custo administrativo possível, certeza/simplicidade normativa, eficácia/justiça e flexibilidade.[601]

3.7.3. *Cloud computing* e o armazenamento de dados tradicional

Verifica-se que a terceirização da prestação de serviços TI ainda é muito comum, a empresa terceirizada fornece toda a infraestrutura de armazenamento de dados, além da fixação de prazos. Normalmente faz parte desses contratos, o serviço de manutenção remoto ou presencial.

[601] Segundo "Ottawa Taxation Framework Conditions: Principles Neutrality i) Taxation should seek to be neutral and equitable between forms of electronic commerce and between conventional and electronic forms of commerce. Business decisions should be motivated by economic rather than tax considerations. Taxpayers in similar situations carrying out similar transactions should be subject to similar levels of taxation. Efficiency ii) Compliance costs for taxpayers and administrative costs for the tax authorities should be minimised as far as possible. Certainty and simplicity iii) The tax rules should be clear and simple to understand so that taxpayers can anticipate the tax consequences in advance of a transaction, including knowing when, where and how the tax is to be accounted. Effectiveness and fairness iv) Taxation should produce the right amount of tax at the right time. The potential for tax evasion and avoidance should be minimised while keeping counter-acting measures proportionate to the risks involved. Flexibility v) The systems for taxation should be flexible and dynamic to ensure that they keep pace with technological and commercial developments." Permission to reproduce a portion of this work for non-commercial purposes or classroom use should be obtained through the Centre français d'exploitation du droit de copie (CFC), 20, rue des Grands-Augustins, 75006 Paris, France, tel. (33-1) 44 07 47 70, fax (33-1) 46 34 67 19, for every country except the United States. In the United States permission should be obtained through the Copyright Clearance Center, Customer Service, (508)750-8400, 222 Rosewood Drive, Danvers, MA 01923 USA, or CCC Online: www.copyright.com. All other applications for permission to reproduce or translate all or part of this book should be made to OECD Publications, 2, rue André-Pascal, 75775 Paris Cedex 16, France, p. 13.

O que dificulta a manutenção da terceirização da prestação de serviços TI é justamente o armazenamento necessário e o acesso a esses dados que ficará restrito àquela empresa.

Já o armazenamento em nuvens, não haveria um limite, a resposta em bem mais dinâmica e o acesso é muito mais fácil, isso só é possível pois há um grupo de computadores e serviços interligados onde os usuários podem acessar o seu conteúdo de qualquer lugar que tenha acesso a Internet.[602]

Na verdade, essa tecnologia já faz parte do nosso cotidiano, ao exemplo tem o Google, que possui diversos aplicativos, o g-mail (acesso ao e-mail), o Google Drive (p. ex. elaborar peças escritas de forma coletiva), Google Meet (fazer reuniões online) etc., a Netflix (que permite assistir a filmes em qualquer lugar – inclusive em smartphones), enfim, uma infinidade de utilizações.

Nesse momento de crise pandêmica oriunda do COVID-19, essas tecnologias estão se expandindo e muitas empresas que se utilizam das nuvens estão surgindo.

Como benefícios imediatos dessas empresas são os custos, o acesso e as possibilidades de expansão.

Portanto, devem ser desenvolvidas as tributações desses bens (imateriais) e serviços prestados e armazenados nas nuvens.

As empresas estariam a reduzir a dependência dos seus próprios mecanismos de armazenamento físico (p. ex., documentos em papel armazenamos em armários), digitalizado ou através de outros meios nas nuvens.

Neste sentido, as empresas e consumidores podem armazenar os seus recibos de negócios, os seus contratos, a suas escriturações etc na nuvem.

3.7.2.1. *Cloud computing* e o princípio da territorialidade tributário

As informações digitais, softwares que forem armazenados nas nuvens, podem ser acessados e comercializados através de fronteiras digitais de bens e serviços.

Essa transferência de bens e serviços digitais entre fronteiras pulverizadas, com outras formas de obtenção de lucros atinge diretamente as soberanias fiscais dos países.

[602] Para um maior detalhamento vide National Institute of Standards and Technology ("NIST"): https://nvlpubs.nist.gov/nistpubs/Legacy/SP/nistspecialpublication800-145.pdf

Esses Estados deveriam buscar infraestrutura física para que conteúdo restando recipiente na nuvem possa ser localizado nos territórios das suas soberanias fiscais.

O armazenamento de bens e serviços em nuvens na Internet configura-se uma grande tendência mundial que afeta diversos setores nas cadeias do circuito econômico, os agentes – empresas, estados e consumidores – podem reduzir os custos relacionados à tecnologia da informação.

As transações B2B, B2C, B2G e G2C[603] podem ser realizadas através desse armazenamento em qualquer lugar do mundo, com fronteiras muito fluidas. Essas transações realizadas em nuvens criam uma arena fiscal que atinge diretamente as soberanias estatais.

Além das complexidades que são tradicionais a sistemas fiscais clássicos estarem inadaptados a essa nova realidade, a dinâmica em que são realizadas essas transações em uma velocidade e pluralidade de relações jurídicas tornam as normas fiscais obsoletas.

Esse ambiente fiscal gera grande evasão[604] fiscal com crescimento exponencial.

Enfim, quão serão a conexão geográfica e a atividade econômica que além de gerar rendimentos[605], também geram circulação e consumo.

Outro aspecto a ser considerado e que dificultará quanto mais a tributação é a utilização do espelhamento por fornecedores de serviços em nuvem, isto é, o software é copiado e residido em computadores de armazenamento diferentes.[606]

Obviamente esse software executará o mesmo serviço, o desafio agora será delimitar o campo de aplicação tributário caso esses prestadores de serviços possuam o seu armazenamento em países distintos.

[603] B2B são transações entre empresas. B2C são transações entre empresas e consumidor, B2G são transações entre empresas e governo e G2C são transações entre gorverno e consumidor

[604] César García Novoa. *La conflictividad en los delitos y en las infracciones tributarias.* DOCUMENTOS DE TRABAJO 11/2019 VII Encuentro de Derecho Financiero y Tributario "Una estrategia global al servicio de la reducción de la conflictividad en materia tributaria" Cristina García-Herrera Blanco (coordinadora) Instituto de Estudios Fiscales.

[605] Vide: Orly Mazur. Taxing the Cloud. Carlifornia Law Review. Vol. 103, February 2015, n. 1, p. 11.

[606] Existem diversas razões para se fazer o espelhamento do software, dentre elas destaca-se: a maior segurança na manutenção das informações, o resgate desses dados, o backup, evitar sobrecarga dos servidores etc.

Neste contexto, a tributação indireta de bens e serviços no ambiente do comércio eletrônico internacional deverá proximamente ser harmonizado.

Portanto, parte dessa nuvem deve ser anexada a um território estatal ou supraestatal para que possa ser viabilizada a cobrança desse tributo.

3.7.2.2. *Cloud computing* e o armazenamento de dados tradicional

Observa-se, como não há uma harmonização fiscal dos tributos indiretos, cada sistema jurídico de cada Estado ao todo considerado, isto é, em nível global, torna-se um complexo normativo obsoleto, impondo grandes dificuldades para as empresas e os consumidores.

Isto é, há – enquanto não houver uma adaptação de grandes proporções aos sistemas jurídicos tributários – uma perda fiscal enorme.

A falta de previsão normativa fiscal internacional que venha harmonizar os tributos e coordenar as diversas administrações tributárias, muitas empresas multinacionais procuram, através de um planejamento fiscal, a tributação mais baixa ou inexistentes nos Estados, o que a OCDE designou de *Erosion Base Profifting Shifting* – BEPS[607].

Neste caso, o comportamento das empresas é direcionado ao sistema tributário inadaptado a tributação nesses casos, ou com menor carga tributária, ou, ainda, com tributação inexistente com o objetivo de atrair essas empresas.

De qualquer maneira, isso tudo tem como consequência causar distorções na concorrência fiscal internacional e, portanto, atinge o princípio da neutralidade fiscal.

Tudo isso gera diversos aspectos do fato gerador tributário, não só em tributos diretos, como é o imposto de renda, mas também incide tributos indiretos.

Como dito acima, o princípio da territorialidade será o grande desafio tributário, identificar qual Estado terá atribuição tributária, coadunando com a dificuldade de que a realização de grande parte das transações serem bens imateriais ou prestação de serviços, portanto, haverá dificuldade em delimitar fronteiras.

[607] Segundo a OCDE a evasão fiscal oriundas de planejamento fiscal usadas por empresas multinacionais custam aos Estados cerca de US$ 100-240 bilhões. O G20 e mais 135 países estão trabalhando juntos para programarem medidas para evitar a evasão fiscal. https://www.oecd.org/tax/beps/about/

A substituição dos meios tradicionais de armazenamento de dados por *cloud computing* encontra também o desafio de bens que eram considerados materiais passaram a serem dados, portanto, imateriais – produtos digitais.

As circulações desses bens passaram a ser mais fluídas, e a noção de fronteira fiscal ficou igualmente diluída.

O direito tributário tradicionalmente encontrava as fronteiras físicas entre os Estados como delimitação não só de controle dos produtos que atravessavam suas soberanias territoriais, mas também o pagamento dos tributos transfronteiriço.

Com o *cloud compuding* tornou-se mitigada essa fronteira e, portanto, a soberania fiscal dos Estados, configurando um grande impacto financeiro, em conhecimento dos resultados muito em breve.

Outro aspecto interessante de ser analisado, além de alterar a substância e a natureza conceitual do bem ou serviço, pode ocorrer a sua transferência, ou apenas um licenciamento ou um pagamento mediante royalties.

Neste caso, há de se analisar o tipo de relação jurídica configurada para determinar o tipo tributário, mas a velocidade em que essas transações podem ocorrer e ainda a complexidade que possam envolver, entende-se que o tipo tributário deverá considerar o resultado final – esperado.

Dessa forma, o conceito normativo identificará qual foi a transação realizada, o nexo de causalidade entre o início/contratação e resultado e, finalmente o resultado esperado.

Entende-se que essa definição pode ser aplicada no resultado de lucro passível de ser tributado através do imposto de renda, assim como definir transações passíveis de aplicação de um tributo indireto sobre o consumo, este último, poderia ser um imposto sobre o valor acrescentado – IVA.

3.7.2.3. *Cloud computing* – administração fiscal internacional

Observa-se que cada Estado (exceto em alguns blocos regionais – a exemplo da União Europeia), possui as suas administrações tributárias, com Estados em forma de Estado unitário ou federal, portanto, ainda aqui, é preciso uma simplificação dos sistemas jurídicos internos, de modo que possa estabelecer um sistema jurídico fiscal internacional justo e racional.

Em um ambiente virtual, em sendo a nuvem o fornecimento de uma tecnologia de TI, composto por redes de computadores remotas, entre si conectadas por computadores e dispositivos de armazenamento de dados. Obviamente impõe a primeira dificuldade que identificar a territorialidade do serviço prestado.

Dessa tecnologia, o acesso a aplicativo de dados, software e muitos outros recursos do TI, os consumidores e as empresas podem acessar em qualquer lugar do mundo.

A nuvem pode ser utilizada para facilitar as declarações fiscais ou outras informações dos contribuintes.

Os Estados poderiam dar uma dinâmica nas transferências dessas informações a outros Estados com o objetivo de inibir a evasão fiscal[608].

Neste sentido, faz-se necessário uma global reforma fiscal, e a harmonização fiscal internacional não só facilitará as transações de bens e serviços, como adaptará os sistemas fiscais internos à realidade desse início do terceiro milênio.

Em 1998 a OCDE desenvolveu as condições para o enquadramento tributário de Ottawa, foi estabelecida uma série de princípios que os governos deveriam adotar para a tributação neste setor emergente.[609]

As administrações tributárias seriam adaptadas e buscariam a tecnologia como forma de não só favorecer ao contribuinte ao simplificar o cumprimento de obrigações acessórias, mas evitar o aumento exponencial das evasões fiscais.

A OCDE criou um grupo de estudos fiscais com o objetivo de estabelecer a troca de experiências e informação, o debate das práticas bem-sucedidas ou não de modo a desenvolver a administração tributária adequada ao desenvolvimento tecnológico que avança.

Neste sentido faz-se necessária a identificação das empresas, as informações sobre transações, manutenção dos registros e prestação de contas no sistema de pagamento.

Deve-se projetar que o desenvolvimento do comércio eletrônico fiscal perpassa na tributação sobre o consumo.

Além disso, perpassa a reavaliação do conceito de transações de bens e serviços à distância.

Observa-se que a conjugação mais premente entre as redes sociais e as infinitas possibilidades de transações de bens e serviços a serem disponibilizadas nas suas bases.

608 César García Novoa. *La conflictividad en los delitos y en las infracciones tributarias.* DOCUMENTOS DE TRABAJO 11/2019 VII Encuentro de Derecho Financiero y Tributario “Una estrategia global al servicio de la reducción de la conflictividad en materia tributaria” Cristina García-Herrera Blanco (coordinadora) Instituto de Estudios Fiscales.

609 https://www.oecd.org/tax/consumption/

Ao exemplo, as vendas transfronteiriças de software através da Internet são regidas pelo IVA.

Ressalta-se que as transações internacionais devem levar em consideração as infinitas possibilidades que decorrem do desenvolvimento tecnológico oriundo da universalização da Internet, tais como financiamento do terrorismo, lavagem de dinheiro de narcotráfico, compartilhamento de informações etc.

Não resta dúvida que a Internet facilita bilhões de transações e comunicações entre indivíduos e empresas todos os dias, mas também pode contribuir para a gestão fiscal das autoridades fiscais mundiais.

Para implementar uma administração fiscal internacional e coordenar as interconexões entre os Estados, faz-se necessário o aprofundamento do *e- government.*

Dessa forma, haveria uma grande reforma na administração pública, assim tornar a administração eficiente na prestação de serviços públicos: participando o cidadão com mais celeridade, fidelidade nas informações, segurança dos dados armazenados etc.

Haveria uma grande reforma dos setores administrativos de gestão, no nosso caso a administração pública fiscal.

A OCDE assuntou diversos estudos[610] para orientar os países a utilizarem o *e-government*, onde destacaram os seguintes desafios: "*1)*

Legislative and regulatory barriers, 2) financial barriers and 3) digital divide can impede the uptake of e-government."[611]

Atentos ao primeiro desafio serão necessários uma reformulação normativa não só em nível nacional, mas em nível mundial, e os segundos e terceiros desafios serão desdobramentos desse.

A exigência maior nos Estados na utilização da *e-government* está na crescente utilização da criptografia, conferindo maior segurança dos dados armazenados, além das comunicações seja através de aplicativos que utili-

[610] OECD (2003a), The e-Government Imperative, Paris OECD (2003b), OECD e-Government Studies: Finland, Paris OECD (2003c), OECD Policy Brief: The e-Government Imperative: Main Findings, Paris OECD (2003d), OECD Policy Brief: Checklist for E-Government Leaders, Paris OECD (2003e), OECD Policy Brief: Engaging Citizens Online for Better Policy-Making, Paris OECD (2005a), OECD eGovernment Studies: Mexico, Paris OECD (2005b), OECD e-Government Studies: Norway, Paris OECD (2005c), OECD e-Government for Better Government, Paris.

[611] Cf. http://www.oecd.org/mena/governance/36853121.pdf, p. 2.

zam a criptografia de ponta a ponta, assim a troca de documentos, informações etc possuem maior segurança.

Dessa forma, o *e-government* desenvolve junto com *cloud computing*[612], pois essa comunicação/transações/armazenamento em um ambiente virtual criptografado confere a segurança necessária aos governos.

Como sabido, as administrações tributárias acessam a informações sigilosas dos contribuintes, e, portanto, o seu armazenamento deve ser o mais seguro, sob pena de causas danos a sociedades imensuráveis, caso alguém mal-intencionado acesse essas informações.

De acordo com a estrutura tradicional fiscal, ainda resta estabelecida nas fronteiras territoriais dos estados e as suas regras jurisdicionais de tributação sobre o consumo.

Deve-se estar atento que o comércio eletrônico é global, há uma fluidez fronteiriça, portanto, as reformas tributárias devem, repita-se, ser também no âmbito internacional.

Neste contexto, a harmonização dos tributos indiretos encontraria um ambiente fértil para o desenvolvimento.

3.7.2.4. *Cloud computing* – vantagens e desenvolvimento

Além da vantagem de evitar grandes custos operacionais, como comprar e instalar hardware de computador, obtenção de licenças, manutenção e atualizações etc.

Ainda há a possibilidade das empresas guardarem os seus dados remotamente, ainda que seja através de um smartphone.

Uma característica predominante nas transações em nuvens é a sua ocorrência quase que integral em um ambiente virtual.

Assim, as transações incorporam os contratos de bens e serviços, bem como os licenciamentos de softwares, aplicativos em formato digital.

Ao advento desses bens ou serviços adquiridos será necessário hospedarem o seu acesso através de computadores, smartphones ou outro hardware, contudo, o armazenamento desses softwares não precisão de um ambiente físico, portanto, diminui os custos do usuário, seja empresário, ou consumidor, ou mesmo o Estado.

De pronto já dá para observar diversas transações, não só com a transferência da tecnologia, mas também a licença para utilização, pode ser que

[612] Vide: file:///C:/Users/Fabio%20Gomes/Downloads/SSRN-id2038871.pdf, p. 1.

haja a necessidade de constantes atualizações, e, portanto, uma prestação de serviços constantes, que geram e espelham diversos aspectos no circuito econômico, não só na produção de bens e serviços materiais ou imateriais, como no setor varejista, até chegar ao consumidor final.

Na licença de uso (em nuvens, essa licença é muito simplificada), não haveria a transferência da titularidade, somente uma autorização de uso[613], nesse caso, haveria uma prestação de serviços constante de atualização e assistência técnica (conforme o contrato).

3.7.2.5. Implicações da pandemia COVID-19 e a ampliação da *cloud computing*

Em razão da crise pandêmica oriunda o vírus COVID-19, muitas empresas que funcionavam fisicamente, com os seus funcionários atuando em um determinado lugar de modo presencial, passaram a funcionar em um ambiente virtual, em home office.

Essa expansão já era uma tendência, contudo, passou a uma aceleração decorrente dessa crise global, e, com a facilidade dos fornecedores em nuvem conseguirem prestar o seu serviço em qualquer lugar, surgiram softwares que permitem os funcionários, de diversas profissões, de uma empresa a prestarem esses serviços remotamente.

Ademais, muitos prestadores de serviços de armazenamento em nuvens também desenvolveram programas com inteligência artificial que permitem solucionar problemas sem a necessidade de buscar algum consultor humano.

Neste sentido, todos os problemas acima aventados, são agravados pelo processo de aceleração da utilização do *cloud computing*.

Já havia um déficit normativo antes mesmo dessa crise, portanto, urge a aceleração das reformas, nomeadamente no direito tributário e civil.

Esse processo de aceleração, acompanhado da substituição presencial dos funcionários, e a maior utilização dos ambientes virtuais, aumentará substancialmente a perda fiscal.

As já combalidas economias mundiais, destroçadas pela crise pandêmica, perderão ainda mais com a inadaptação dos sistemas jurídicos tributários.

[613] Essa autorização poderá se dar através de uma remuneração paga ao servidor, ou aceitação de algum tipo de propaganda ou acesso aos seus dados.

Aquando pensarmos que esse problema não é local em cada Estado, si, com proporções mundiais, como já examinado, o *cloud computing* permite uma nova definição do princípio da territorialidade tributária, simplesmente pela dificuldade de definir em qual território deverá ser tributado.[614]

Nesse sentido, devem caminhar em paralelo os conceitos de direito privado, que servem para utilização, ainda que supletiva, de norte para o direito tributário.

Observa-se que no campo conceitual, isto é, na definição da natureza jurídica da transação realizada, a utilização do *cloud computing* permite não só uma rápida realização, mas também uma mistura conceitual dos institutos existentes.

3.7.4. Tributação através de plataformas digitais

Segundo o Dicionário Brasileiro da Língua Portuguesa, a palavra "plataforma" significa: "1. Superfície plana, horizontal, mais alta que a área adjacente..."[615]

Observa-se que o conceito de uma plataforma digital se refere ao plano de um computador, um *smartphone*, ou outro qualquer *software*, onde é disposto o acesso a determinado serviço, bem imaterial, ou outras transações que possa estar disponível pelo meio digital.

Nesse ambiente virtual em plataforma pode haver a disposição da empresa-contribuinte, ou mesmo o governo, de inumeráveis relações jurídicas, a todos eles seriam permitida a interação direta *on line*.

Essas empresas funcionam de forma integrada e um complexo núcleo de redes.

Segundo Baldwin e Woodard, as plataformas digitais devem ser analisadas sob três prismas: a. Desenvolvimento produtivo, b. estratégia tecnológica e c. economia industrial.[616]

614 Em relação a tributação nos Estados Unidos pela utilização do cloud computing vide: : Orly Mazur. Taxing the Cloud. Carlifornia Law Review. Vol. 103, February 2015, n. 1, p. 13. SHAKOW, David J. The Taxation of Cloud Computing and Digital. RESEARCH PAPER NO. 13-26 State Tax Notes 221, July 22, 2013. This paper can be downloaded without charge from the Social Science Research Network Electronic Paper Collection: http://ssrn.com/abstract=2304818.

615 Dicionário Brasileiro da Língua Portuguesa. Mirador Internacional. Companhia Melhoramentos de São Paulo Indústrias de Papel. 2ª Edição, 1977, p. 1148.

616 Cf. Carliss Y. Baldwin, C. Jason Woodard: "three distinct but related fields: product development, technology strategy and industrial economics. Although the term is used in diverse ways that seem difficult to reconcile, we find a number of common threads – most

3.7.5. Plataforma digital como instrumento de pagamento de tributo – IVA

Em 2019 a OCDE fez um relatório com o objetivo do desenvolvimento de plataformas digitais com o objetivo de cobrança do IVA em vendas *online*.[617]

Neste sentido, os Estados, com a necessidade urgente da adaptação de cobrança e controle das transações de bens e serviços digitais.

Reconhece-se que as plataformas digitais de pagamento tornariam o sistema de cobrança mais simplificado, unificado, coordenado, eficiente e, portanto, diminuiriam as fraudes e evasões fiscais.

Neste sentido, para que essa plataforma digital funcione de forma eficaz, a normatização dos tributos indiretos, com a adoção do IVA, enfim, mais uma vez a harmonização dos tributos indiretos demonstra uma necessidade de todos os Estados.

Sinalizam os Estados a preocupação de que a utilização dessas plataformas não aumente os custos administrativos.

Essa preocupação é pertinente, porém não bastaria a utilização desse recurso tecnológico, poder-se-ia fazer a utilização criptográfica da *Cloud Computing*, assim a segurança do armazenamento dos dados dos contribuintes seria garantindo ao menor custo.

Ademais, essas plataformas de cobrança digitais poderiam facilitar a comunicação entre os Estados e com isso fazerem um diálogo político multilateral coordenado[618].

Verifica-se, portanto, uma necessidade urgente dos Estados de criação e definição dessa plataforma digital, além das empresas que atuam em relações jurídicas mais simplificadas Estado/Estado, muitas empresas atuam no cenário internacional em várias jurisdições fiscal – Estados/Estados, assim, haveria a concentração em um só local, que faria a conferência dos

importantly, the conservation or reuse of a core component to achieve economies of scale while reducing the cost of creating a wide variety of complementary components Carliss Y. Baldwin, C. Jason Woodard. The Architecture of Platforms: A Unified View. file:///C:/Users/Fabio%20Gomes/Downloads/The_Architecture_of_Platforms_A_Unified_View.pdf, p. 2.

[617] Vide: OECD (2019), The Role of Digital Platforms in the Collection of VAT/GST on Online Sales, OECD, Paris. www.oecd.org/tax/consumption/the-role-of-digital-platforms-in-the-collection-of-vat-gston-online-sales.pdf.

[618] OECD (2019), The Role of Digital Platforms in the Collection of VAT/GST on Online Sales, OECD, Paris. www.oecd.org/tax/consumption/the-role-of-digital-platforms-in-the-collection-of-vat-gst-ononline-sales.pdf, p. 17.

dados, simplificando o procedimento e facilitando a arrecadação e distribuição dessa receita.

Essas plataformas poderiam envolver bens tangíveis, bens intangíveis e prestação de serviços.[619]

Em relação aos bens tangíveis, isto é, materiais, a fórmula tradicional de cobrança seria o suficiente, seriam consideradas as fronteiras dos Estados.

Contudo, ainda aqui, essa modernização na cobrança, seria emitido um documento *online* que seria utilizado para mera conferência nas fronteiras físicas.

Já os bens digitais (intangíveis) e as prestações de serviços digitais seria uma medida imprescindível.

Neste caso, essas informações poderiam ser utilizadas não só pelas autoridades fiscais, mas também para controle das transações realizadas, assim, evitaria, como se disse acima, as evasões e fraudes fiscais, mas também outros delitos conexos eventualmente cometidos.

Uma plataforma digital bem delineada seria um instrumento bastante útil a permitir esse mercado internacional para as pequenas e microempresas que poderiam encontrar nela o mecanismo, que ora simplificado/sem burocracias severas (sem perder o controle), minorariam os custos operacionais dessas empresas, portanto, haveria um grande universo concorrencial.

3.7.6. Responsabilidade do gestor da plataforma digital pela cobrança do IVA

Destaca a OCDE que haverá um espectro de obrigações assumidas pela plataforma digital, de forma obrigatória ou voluntária.[620]

Podendo, a plataforma, ser totalmente responsável pela cobrança e recolhimento do IVA ou ser um mero facilitador da cobrança e pagamento.[621]

Verifica-se que pelo objeto da responsabilidade, isto é, a cobrança e pagamento de um tributo, uma posição mais conservadora parece con-

[619] Vide: PARKER, Geoffrey; ALSTYNE VAN, Marshall and JIANG, Xiaoyue. PLATFORM ECOSYSTEMS: HOW DEVELOPERS INVERT THE FIRM. MIS Quarterly Vol. 41 No. 1, pp. 255- 266/March 2017.

[620] OECD (2019), The Role of Digital Platforms in the Collection of VAT/GST on Online Sales, OECD, Paris. www.oecd.org/tax/consumption/the-role-of-digital-platforms-in-the-collection-of-vat-gst-ononline-sales.pdf, p. 22

[621] Idem.

veniente, pois haveria acesso aos dados da empresa e do consumidor e à fonte de arrecadação que cada Estado teria.

Portanto, entende-se que essa plataforma deva ser somente um elemento facilitador para cobrança e pagamento do tributo, cabendo, de fato, a uma administração fiscal central a sua gestão, em consonância/coordenação com os Estados.

Destaca-se que a opção pela forma que a plataforma deva funcionar irradiará efeitos normativos e políticos em que se desenvolverão a sua efetivação.

A OCDE destaca, contudo, que não tem o objetivo de apresentar um modelo único para implementar um único regime de responsabilidade para plataformas digitais.[622]

Critica-se essa posição, pois haveria um camaleão normativo, e com o tempo a complexidade das normas referentes a essas plataformas influenciaria na concorrência entre as empresas.

Tanto numa hipótese quanto na outra essa plataforma deverá ser abastecida com dados e as autoridades fiscais designarão orientações específicas[623] para o bom funcionamento da plataforma.

Neste caso, o que vai designar o tipo de plataforma será a quantidade de informações/orientações contidas nela.

Vale ressaltar que a criação da plataforma digital fiscal fundamenta-se nos princípios da legalidade, igualdade e proporcionalidade.

No princípio da legalidade, todo o conteúdo disposto na plataforma deverá estar previsto em lei, obviamente que poderá haver uma margem de discricionariedade, afinal podem surgir situações específicas que assim o exigiram.

Ademais a obrigação tributária é *ex lege*, tanto a empresa quanto o consumidor precisarão ter normativamente o procedimento disposto em lei para que lhes seja garantida a segurança devida e assim propulsionar o desenvolvimento do comércio eletrônico.

Os procedimentos estabelecidos normativamente devem ser objetivos, assim como se torna essencial o compartilhamento das informações entre as autoridades fiscais dos Estados, assim seria evitado o casuísmo e, portanto, um tratamento desigual em situações idênticas, ou, ainda, uma empresa/consumidor seria(m) beneficiada(s) e outra(s) seria(m)

[622] OECD (2019), The Role of Digital Platforms in the Collection of VAT/GST on Online Sales, OECD, Paris. www.oecd.org/tax/consumption/the-role-of-digital-platforms-in-the-collection-of-vat-gst-on-onlinesales.pdf, p. 22.

[623] Idem, p. 26.

tributada(s) ou teria(m) um procedimento bem mais oneroso, portanto, desproporcional.

3.8. Conduto no terceiro milênio das transações de bens e serviços e as implicações internacionais oriundas da era digital – crise do vírus covid-19 e o processo de aceleração desenvolvimentista tecnológico – implicações ao processo de integração entre a União Europeia e Mercosul

3.8.1. Noções iniciais

Nos dias de hoje, o estabelecimento do progresso global nos setores econômicos e tecnológicos, traz ao direito grandes desafios, impõe aos países ações conjuntas, coordenadas e harmônicas.

Neste sentido, a tecnologia globalmente compartilhada, nomeadamente a Internet, mudou os comportamentos interpessoais, inicialmente voltado a comunicação, atualmente há uma complexidade de relações jurídicas feitas *online* de forma digital, impõe a todos os Estados, organizações, instituições, aos cidadãos etc.

As nações assistem atônitas às expansões exponenciais do vírus COVID-19, com implicações profundas no comércio internacional de efeitos prospectivos ainda incertos.

A crise COVID-19 acelerou as diversas vertentes da tecnologia digital, o que exigirá uma resposta igualmente rápida do desenvolvimento do direito.

3.8.2. Crise global decorrente da pandemia do COVID-19 e suas consequências

Inicialmente observa-se que na medida em que o vírus Covid-19 avança por todo o mundo aumentam as restrições à mobilidade de pessoas e bens, exigindo das empresas interrupções/suspensões ou funcionamento com um número reduzido de pessoas.

Essa crise global atinge as cadeias de produção e consumo, tendo como gênese a China, após a Europa e posteriormente as Américas.

Os setores produtivos, que compõem o início do circuito econômico ao fim, são atingidos com a redução de trabalhadores (seja porque ficou doente, ou porque não quer ficar doente, ou ainda porque houve demissão) e com muito vigor a fase final do consumo, neste último em razão da reclusão dos consumidores, o consumo ficou muito restrito a alimentação e medicamentos.

Verifica-se, ainda, que decorre dessas medidas restritivas o fechamento temporário de muitas empresas, redução em grande escala de viagens e mobilidade, crise no mercado financeiro, enfim, uma grande incerteza.

A grande preocupação mundial é a impossibilidade de estabelecer o quanto será impactado o crescimento do PIB dos países, o que se identifica de imediato é a forte contração na produção, nos gastos domésticos, investimento e comércio internacional.

Figura 1. O potencial impacto inicial de paralisações parciais ou completas na atividade nas economias do G7

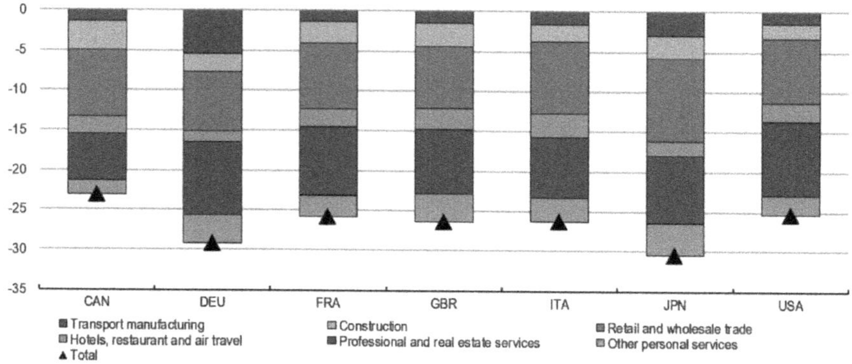

Por cento do PIB a preços constantes[624]
Fonte OCDE[625]

[624] Segundo nota da OCDE: "Os dados setoriais estão em uma revisão ISIC. 4 base em todos os países. Os setores incluídos são fabricação de equipamentos de transporte (ISIC V29-30), construção (VF), comércio atacadista e varejista (VG), transporte aéreo (V51), serviços de alojamento e alimentação (VI), serviços imobiliários, excluindo aluguel imputado (VL -V68A), atividades de serviço profissional (VM), artes, entretenimento e recreação (VR) e outras atividades de serviço (VS). Os dois últimos são agrupados como outros serviços pessoais na figura. Presume-se que os serviços imobiliários, excluindo aluguel imputado, sejam 40% do total dos serviços imobiliários em países nos quais dados separados não estão disponíveis. Encerramentos completos são assumidos na fabricação de transporte e outros serviços pessoais; são assumidos declínios de metade para a produção nas atividades de construção e serviços profissionais; e declínios de três quartos são assumidos em todas as outras categorias de productos diretamente afetadas pelas paralisações. Os cálculos são baseados na suposição de um desligamento em toda a economia, em vez de um desligamento confinado apenas a determinadas regiões." http://www.oecd.org/coronavirus/policy-responses/evaluating-the-initial-impact-of-covid-19- containment-measures-on-economic-activity-b1f6b68b/

[625] http://www.oecd.org/coronavirus/policy-responses/evaluating-the-initial-impact-of-covid-19- containment-measures-on-economic-activity-b1f6b68b/

Constata-se, de acordo com o gráfico acima, os vários setores atingidos não apenas no comércio internacional, tomando como parâmetro o G7, como no mercado interno de cada país, destacando o transporte manufaturado, hotéis, restaurantes, transporte aéreo, construção, prestação de serviços, setor retalhista e outras prestações de serviços.

Há também o impacto no setor turístico, muitos países movimentam suas economias com base no turismo, como restam prejudicados os deslocamentos aéreos e rodoviários, ainda mais com o isolamento social, a sociedade internacional deverá considerar a relevância da retomada nesse setor.

Atinge não só o comércio interno, mas também o setor hoteleiro (conforme gráfico acima).

Como consequência global, houve um encolhimento sensível do comércio internacional, portanto, das atividades econômicas, com imprevisão dos resultados, da duração e a dimensão dos resultados dessa crise.

Como cenário visível, haverá fechamento de empresas, nomeadamente as pequenas e microempresas, estas são e serão as mais atingidas tanto as empresas de bens, quanto as de serviços.

Constata-se que os consumidores evitam e evitarão ainda por algum tempo a presença física nas empresas, portanto, as mesmas devem buscar o comércio eletrônico como meio de sobrevivência.

Os bens e serviços essenciais continuam estáveis, contudo, há uma preocupação internacional com a possibilidade de desabastecimento.

Alguns setores, ao contrário, como se verá, foram impulsionados ao desenvolvimento com a crise, seja nas transações no comércio eletrônico, sejam bens e serviços de saúde.

3.8.3. Aceleração e desenvolvimento do comércio eletrônico

A criação do computador foi atribuída ao Pascal, que em 1642 inventou a primeira máquina mecânica capaz de calcular números.[626]

Já a gênese da Internet e o desenvolvimento do "World Wide Web" objetivavam facilitar a sociabilidade, contudo, a sua funcionalidade foi muito amplificada, permitindo uma transformação nas relações sociais em diversos setores.

[626] Cf. Savir, Gil, TI em nuvem e TI tributária: uma estrutura sugerida para a tributação da computação em nuvem (1 de outubro de 2015). Disponível em SSRN: https://ssrn.com/abstract=2851690 ou http://dx.doi.org/10.2139/ssrn.2851690, p. 4.

O comércio eletrônico já era uma realidade que vinha pouco a pouco impulsionando a realidade das pessoas em todo mundo, isto é, já se realizavam transações de bens e serviços pela via digital.

Contudo o processo foi extremamente acelerado em razão da pandemia do COVID-19, se tornando o grande protagonista na amenização na rotina das pessoas, e, por ser necessário o isolamento social, vem servindo como grande aliado contra essa guerra sanitária.

Na medida em que as empresas vêm se adaptando, bem como os consumidores, afloram os maiores benefícios e os potenciais que podem decorrer dessa nova realidade.

Atualmente muitas prestações de serviços que tradicionalmente eram presenciais, prestados em escritórios fechados, foram adaptados ao regime *home office*.

Assim como o fornecimento de bens, p. ex., os de gêneros alimentícios, farmacêuticos etc.

O trabalho remoto passou ser essencial para a movimentação da economia, o que antes era uma tendência passou a ocupar um espaço na sociedade de grande relevância.

No comércio eletrônico de bens e serviços no âmbito internacional as legislações internas e internacionais não apresentam respostas adequadas, gerando uma grande perda de receitas.

Em decorrência disso as maiores empresas de tecnologia digital – *Facebook, Google e Amazon*[627] – conseguem explorar essa lacuna tributária internacional, assim, a noção do que sejam bens ou serviços materiais, ou mesmo estabelecimento das empresas, todos num ambiente virtual.[628]

Observa-se que no ano de 2019 já havia cerca de 4,39 bilhões de usuários da Internet, um aumento de 9% em relação a 2018, com 5,11 bilhões de usuários de celulares.[629]

[627] Como sabido, o Facebook, a Amazon e o Amazon são as maiores empresas digitais do mundo: -o Facebook é a maior empresa de publicidade em mídia social, corresponde a 83,3%. -a Amazon é a segunda maior empresa de mídia digital nos EUA, com um valor de mercado estimado em US$ 921 bilhões e corresponde a 37,7% do comércio eletrônico do varejo nos EUA. -o Google corresponde a 37,2 em propaganda digital e 33% na propaganda em celulares, além de representar 90% das pesquisas realizadas na Internet no mundo. Vide: https://www.businessinsider.com/facebook-google-amazon-dominate-digital-economy-chart-2019- 6

[628] Cf file:///C:/Users/Fabio%20Gomes/Desktop/Midia%20Digital.pdf

[629] Vide: "Taxation of the Digital Economy: Adapting a Twentiethcentury Tax System to a Twenty – First Century Economy. Forthcoming Yale Journal International Law. Draft 1. Assaf Harpaz, p. 6.

Com os dados acima e impulsionado pela pandemia, houve uma grande aceleração nesse desenvolvimento, embora ainda não haja dados, o isolamento social impulsiona o consumo pela via digital.

Portanto, o ano de 2020 será marcado não só como o ano da pandemia COVID-19, mas também o ano de aceleração do desenvolvimento digital.

E com a maior elasticidade que o ambiente virtual permite, sobretudo por não haver fronteiras virtuais, que essas empresas consigam turbinar os seus lucros, seja por falta de regulamentação tributária, seja porque podem atrelar os seus estabelecimentos em países com menor carga tributária.

Neste sentido, faz-se necessário estabelecer normas internacionais tributárias que permitam estabelecer um quadro geral tributário, com a escolha do tributo mais adequado a ser implementado, bem como, administrações tributárias coordenadas entre os países.

As atuais normas tributárias internacional não foram projetadas para a complexidade da sociedade atual, sobretudo os novos conceitos jurídicos decorrentes do desenvolvimento tecnológico.

Constata-se, ainda, que o armazenamento dos dados digitais também foram ampliados, permitindo assim oferecer bens e serviços a um número massivo de usuários.

De outro lado, esses dados gerados nas mídias sociais podem gerar as mais variedades combustões econômicas, desde o marketing e oferecimento de bens e serviços, até mecanismos sofisticados utilizados pelas administrações fazendárias com o objetivo de evitar a evasão ou fraude fiscal.

O desenvolvimento da mídia social permite que indivíduos ou empresas criem sites ou aplicativos com o objetivo de impulsionar um determinado setor econômico.

Constata-se que o comportamento das pessoas em utilizar várias horas do seu dia os computadores e smartphones demonstra uma transição para o mundo virtual.

Já há um consumo proeminente de mídias sociais, mercados online, propagandas etc., portanto, está em plena ascensão o comércio eletrônico, gerando uma economia digital[630].

[630] Segundo a OCDE: "The digital economy is the result of a transformative process brought by information and communication technology (ICT), which has made technologies cheaper, more powerful, and widely standardised, improving business processes and bolstering innovation across all sectors of the economy." file:///C:/Users/Fabio%20Gomes/Desktop/Economia%20Digital.pdf, p. 13.

Dessa forma facilitaria não só o contato dos seus dados armazenados com outras pessoas e com elas compartilhar, com objetivos de oferecimento de bens e serviços.

Todas essas alterações no estilo de vida das pessoas exigem uma resposta do direito, com adaptações normativas e que somente serão propulsionadas através de uma atuação coordenada pelos Estados, nomeadamente no campo tributário.

3.8.4. Crise de 2007/2009 – exemplo pós-pandemia no aspecto financeiro e tributário

Observa-se que durante a crise de 2007/2009 o mundo experimentou uma recessão e com ela a diminuição de receitas.

Os impostos sobre o consumo, ao exemplo do IVA, foram os tributos menos afetados e, segundo a OCDE, configurou como tributos mais estáveis.

Os impostos sobre o consumo representam em média 11% do PIB dos Estados, cerca de 32,7% da receita tributária total.[631]

O IVA tipo-consumo vem assumindo cada vez um papel de protagonista, substituindo os demais impostos sobre o consumo.

Como era de se esperar, as receitas dos impostos reduziram muito durante a crise de 2007/2009, a recessão leva a redução do consumo e, por conseguinte. a diminuição da sua receita tributária.

Durante esse período houve uma diminuição de 0,30 pontos percentual neste período.[632]

Verifica-se que desde a criação dos impostos indiretos em Roma[633], o objetivo era aumentar as receitas tributárias.

No entanto, o seu desenvolvimento somente foi impulsionado após a década de 80, quando aumentaram mais de 50% e compondo de 4,5% a 7,0 do PIB[634], nomeadamente após a harmonização tributária dos tributos indiretos nos Estados membros da União Europeia.

Em 2017 as receitas oriundas do IVA alcançaram o montante de 60% das receitas total dos impostos sobre o consumo.[635]

[631] WHAT DRIVES CONSUMPTION TAX REVENUES? © OECD 2020, p. 10.

[632] WHAT DRIVES CONSUMPTION TAX REVENUES? © OECD 2020, p. 11.

[633] https://www.oxfordhandbooks.com/view/10.1093/oxfordhb/9780199935390.001.0001/oxfordhb9780199935390-e-38?print=pdf, p. 5.

[634] WHAT DRIVES CONSUMPTION TAX REVENUES? © OECD 2020, p. 11.

[635] Sobre a influência dos impostos sobre o consumo na macroeconomia vide: MENDOZA, Enrique G., RAZINB, Assaf, TESAR, Linda. "Effective tax rates in macroeconomics Cross-

3.8.5. Processo de assenhoreamento do trabalho por robôs – efeito pandemia COVID-19 – necessidade de harmonização fiscal internacional

O Bill Gates ao visualizar a necessidade de tributação dos robôs tinha a preocupação com a substituição de humanos produtores de bens e serviços por robôs.

Ao vislumbrar essa possibilidade de tributação, Bill Gates entende que as receitas auferidas devem ser convertidas em favor dos idosos ou das crianças.[636]

Assistimos o processo evolutivo no setor robótico, a criação de robôs com a possibilidade de autoaprendizagem, isto é, com inteligência artificial[637] – AI.

Já há algum tempo, os robôs já estão ocupando espaço no setor de automação, só que agora, com o aprimoramento da inteligência artificial, muitas profissões, hoje exercidas somente por humanos, serão preenchidas por robôs.

O que diferenciaria uma situação da outra, é que na segunda hipótese, estaria em experiência a substituição de trabalhos de "colarinho branco"[638], p. ex., advogados ou juízes. Ou, carros sem motoristas, máquinas realizando complexas transações financeiras.[639]

No campo jurídico, já há a preocupação com a repercussão trabalhista (afinal restará substituído seres humanos no mercado de trabalho), no campo cível (responsabilidade civil por danos causados pelos robôs), no campo penal (se o dano causado levar a lesão corporal ou morte, p. ex.), no âmbito administrativo etc.

country estimates of tax rates on factor incomes and consumption" Journal of Monetary Economics 34 (1994) 297-323.

636 Vide: https://translate.google.com/translate?hl=ptBR&sl=en&tl=pt&u=https%3A%2F%2Fqz.com%2F911968%2Fbill-gates-the-robot-that-takes-your-jobshould-pay-taxes%2F&anno=2&prev=search

637 Guillermo Sanchez-Archidona Hidalgo. La tributación de los servicios digitales y la conflictividad tributaria: entre una deficiente técnica legislativa y la imposibilidad de someter a gravamen los algoritmos y los datos. Cronica Tributaria, Boletín de Actualidad 2/2012, pp 288. Fabio Luiz Gomes e Fabíola Vianna Morais. Inteligência Artificial – Desafios Acerca do seu Estatuto Jurídico. Fundamentos do Direito – Estudos em Homenagem ao Professor Francisco dos Santos Amaral Neto. Processo, 2021, pp. 617 e ss

638 ENGLISCH, Joachim. Digitalisation and the Future of National Tax Systems: Taxing Robots?, p. 1. file:///C:/Users/Fabio%20Gomes/Downloads/SSRN-id3244670.pdf

639 Cf. SCHERER, Mathew U. REGULATING ARTIFICIAL INTELLIGENCE SYSTEMS: RISKS, CHALLENGES, COMPETENCIES, AND STRATEGIES.Harvard Journal of Law & Technology Volume 29, Number 2 Spring 2016, p. 354.

Acrescente-se, ainda, que haverá um aumento na produção de bens e serviços decorrentes da substituição de humanos e com isso uma maior massificação na produção, fenômeno esse que já ocorre desde a revolução industrial, só que agora haveria uma maior sofisticação, pois não seria somente a mão de obra braçal, mas também a intelectual que seria substituída.

A experiência revolução industrial nos demonstrou que para o prosseguimento do desenvolvimento econômico era necessário acrescentar o ser humano como protagonista na atuação do circuito econômico, desde a produção até o consumidor final.

Nesse sentido, a tributação pode equilibrar essa balança, isto é, não só a tributação sobre a renda produzida, mas também os bens e serviços realizados por máquinas com autonomia,[640] afinal, o que se propaga, é a utilização das máquinas em benefício da humanidade.

Obviamente haverá os custos do investimento nessa tecnologia e também os custos de manutenção dos robôs, com certeza servirá (como já serve atualmente) de argumentos contrários a qualquer ônus extra que possa trazer ao seu proprietário, como seria o caso da tributação sobre os robôs.

Argumentar-se-ia, ainda, que a precisão e velocidade nas decisões, a capacidade laboral (poderia alcançar 24 horas de trabalho diário), não adoeceriam (se bem que haveria os custos de manutenção) etc., isso tudo traria grandes benefícios a sociedade, o que justificaria a incursão dos robôs.

Contudo, seria necessário um período de adaptação, para qualificação humana, de modo que eles possam ser inseridos no novo contexto, o caminhar tecnológico deve ter o substrato humano como elemento essencial.

Portanto, deve haver uma adaptação dos sistemas tributários nacionais e, sobretudo, os internacionais, de modo em que haja uma tributação proporcional harmonizada que permita o pleno desenvolvimento humano.

Interessante notar que o direito tributário se utiliza muitas vezes (apesar da reconhecida autonomia desse direito) dos conceitos do direito privado, nomeadamente do direito civil.

Nesse sentido, não haveria uma autonomia financeira ou substantiva entre o robô e o seu proprietário ou possuidor, assim as repercussões decor-

[640] Segundo Joachim Englisch: "From a national government perspective, this could imply a double fiscal challenge: revenues from taxing labour (including social security contributions – SSCs, also referred to as payroll taxes) could shrink, while at the same time, the costs for re-training programs, unemployment benefits or public employment initiatives could rise." Englisch, Joachim. and the Future of National Tax Systems: Taxing Robots?, p. 2.

rentes desse tratamento não colocariam os robôs como contribuintes tributários, sim, os proprietários ou possuidores.[641]

Considera-se, portanto, o robô um instrumento a ser utilizado por um agente econômico, com necessidade de regulamentação própria.

Também será objeto de discussão o local onde será tributado, aqui considera-se como o local onde o bem é produzido ou o serviço é prestado.

No âmbito internacional, nesse sistema jurídico harmonizado, deverá haver um cadastro internacional, com requisitos rígidos que identifique o tipo de bem e serviço para haver conferência do Estado tributante.

De acordo com as regras internacionais atuais, será o Estado de destino do bem ou serviço.

Na tributação indireta, além da harmonização internacional necessária, com a adoção de um imposto sobre o valor acrescentado – IVA em todos os Estados, a administração fazendária dos Estados devem manter uma cooperação com sistemas interligados, para evitar a evasão[642] e a fraude internacional.

3.8.6. Prospecção da saúde e da economia – implicações ao comércio eletrônico

Na mesma velocidade os governos e administrações públicas deverão se adaptar, uma integração maior entre os governos – estudos e ações, uma coordenação e comunicação entre as administrações, somente assim poder- se-á avançar na superação dessa crise internacional, mas também evitar futuras crises.

[641] Joachim Englisch apresenta o argumento de que poderia ser implementado um regime jurídico aplicado aos robôs semelhantes aos aplicados as empresas, concedendo-lhes uma personalidade jurídica de direito tributário derivado.
Englisch, Joachim. and the Future of National Tax Systems: Taxing Robots?, p. 2.
No entanto, entende-se que seria necessário uma autonomia do robô que o possibilitasse ser entendido se auto-determinar, caso isso ocorresse, as alterações normativas seriam tantas, que poucas normas seriam aproveitadas, o que de fato seria necessário um sistema jurídico próprio, e o ser humano por trás da máquina seria um controlador/responsável, mais se assemelhando a um proprietário de um animal.

[642] César García Novoa. *La conflictividad en los delitos y en las infracciones tributarias.* DOCUMENTOS DE TRABAJO 11/2019 VII Encuentro de Derecho Financiero y Tributario "Una estrategia global al servicio de la reducción de la conflictividad en materia tributaria" Cristina García-Herrera Blanco (coordinadora) Instituto de Estudios Fiscales.

Já era sinalizado por diversas instituições[643] que poderíamos ter um cenário de crise global, seja no campo econômico, saúde pública, cibernética etc.

Essa experiência passada com o resultado presente impõe ao mundo uma maior integração, coordenação e aproximação dos seus sistemas jurídicos, assim seriam antecipados os problemas com soluções de longo prazo.

Nesse momento, é evidentemente negligenciado o setor da saúde, com repercussões globais, inclusive alterando ou antecipando formas humanas de viver.

As transações internacionais de bens e serviços foram consubstanciadas de forma a serem extremamente lucrativas, todavia, como foi feita de maneira desconexa, mostrou-se com grande fragilidade nesse momento de crise, e as trocas econômicas que foram ou podem ser interrompidas produzem efeitos devastadores para a humanidade.

3.8.7. A pandemia e a descortinação da objetificação do ser humano

Na verdade, são as pessoas que devem gravitar todos os outros setores, nesse momento a discussão repercute na saúde e na economia.

As ciências devem ter como pressuposto o ser humano e para ele ser voltado.

Na economia o comportamento do consumidor é essencial para o seu desenvolvimento e essa pandemia veio a descortinar suas falhas ao não fazer isso.

Interessante notar que muitas empresas acreditam que é o isolamento social o grande vilão da economia e pressionam os Estados a voltar urgente para dita normalidade, desconsiderando o consumidor como o ser humano.

Na prática, os Estados que estabelecem que o seu comércio gradativamente retorne a normalidade, os consumidores em razão da autopreservação, vem se impondo e não buscando o consumo físico.

Faz-se necessário, portanto, estudos devem ser realizados para compreender melhor as ações dos consumidores no mercado econômico[644], uma coisa é certa, a principal falha está na coisificação do ser humano – que tem como característica principal a busca pela autodeterminação ou livre arbítrio.

[643] Por exemplo o estudo da OCDE: http://www.oecd.org/naec/averting-systemic-collapse/

[644] A OCDE realiza um estudo sobre o comportamento dos consumidores na economia: http://www.oecd.org/naec/projects/naecinnovationlab/

3.8.8. Grave crise da commodities do petróleo – repercussões tributárias no âmbito internacional e nos Estados

No âmbito internacional, o setor de petróleo e derivados foi fortemente atingido até um nível nunca visto desde 1995.

Acrescente-se a isso, a OPEP e a Rússia fizeram cortes na demanda internacional do petróleo para lidar com o excesso global, diante disso o *Global Economic Outlook do Conference Board* entende que a demanda por petróleo será recuperada lentamente, portanto, essa diferença permanecerá até o final do ano de 2020.[645]

Por mais ações que se façam o resultado dessa crise no setor do petróleo será uma redução do preço e pressão no armazenamento do mesmo, não será o suficiente para evitar uma nova onde na crise do petróleo, afinal os veículos automotores, os aviões etc estão com uma redução agressiva e a retomada será lenta.[646]

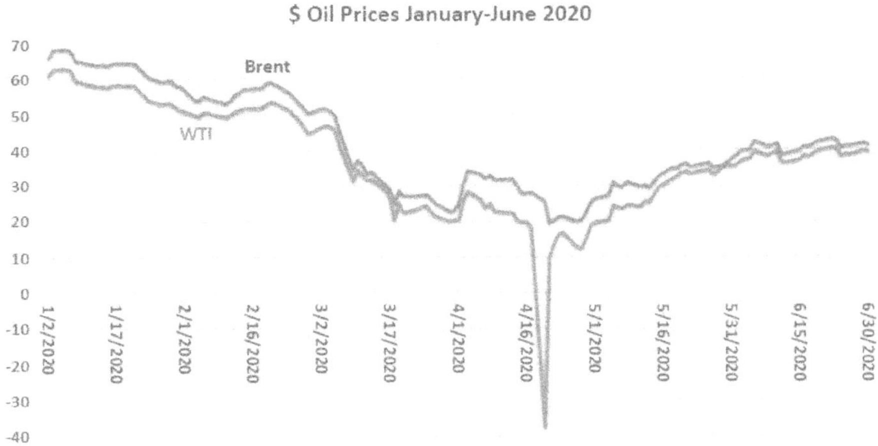

Fonte GeoExpro

Observa-se que no mês de abril o preço do petróleo foi abaixo de zero.

[645] Vide: https://www.conference-board.org/data/globaloutlook/

[646] Com 40 dólares por barril ou menos, alguns poços, especialmente no Oriente Médio, permaneceriam lucrativos, e outros podem pelo menos cobrir os custos operacionais. No entanto, preços baixos impediriam a maioria dos produtores de investir em novos campos, o que pode representar uma ameaça à viabilidade a longo prazo do setor.

O setor aéreo, grande consumidor de derivados do petróleo, teve uma queda brutal no seu funcionamento, diversas empresas ou requereram recuperação de empresas ou a falência.

Obviamente esse quadro gerou repercussões na perda de arrecadação tributária nos Estados produtores e com isso a crise se torna ainda mais aguda.

Denota-se que serão necessárias medidas de coordenação mundial em diversos setores, não só para buscar uma economia sustentável, mas para assegurar a retomada das transações de bens e serviços no comércio internacional.

Essas estratégias globais devem estar ajustadas com medidas de saúde pública.

Havia uma ansiedade global para retomar a rotina ora perdida e retomar as viagens, desde que não haja um risco de contrair o COVID-19, ainda hoje, apesar de ter diminuído o grau de contágio, há este justo receio.

Qualquer medida a ser tomada no sentido de retomar a economia deve projetar cenários de riscos e, portanto, proporcional aos riscos a saúde pública.

No quadro atual o avanço no processo de integração entre os blocos regionais se fortalecidos contribuirá para o crescimento não só das regiões envolvidas e os seus Estados membros, mas também será uma medida necessária para a própria retomada do crescimento mundial.

Essa nova crise do petróleo, agora por razões de força maior, pode ser superada com ações coordenadas e uma maior aproximação entre os Estados, exponencialmente avançada em razão da guerra Rússia e Ucrânia.

Além disso, os diversos setores e empresas devem buscar mais ainda a energia limpa como alternativa de superação dessa crise.

3.8.9. Implicações na tributação internacional de bens e serviços

Como consequência ainda, há uma perda muito grande de arrecadação tributária e as administrações fiscais de todos os países tentam encontrar uma solução rápida para esse decréscimo financeiro.

Os tributos globalizados, como é o imposto de renda – IR (tributo direto)[647] e o imposto sobre valor agregado – IVA (tributo indireto) serão nos próximos anos o maior desafio para os Estados, não só no campo arre-

[647] Gomes, Marcus Lívio. Reforma Tributária e a Tributação da Economia Digital: Aspectos Internacionais e Nacionais. Reforma Tributária – Tributação, Desenvolvimento e Economia Digital. Coordenador Fabio Luiz Gomes. Editora Almedina: São Paulo/Coimbra, 2022, pp. 265 e ss.

cadatório, mas na administração fiscal, nas transações de bens e serviços internacionais/regionais e internos.

As empresas mais impactadas em todo o mundo são as pequenas e médias empresas, portanto a resposta deverá vir globalmente também através das organizações internacionais.

O protagonismo agora é da Organização Mundial da Saúde, pois, o Covid-19 atingiu ao mundo inteiro, gerando um problema de saúde global, e a única resposta eficaz também será global, sob pena de termos ondas constantes de disseminação desse vírus na população mundial.

A Organização Mundial do Comércio deverá coordenar os países nos impactos negativos que essa pandemia está gerando no comercio internacional de bens e serviços, estabelecer estudos para minimizar esse impacto, demonstrar tendências e preparar o retorno pós-pandemia.

Além disso, os blocos regionais como a União Europeia e Mercosul serão testados na sua plenitude, deverão demonstrar se de fato há uma integração de tal modo fortalecida para reagir ao momento atual de restrições às suas populações e desenvolver ações coordenadas de recuperação, sob pena de não só perderem o protagonismo atual, mas também regredir décadas de desenvolvimento, correndo o risco de fragmentação, ou mesmo total deteriorização.

As restrições dos Estados não podem atingir o mercado internacional de bens e serviços ligados ao setor da agricultura e a insumos e bens de saúde (EPI's, respiradores etc), sob pena de colocar em risco a vida e a saúde da população mundial.

Mais recente, questiona-se se haveria um movimento e desglobalização[648], não só em razão da Crise Mundial oriunda da Pandemia Covid-19, mas também após o início do conflito armado entre a Rússia e Ucrânia.

Mas também é fato que o bloco regional União Europeia permitiu uma forte união entre os Estados membros e uma reação próxima, com isso houve o fortalecimento das suas relações.

Nesse sentido reforça-se a necessidade de uma atuação coordenada dos Estados em nível global através das organizações internacionais, aqui, no setor do comércio internacional a Organização Mundial do Comércio – OMC.[649]

[648] Entende-se a globalização um processo necessário, almejado pelas pessoas que compõe todos os Estados, ainda que haja algum retrocesso, posteriormente será buscado o retorno a normalidade.

[649] file:///C:/Users/Fabio%20Gomes/Downloads/208R1.pdf

Como efeito imediato, o comportamento dos consumidores acelera o desenvolvimento do comércio eletrônico, agora como uma necessidade imediata para manter o isolamento social.

Diversos setores de transações de bens e serviços foram impulsionados na forma eletrônica, nomeadamente os aplicativos (APP) de alimentos, programas digitais, produtos farmacêuticos, filmes/séries/vídeos caseiros etc.

Conforme explicita a *Agriculture Market Information System (AMIS)*, as commodities do setor agrícola permanecem estáveis e no mercado global do trigo, arroz e milho[650] os estoques estão bem supridos e não se vislumbra a possibilidade de interrupção do seu fornecimento.[651]

Ressaltando, entretanto, que alguns Estados continuam ampliando medidas restritivas[652] em relação aos seus produtos agrícolas.[653]

Mapa de restrições a exportação de alimentos

Source: COVID-19 Food Trade Policy Tracker. Extracted 28 April 2020.

650 Sinaliza, a AMIS, em razão da crise global o preço do milho começou cair. Vide: file:///C:/Users/Fabio%20Gomes/Desktop/AMIS_Market_Monitor_current.pdf

651 http://www.amis-outlook.org/news/detail/en/c/1152643/

652 Vide: https://www.ifpri.org/project/covid-19-food-trade-policy-tracker

653 Idem.

Apesar da tendência no mercado global dessas transações no comércio internacional se manterem estáveis e progressivamente se desenvolvendo, as experiências consubstanciadas na crise de 2007-2008 afetam ainda os dias de hoje.

Estima o *International Food Policy Research Institute* – IFPRI que "Contra a crise de preços de alimentos de 2007-2008, as restrições atualmente afetam cerca de 5% das calorias comercializadas globalmente, contra 19% na crise de preços de alimentos de 200-2008."[654]

A aplicação do princípio da tributação no Estado de origem ou de destino tem grande influência nesse momento.

Pode ser que o Estado para manter sua produção doméstica agrícola aumente a tributação na exportação desses bens ou para incentivar a exportação diminua ou mesmo aplique alíquota zero.

Verifica-se que se não houver uma harmonização fiscal internacional esses problemas ainda não coordenados, isto é, haverá uma forte crise internacional econômica e uma forma de superação é uma atuação integrada entre os Estados.

Os sistemas tributários internos podem servir de mecanismos para ampliar as desigualdades entre os Estados, na medida em que poderão manipular a tributação na exportação e importação de gêneros alimentícios e bens e insumos hospitalares.

Essa mesma lógica se aplicaria aos produtos hospitalares, com a peculiaridade de que a maior parte desses produtos é oriunda da China[655], o que gera distorções concorrenciais na medida em que há uma grande procura

[654] https://www.ifpri.org/project/covid-19-food-trade-policy-tracker

[655] Segundo relatório do Banco Mundial em 2019: "Gross domestic product (GDP) growth has averaged almost 10 percent a year since 1991; and per capita gross national income (GNI Atlas Method) reached US$9,470 in 2018, classifying China as an upper-middle income country.1 At market exchange rates, China is the second largest economy in the world." http://documents.worldbank.org/curated/en/902781575573489712/pdf/China-Country-PartnershipFramework-for-the-Period-FY2020-2025.pdf Contudo, como é notório, esse relatório foi feito em 2019 e a China foi o primeiro país a sentir os efeitos da pandemia – foi a gênese dela – mas, provavelmente será primeiro país a retomar o crescimento, mas sofreram grandes impactos econômicos, sociais e na saúde pública. A China possui cerca de 95% do setor industrial dos produtos hospitares e à medida que as restrições forem diminuindo haverá uma demanda reprimida em meio a uma reversão das medidas de prevenção. Vide: http://documents.worldbank.org/curated/en/925591583252308139/pdf/When-Elephants-MakePeace-The-Impact-of-the-China-U-S-Trade-Agreement-on-Developing-Countries.pdf

desses bens e os preços ficaram muito altos. Mesmo assim esses produtos se tornaram escassos, levando a muitos óbitos de pessoas pela falta deles.

Observa-se, portanto, uma falta de coordenação dos Estados, acumulados com a concentração da sua produção em um único Estado.

De outro lado, as empresas que não conseguirem se adaptar a essa nova realidade estarão fadadas a grandes crises ou mesmo ao fechamento.

Segundo relatório da Organização Mundial do Comércio – OMC, é crescente o número de países que apresentam restrições ao comércio através de medidas de isolamento social, atualmente são oitenta países que praticaram o isolamento social.[656]

Há uma preocupação da OMC com a falta de transparência dos Estados no nível multilateral e os riscos de longo prazo.

Há um problema global de saúde pública em razão recente do COVID-19 e mais proximamente a Guerra entre a Rússia e Ucrânia, porém é preciso ficar claro que as cadeias atingidas por essa expansão afetam diretamente o comércio, as relações internacionais, impõem comportamentos etc. Será esse o grande desafio do direito nesse momento.

3.8.10. Desintegração do processo de globalização e regionalização?

A história reverbera momentos de expansão ou retração do processo de globalização, contudo a interação entre as sociedades consubstancia-se uma necessidade, ainda que seja pela força (conflitos) ou pela afluência entre os povos.

Na história recente estamos num momento em que se discute a retração ou mesmo a extinção do movimento globacionista.

Já havia uma política isolamento dos Estados, antes mesmo da pandemia, todavia com o avanço dela surgiram grandes movimentos:

a. O aprofundamento da saúde global e com isso uma maior solidariedade entre os Estados para que possam combater o inimigo invisível que é o vírus COVID-19.
b. A busca de culpados e com isso acentuar o fechamento das fronteiras e regredirmos sensivelmente décadas de evolução no comércio internacional.
c. O conflito armado reacende o temor de grandes perdas humanas, como já está acontecendo na Ucrânia, mas também reacendeu uma

[656] https://www.wto.org/english/tratop_e/covid19_e/export_prohibitions_report_e.pdf

luz de que a união entre os países inibem o crescimento de políticas expansionistas de governos ditadores ou autocratas.

Como consequência direta e mediata dessa crise global pandêmica, está a importação da China dos bens de insumos e os demais bens necessários para atendimento das vítimas em seus países dessa crise. Ressaltando que mais de 90% da produção mundial desses bens está na China.

Já em relação ao Conflito Armado entre a Rússia e Ucrânia despertou a necessidade de autossuficiência da União Europeia, ou ao menos diversificar com outros países a sua exportação.

Consubstanciava-se uma grande crise mundial nas transações internacionais de commodities, ampliada por essas duas grandes causas- crises: a pandemia e a guerra.

A solução nunca estará no isolamento dos países, sim, na sua união, uma reconstrução racional dessas transações, uma reforma tributária global anteciparia esses resultados.

Verifica-se que o Art. XI do Acordo Geral de Tarifas e Comércio (GATT) de 1994 proíbe restrições à exportação, porém a situação que agora ocorre constitui um fato novo, de proporções mundiais, isto é, a pandemia e o conflito armado entre a Rússia e a Ucrânia.

Ademais, não deverá impor essas restrições a bens essenciais, o que, a exemplo dos alimentos, exige que deem a devida consideração às necessidades de segurança alimentar, além dos setores energéticos, já por demais fragilizados nas transações internacionais.

Não se deve desconsiderar que os Estados priorizaram o atendimento das necessidades domésticas, todavia mister haver uma atuação racional de modo que não haja privação das pessoas dos demais Estados.

Assim deverão os Estados alinhar medidas urgentes a regulamentar essas situações, afinal o colapso de um Estado atingirá todos os demais, há uma interdependência.

Entende-se que não se deve deixar a solução na construção do preço, pois apesar de haver a possibilidade do mercado internacional estabelecer preços mais altos (já uma realidade), também poderá ocorrer dos governos internos dos países estabelecerem incentivos, ou mesmo intervenções mais radicais, para que esses bens e serviços fiquem internamente, prejudicando assim o suprimento mundial.

Dada a especificidade que o momento exige, a mera notificação à OMC (Decisão de 2012 sobre Procedimentos para Restrições Quantitativas da

OMC), embora necessária não seja o suficiente para evitar outras tragédias humanas com as mortes já ocorridas, mais também a fome que já assola a humanidade, que será ainda mais fragilizada.

As medidas deverão consistir em ações coordenadas entre os Estados, Blocos Regionais e demais instituições internacionais estabelecendo protocolos, recomendações, atos internacionais de forma justa e racional.

Um exemplo próximo do que pode ocorrer, está na aquisição descoordenada dos respiradores, onde mais de 90 % (noventa por cento) da produção mundial encontra-se na China e os países desesperados começaram a comprá-los a qualquer preço, prejudicando os demais países que também precisavam e inviabilizando outros. Tragicamente morreram e morrerão muitos em razão dessa falta de coordenação internacional.

3.8.11. Retorno a bussola da racionalidade

O Estado Sanitário impõe mudanças no setor da saúde, uma governança mais eficaz, um entrelaçamento de ações que evitem que se propague dessa forma.

Assim como um conflito armado no coração da Europa, um pulsar esquecido outrora esquecido, a relembrar a humanidade a fragilidade de uma vida, que somente por ações coordenadas podem evitar tragédias maiores.

Não é um movimento armamentista a solução, sim ações coordenadas, o fortalecimento das relações entre os Estados democráticos, pois o risco iminente em firmar compromissos com Estados não democráticos é muito alto e o resultado é sempre pesado para todos.

Nesse momento tão sensível as pessoas, tanto no aspecto individual quanto coletivo, será o grande desafio do início do terceiro milênio.

Será exigido dos Estados ações governamentais integradas, coordenadas, transparente, eficientes, modernas e, mais humanas; seja por iniciativas desses ou a defesa do próprio planeta, evitando, assim, que seja demasiada enfraquecida ou mesmo o seu fim.

Os países vêm adaptando os seus sistemas tributários ao momento de crise, com desoneração tributária dos produtos e insumos de saúde, bem como os alimentares.

De outro lado, as reformas tributárias, ainda que em fase prospecta, poderão buscar como solução o aumento na tributação sobre a energia, estas poderão tornar a vida das pessoas ainda mais penosa, afinal, a calefação, ou transporte de bens e pessoas, enfim, todos os setores serão atingidos e as pessoas serão gravemente atingidas.

Os blocos regionais ao formar ações mais coordenadas e racionais poderão preencher a lacuna do não saber o que fazer, neste sentido, a União Europeia poderá novamente assumir um protagonismo mundial.

Os movimentos de integração, como o acordo entre a União Europeia e o Mercosul poderão aprimorar os seus sistemas jurídicos, neste caso o fiscal, assim, poder-se-á exercer pressão no direito internacional que avance também neste sentido.

Verifica-se que a Diretiva 2011/16/EU do Conselho de 15 de fevereiro de 2011, sinalizava "é cada vez mais necessária a assistência mútua entre Estados-Membros no domínio da fiscalidade".

Essa diretiva foi criada com o objetivo de estabelecer uma cooperação administrativa na fiscalidade e com isso uma maior comunicação entre as administrações fazendárias de cada Estado e com isso combater as fraudes e evasões fiscais.

Contudo, para ser plenamente implementada precisa ainda hoje da adaptação de todos os Estados membros dos seus sistemas administrativos fiscais para que possa haver uma plena comunicação entre eles.[657]

Esse sistema de comunicação fazendária poderá servir de modelo para um sistema de comunicação fazendária global, com isso minimizar os impactos das fraudes e evasão fiscais[658], com modelos integrados.

Em relação a esse ponto, constata-se que será necessária uma harmonização fiscal internacional dos tributos indiretos, pois somente assim poderá ser viabilizado essa intercomunicação entre os sistemas fazendários.

Já havia uma perda significativa de arrecadação do IVA de aproximadamente 140.000 milhões de Euros, com a pandemia estima-se um aumento de dessa perda para 164.000 milhões de Euros.[659]

657 Com a Diretiva 2011/16/UE a troca de informações passaria a ser automática nas administrações fazendárias dos Estados membros. Ela foi alterada pela Diretiva 2018/822/EU e estabeleceu um prazo para adotarem e publicarem até 31 de Dezembro de 2019 e implementarem em 01 de Julho de 2020. Contudo, em razão da crise COVID-19 vários Estados solicitaram o diferimento a respeito das trocas automáticas das quais os beneficiários são residentes fiscais em outro Estado membro, gerando uma incontornável possibilidade de coletar e processar os dados.

658 César García Novoa. *La conflictividad en los delitos y en las infracciones tributarias.* DOCUMENTOS DE TRABAJO 11/2019 VII Encuentro de Derecho Financiero y Tributario "Una estrategia global al servicio de la reducción de la conflictividad en materia tributaria" Cristina García-Herrera Blanco (coordinadora) Instituto de Estudios Fiscales.

659 Cf. https://ec.europa.eu/commission/presscorner/detail/es/ip_20_1579.

A Comissão Europeia busca uma Política Tributária da União Europeia com o objetivo de recuperação econômica da União Europeia, para isso estabeleceu como princípios norteadores a equidade e simplicidade.[660]

De acordo com o princípio da equidade deve buscar um sistema tributário justo e com isso reforçar as perdas fiscais decorrentes da evasão e fraude fiscal[661], assim evitar-se-á a concorrência fiscal entre os Estados membros, bem com uma maior transparência fiscal.[662]

A Comissão Europeia definiu três estratégias para recuperação da Europa: a) Um plano de Ação Fiscal, b) Uma proposta sobre cooperação administrativa e c) A comunicação sobre a boa governança fiscal.[663]

Estabeleceu como plano de ação a busca pela economia moderna, eliminação de obstáculos em todas as etapas e utilização da tecnologia. A cooperação administrativa com a utilização de plataformas digitais para realizar as transações de bens e serviços. Por fim, a comunicação sobre a boa governança fiscal, nesta propõe a reforma do Código de Conduta para estabelecer boas práticas fiscais, ainda propõe que a colaboração e desenvolvimento da área fiscal esteja de acordo com a Agenda 2030.[664]

Observa-se, portanto, que será necessário aperfeiçoar a gestão administrativa dos tributos, tanto no aspecto normativo como nos procedimentos.

A utilização da tecnologia será o grande propulsor da recuperação fiscal não só dos Estados membros da União Europeia, como será a única saída para os demais países do mundo.

O préstimo das plataformas digitais que podem uniformizar procedimentos, bem como a utilização da *Cloud Computing* como meio de armazenamento de dados dos contribuintes e do fisco, a inteligência artificial[665]

[660] Cf. https://ec.europa.eu/commission/presscorner/detail/es/ip_20_1334.

[661] César García Novoa. *La conflictividad en los delitos y en las infracciones tributarias.* DOCUMENTOS DE TRABAJO 11/2019 VII Encuentro de Derecho Financiero y Tributario "Una estrategia global al servicio de la reducción de la conflictividad en materia tributaria" Cristina García-Herrera Blanco (coordinadora) Instituto de Estudios Fiscales.

[662] Cf. https://ec.europa.eu/commission/presscorner/detail/es/ip_20_1334.

[663] Cf. https://ec.europa.eu/commission/presscorner/detail/es/ip_20_1334.

[664] Cf. https://ec.europa.eu/commission/presscorner/detail/es/ip_20_1334.

[665] Guillermo Sanchez-Archidona Hidalgo. La tributación de los servicios digitales y la conflictividad tributaria: entre una deficiente técnica legislativa y la imposibilidad de someter a gravamen los algoritmos y los datos. Cronica Tributaria, Boletín de Actualidad 2/2012, pp 288. Fabio Luiz Gomes e Fabíola Vianna Morais. Inteligência Artificial – Desafios Acerca do seu Estatuto Jurídico. Fundamentos do Direito – Estudos em Homenagem ao Professor Francisco dos Santos Amaral Neto. Processo, 2021, pp. 617 e ss

simplificando procedimentos etc, enfim, como dito, serão meios essenciais para a retomada do crescimento econômico, sobretudo, no aspecto fiscal.

Como estratégia, alguns Estados autorizaram a redução da alíquota a zero no aspecto quantitativo do fato gerador tributário ou estabelecer por lei uma isenção, além de alterações e simplificações nas declarações das empresas/contribuintes ou consumidores/contribuintes.

O grande desafio dos Estados membros será ter essas iniciativas sem causar distorções financeiras, concorrenciais etc no âmbito da União Europeia.

Já o Mercosul ainda mostra fragilidade no seu processo de integração, com ações individuais dos seus Estados-partes para fazer frente aos desafios internacionais na reconfiguração internacional.

As ações, do Mercosul, para o enfrentamento das crises globais são díspares e descoordenadas, o que dificulta mais ainda a retomada econômica dos Estados-partes.

Portanto, as medidas fiscais na circulação de bens e serviços são tomadas internamente, não há uma coordenação regional.

Uma reforma tributária regional dos tributos indiretos, seria de sobremaneira necessária, para impulsionar as transações de bens e serviços dentro do bloco Mercosul e o fortaleceria para avançar para um Bloco inter-regional com a União Europeia.

Verifica-se que o desafio tributário será não só por ações individuais nos ordenamentos internos de cada Estados membros do Mercosul, mas também em normas oriundas do Mercosul, somente dessa forma se evitará assimetria as ou dissonâncias concorrências.

Já visando o Acordo entre a União Europeia e Mercosul, fez parte da pauta dessa reunião o Comitê Técnico nº 7 sobre Defesa do Consumidor[666], não só a proteção do consumidor, mas uma eventual cooperação entre os dois blocos regionais.

Evidencia-se que a produção de normas de proteção do consumidor será de grande utilidade para impulsionar as transações de bens e serviços entre os dois blocos regionais, contudo, os direitos do contrato em uma abordagem mais ampla será ainda mais necessário – harmonização do direito privado que tome como parâmetro as normas da CISG.

Com isso, definido os conceitos tributários em consonância com os do direito privado esse processo de integração ganhará um grande impulso.

[666] MERCOSUR/CCM/ACTA Nº 5/20, 2.4.

Observa-se que os movimentos conexos entre o que acontece dentro do Mercosul, União Europeia e a Sociedade Internacional exigem mudanças, aqui no setor tributário.

Uma reforma tributária de maiores proporções poderia partir da formação desse bloco inter-regional formado entre a União Europeia e o Mercosul e inevitavelmente atingiria a sociedade internacional, isto é, ao direito internacional.

O retorno ao eixo, isto é, a bussola do crescimento, é harmonizado pela maior integração entre os povos, e a retirada de qualquer barreira que represente um entrave, como é a fiscal, sem, contudo, gerar a insustentabilidade financeira dos Estados, faz-se necessário pensar nessa reforma tributária global.

CONCLUSÕES

As multirrelações em um complexo relacional que envolvem as relações humanas ocupam várias esferas: internacional, regional e interna, pode ser acrescentada mais uma dimensão, a interregional.

Com o crescente desenvolvimento das transações internacionais de bens e serviços buscam-se soluções não só para propulsionar essas transações, mas de forma saudável os Estados, em última instância, as próprias pessoas que pertencem a esses Estados.

Um dos grandes vilões para as soberanias fiscais são a evasão e a fraude fiscal, em cada uma das dimensões isoladamente.

A proposta de reformas tributárias racionais feita neste trabalho, que tangenciem todas as esferas: internacional, interregional, regional e interna, visa minimizar os efeitos nocivos da evasão e fraude fiscal.

Deve-se iniciar com um tratamento fiscal próximo, dir-se-ia harmonizatório entre os Estados, em todas as dimensões, tanto nos tributos diretos, como nos indiretos.

Essa transformação que representaria uma reforma tributária em sentido global, aproximaria o direito da realidade atual, isto é, a evolução tecnológica já estreitou as relações entre pessoas, ao menos no que concerne às transações de bens e serviços, esse seria um passo decisivo para o desenvolvimento racional fiscal e humano.

Conforme demonstrado, os esforços da OCDE em buscar um tributo sobre o consumo como um tratamento próximo, ainda está distante do espiral que ora estica ou retrai nas transações sobre bens e serviços e as soberanias fiscais dos Estados.

Para isso não é preciso partir de uma tábula rasa, as reformas tributárias regionais e internas por que passou a União Europeia para que fosse adotado um imposto geral sobre o consumo, com características da neutralidade fiscal, que permitem o direito de dedução, espelham o sucesso do imposto sobre valor agregado – IVA.

Portanto, a fase embrionária dos estudos da OCDE acaba por ressaltar alguns equívocos, como destaca o Brasil como um país que a adota o IVA, quando na verdade a grande falha nesse argumento é que no Brasil não há um imposto geral sobre o consumo, que perpassa desde a produção até o consumidor final.

Observa-se que a perspectiva conceitual dos signos consubstanciados como elementos essenciais do fato gerador do IVA, nomeadamente entrega de bens e prestação de serviços, merecem uma atenção especial, pois como visto, o intérprete, ao interpretar de forma dissonante dos demais, pode gerar equívocos de grandes proporções ao ponto de gerar distorções concorrenciais e com isso litígios.

Destaca-se que a entrega de bens e prestações de serviços consubstanciam- se como elementos conceituais contidos em contratos de compra e venda e contratos de prestações de serviços, e, como dito, os destinatários dessas normas devem ter parâmetros para aproximarem suas interpretações.

Uma grande iniciativa internacional foi o desenvolvimento do comércio de bens e serviços, onde as Nações Unidas buscam harmonizar os contratos de compra e venda, isto é, normas de direito privado, através da CISG – *United Nations Convention on International Sale of Goods.*

Para que esses trabalhos, tanto das Nações Unidas, quanto da OCDE, possam se tornar efetivos devem ser conjugados, isto é, para que possam as transações de bens e serviços internacionais, podendo inclusive atingir o inter-regional como o da União Europeia e Mercosul, precisam as normas internacionais fiscais buscar nesses conceitos de direito privado um alicerce para uniformizar os conceitos.

Do contrário, os atores internacionais buscarão nas mesmas transações conceitos de direito privado e conceitos de direito fiscal, com vários procedimentos desnecessários, e, o pior, as múltiplas interpretações que os destinatários das normas terão, enfim, um grande entrave ao desenvolvimento econômico internacional.

Não se pode deixar de olvidar a necessidade de formação de um quadro- comum contratual e quadro comum fiscal em âmbito internacional, até para aproximar países com grandes distâncias conceituais no direito privado entre os países da Common Law e Civil Law.

Assim, voltamos à CISG com um protagonismo para formação desse quadro- comum do direito privado, pois poderá servir de base para a elaboração interpretativa das normas de direito fiscal, assim, uma uniformidade conceitual ao se utilizar conceitos de entrega de bens e prestação de serviços estabelecidos em normas de direito privado.

Assim, serão utilizadas as interpretações econômicas de forma residual, em previsões excepcionais, que os Estados pudessem alterar esses conceitos de direito privado, o que levaria a uma grande instabilidade, isto é, uma insegurança jurídica.

Nesse entrelaçar de normas, podem tanto utilizar normas internacionais, assim internalizando, os Estados, aos seus sistemas jurídicos, como também os sistemas jurídicos internos impondo mudanças, e os Estados formando alianças a criar normas internacionais.

O filtro normativo será feito por blocos regionais e, agora, com a possibilidade de inter-regionais, realizando pressão de cima pra baixo (normas internacionais) e para baixo (normas internas dos Estados).

A União Europeia conhece muito bem esse movimento: normas regionais e normas internas, assim fora feita a harmonização dos tributos indiretos no bloco regional e a adoção do IVA como o tributo harmonizante.

Essa grande reforma tributária criaria um grande espaço adaptado às necessidades atuais nas transações de bens e serviços, ademais com o comércio eletrônico.

Atualmente, com menor intensidade em Estados que integrem blocos regionais ou possuam tratados internacionais que aproximem os seus sistemas jurídicos fiscais, as administrações fiscais dos Estados ainda se comunicam de forma precária, portanto, ainda se impõe um rigor transfronteira inadequado aos dias atuais, por ser inócuo.

Mesmo blocos regionais mais avançados, como a União Europeia, atravessam constantemente desafios para superar a evasão e a fraude fiscal.

Portanto, o que foi superado pela União Europeia até aqui serve de modelo para o desenvolvimento do Mercosul, para se avançar para uma integração inter-regional entre eles, como dito, poder-se-á realizar uma pressão internacional para uma reforma tributária global dos tributos indiretos.

A União Europeia já possui uma larga experiência como o primeiro bloco a fazer uma reforma tributária dos tributos indiretos, através de uma harmonização tributária entre os Estados membros, todo o conhecimento absorvido, com grandes avanços no sistema tributário, pode prosperar para criação de modelo de quadro-norma internacional.

Até os desafios projetados dentro da União Europeia, sobretudo os decorrentes da fraude e da evasão fiscal, servem também para objeto de estudo para a formação desse quadro-norma fiscal.

Tanto isso se confirma que os estudos desenvolvidos pela OCDE demonstram os mesmos problemas no direito internacional, uma preocupação generalizada com a evasão e a fraude fiscal, impulsionada mais ainda pelo comércio eletrônico.

Veja-se o espiral que busca soluções no direito internacional e também no direito interno, contudo, ainda de forma não integrada entre esses sistemas jurídicos, portanto, se confirma que o desenvolvimento dos blocos regionais poderá realizar mudanças significativas nas normas internacionais.

Essa pressão será ainda mais ressaltada se houver a formação de um grande bloco inter-regional, pois, ao contrário de fechar em si mesmos, isto é, nos seus Estados membros, os demais Estados terceiros terão a necessidade de desenvolver não só os seus sistemas jurídicos, mas o próprio direito tributário internacional.

Constata-se que as constantes reformas tributárias ocorridas na União Europeia vêm do aprimoramento do Programa *Fiscalis*, não só no setor da comunicação administrativa fiscal entre os seus Estados membros, mas na necessidade de estreitamento comercial de bens e serviços, isso também é imposto aos países que estão em vias de adesão.

Isso ocorre constantemente, não só por ser ampliada a circulação de pessoas, bens e serviços, mas em decorrência do aumento exponencial que ocorre nesse momento do comércio eletrônico.

Portanto, será primordial o uso da tecnologia a favor das administrações fiscais dos Estados membros da União Europeia, com isso permitirá a ampliação da comunicação entre essas administrações fiscais entre si, e, já com um sistema tributário mais racional, seria o alicerce nas transações internacionais de bens e serviços.

Na União Europeia, destaca-se a Diretiva de 2008/CE, que a partir de 01 de Janeiro de 2015 passou a vigorar alterações nas transações através da via digital, aqui se incluem o vendas de *software, e-book,* jogos *on line,* aplicativos de músicas etc; a criação do Mini Balcão Único (busca tornar viável a aplicação do Princípio do Estado de destino nas transações intracomunitárias no comércio eletrônico, pois evita-se que as empresas tenham que realizar o registro fiscal em cada Estado membro de consumo em que tenham clientes. Também a Comissão Europeia elaborou, através de uma Comunicação, diretrizes para a elaboração de um Mercado Único Digital (digital single Market).

Verifica-se que todas essas medidas, em constante transformação, aprimoram e reformam os sistemas tributários nas três esferas do bloco: externa (Estados terceiros), intrabloco e interna (ordenamento jurídico de cada Estado membro).

Ao se firmar o Tratado birregional entre a União Europeia e o Mercosul, precisar-se-á aprimorar muito todos esses avanços, ainda que seja a intenção a formação de uma zona de livre comércio, essas discussões ainda estão muito distantes no Mercosul, afinal somente avançaram no processo de integração para uma união aduaneira imperfeita.

Para que haja uma conjugação que permita de fato a formação de uma zona livre de comércio birregional será necessário não só aprimorar através de reformas tributárias os sistemas jurídicos da Argentina, Paraguai e Uruguai, mas de sobremaneira realizar uma reforma tributária de grandes extensões no Brasil.

Como ressaltado no trabalho, o Programa *Fiscalis* já está ampliando além das fronteiras do bloco, contudo esbarra com as dificuldades esposadas, que é a falta de harmonização fiscal internacional e a falta de uma harmonização do direito privado, fixando como foco a análise conceitual de "entrega de bens" e "prestação de serviços", presentes em contratos de compra e venda.

Já há um esgarçamento nas medidas intrabloco que possam ser tomadas para evitar as fraudes fiscais e a evasão fiscal, pois em um mundo virtual que se faz presente, no Estado Digital, as fronteiras são tênues e qualquer ação neste sentido devem vir de forma coletiva no âmbito internacional.

A formação desse quadro normativo fiscal internacional encontrará nas ações da OCDE seus fundamentos, mas também na harmonização do direito privado prevista em normas das Nações Unidas – a CISG, por último, buscando como parâmetros a experiência europeia.

Uma reforma tributária em larga escala gerará uma simplificação nas transações de bens e serviços internacional, inter-regional, regional e, mesmo, internamente.

Dessa forma, haverá um incentivo à entrada de novas empresas (principalmente as pequenas e médias empresas) nesse cenário, na medida em que não é possível nesse momento, pois esse hiato normativo internacional acaba por beneficiar algumas empresas que tem esse acesso.

Nas transações B2C trará um maior protagonismo ao consumidor, dando-lhe a segurança necessária para essas transações, não só no aspecto civil, mas também no tributário, pois esse quadro-normativo já desenvolvido, não lhe causará mais confusões, como, p. ex., onde ele deve pagar o tributo.

Permitirá o ambiente adequado para o desenvolvimento do comércio de bens e serviços e a ampliação sustentável do comércio eletrônico.

No Mercosul, mesmo com os seus altos e baixos, mais recentes por grande influência política, foi criado um Código Aduaneiro, todavia a maior parte dos seus dispositivos apresentam procedimentos administrativos, e a parte jurídica sofre de grandes imprecisões técnicas, confunde conceitos de imposto ou taxa, não permitindo grandes evoluções no setor financeiro e tributário.

Ainda sobre o Mercosul, com exceção do Brasil, os demais países (Argentina, Paraguai e Uruguai) adotam o IVA, como um imposto geral sobre o consumo, com as características do direito de dedução e a busca por maior neutralidade fiscal.

No entanto, assim como a União Europeia, os Estados partes do Mercosul se deparam com diversos problemas para adaptar os seus sistemas jurídicos ao mercado internacional, ainda mais quando dentro do próprio bloco não há uma harmonização fiscal.

Essa barreira que se encontra o processo evolutivo do Mercosul somente começará a ser superada aquando houver uma reforma tributária no Brasil.

Apesar de toda pressão internacional, regional e interna, por questões políticas, o Brasil ainda não conseguiu desenvolver o seu sistema jurídico interno tributário, ao argumento principal de que o federalismo fiscal, princípio este constitucional, não permite uma reforma tributária de forma ampla.

Neste modelo federativo brasileiro, dividido entre a União, 27 (vinte e sete) Estados e 5620 (cinco mil seiscentos e vinte) Municípios, cada ente da federação tem um imposto nos diferentes cenários consubstanciados em um circuito econômico, desde a produção, circulação de bens e prestação de serviços, não há, portanto, um imposto sobre valor acrescentado com base de cálculo ampla, que engloba a produção, a circulação de bens e a prestação de serviços.

Novamente ao exemplo da União Europeia, é possível realizar grandes reformas tributárias, pois mesmo em se tratando de Estados soberanos, foi possível.

Não resta dúvidas a dimensão continental do Brasil, contudo, a sua configuração é de um Estado federado, portanto, os Estados federados somente possuem autonomia, e que para o desenvolvimento do país como um todo impõe essa reforma, não para atender interesses estrangeiros, sim, para recolocar o Brasil como protagonista no Mercosul e por conseguinte permitir o avanço do próprio Mercosul.

As ambições projetadas numa integração inter-regional entre o Mercosul e a União Europeia exigem mudanças e a primeira delas é o rompimento dessa bolha que acaba por impedir o desenvolvimento maior do Brasil, haverá o desfazimento dessa bolha ou por pressão internacional, ou regional ou interna.

Já há fissuras conceituais ao princípio da territorialidade, que por mais que haja discussões hermenêuticas, a tecnologia rompeu as fronteiras, portanto, uma reestruturação na perspectiva internacional tributária virá através de uma reforma tributária justa e ampla.

Voltando ao Mercosul, há a necessidade de atribuir um maior valor às normas comunitárias, pois não seriam consideradas cogentes enquanto não forem internalizadas, o que representa um grande entrave à transformação do Mercosul em um Mercado Comum.

O fato é que o comércio internacional de bens e serviços impõe uma subordinação conceitual de bens e serviços, portanto, a formação de um quadro-normativo fiscal em consonância com o direito privado.

A Proposta de Acordo Birregional entre Mercosul e União Europeia, como dito, deve buscar sedimentar pilares para sua formação, e o desafio da interpretação semiótica impõe não só evitar conceitos jurídicos indeterminados, ou mesmo soluções domésticas no âmbito dos respectivos blocos regionais, mas uma aproximação entre o tratamento dispendido aos tributos indiretos, com posteriores normas inter-regionais.

O elemento de conexão comum nas quatro esferas (internacional, inter-regional, regional e interna) é a evasão fiscal decorrente do não acompanhamento das normas jurídicas ao desenvolvimento do comércio eletrônico.

A atuação dos atores nesse novo cenário do circuito econômico e os bens digitais e as transações digitais dela decorrentes impõe um novo paradigma e a concorrência fiscal internacional entre esses atores.

A utilização das novas tecnologias permitirá a formatação dessa nova forma de gestão fiscal.

O armazenamento dos dados através das nuvens (*Cloud Computing*) permitiu o cruzamento dos dados, através da inteligência artificial, presentes nas diversas administrações fiscais domésticas, e assim conferir maior precisão nas transações realizadas entre os atores econômicos.

A utilização das nuvens permitirá a criação de uma administração fiscal internacional, onde os dados seriam abastecidos pelas administrações domésticas.

Nessa mesma esteia, poder-se-ia criar uma plataforma internacional digital com o intuito de melhor cadastrar e facilitar o acesso de empresas, consumidores e mesmo estados, servindo, portanto, de instrumento de pagamento dos tributos.

Por evidente, recentemente as transações digitais foram aceleradas em razão da crise global decorrentes da pandemia Covid-19 gerando repercussões mundiais em todos os setores, inclusive o tecnológico, exigindo, portanto, respostas mais rápidas.

Restou demonstrado que as quatros dimensões – internacional, inter-regional (caso seja celebrado o acordo entre a União Europeia e o Mercosul), regional e interna – são unidas e tangenciadas.

A pressão por essa reforma tributária dos tributos indiretos de forma global parte dos Estados para cima, isto é, para o direito internacional, ou do direito internacional para os sistemas jurídicos internos dos Estados.

O caminho racional dessa reforma pode ser filtrado e alicerçado pelas organizações internacionais, nomeadamente os blocos regionais, ao exemplo da União Europeia e o Mercosul.

O ser humano, verdadeiro destinatário dessas normas, já impulsiona essas reformas, na medida em que consome bens ou serviços nesse ambiente virtual, assim as soberanias fiscais vêm se ressentido de fuga ou perdas fiscais significativas.

Portanto, a tecnologia a favor do homem, a tecnologia a favor da gestão fiscal, conferem segurança para ambos, neste sentido uma reforma tributária global dos tributos indiretos, alicerçada pelas normas e estudos internacionais, partindo da já fundada harmonização fiscal da União Europeia, e, quiçá no Acordo inter-regional entre a União Europeia e o Mercosul, seria a melhor maneira de racionalizar as transações de bens e serviços em qualquer ambiente, inclusive o internacional.

REFERÊNCIAS

AMARAL, Antonio Carlos Rodrigues do. ***O Direito Tributário no Mercosul***. Editora Forense. Rio de Janeiro, 2000.

—.***Visão Global da Fiscalidade no Mercosul: tributação do consumo e renda***. **O Direito Tributário no Mercosul.** Coordenador: Ives Gandra da Silva Martins. Editora Forense, Rio de Janeiro: 2000.

AMARAL, Luís Mira. ***Indústria e Energia: As Apostas do Fim do Século***. Bertrand Editora Venda Nova: 1997.

AMIS MARKET MONITOR. No. 78 – May 2020.

AMITI, Mary and FREUND, Caroline. **China's Export Boom – Its export dynamism is revealed in a Sharp move into electronics and machinery**. Finance & Development September 2007.

ARNTZ, Melanie; GREGORY, Terry and ZIERAHN, Ulrirch. **The Risk of Automation for Jobs in OECD Countries: A Comparative Analysis**. Working Paper · May 2016.

ARAUJO, Clarice von Oertzen. **Semiótica do Direito**. Quartier Latin: São Paulo, 2005.

ARAUJO, Luis Ivani de Amorim. ***Das Organizações Internacionais***. Editora Forense: Rio de Janeiro, 2002.

—.***Da Globalização do Direito Internacional Público – os choques regionais***. Lumen Juris: Rio de Janeiro, 2000.

—.***Curso de Direito Internacional Público***. 10ª Edição. Editora Forense: Rio de Janeiro, 2003.

ASHIKAGA, Carlos Eduardo Garcia. **Análise da Tributação na Importação e na Exportação de Bens e Serviços**. Aduaneira: São Paulo, 2015.

ÁVILA, Humberto. **Sistema Constitucional Tributário**. Editora Saraiva: São Paulo, 2010.

BALEEIRO, Aliomar. ***Direito Tributário Brasileiro***. Atualizadora: Misabel Abreu Machado Derzi. 11ª Edição. Editora: Forense e GEN, Rio de Janeiro, 2013.

—.***Introdução à Ciência das Finanças***. Atualizado e Revisado por Flávio Bauer Novelli. Forense: Rio de Janeiro, 1995.

BARDOPOULOS, Anne Michèle. **eCommerce and the effects of technology on taxation.** Springer: 2015.

BASALDÚA, Ricardo Xavier. ***Mercosul y derecho de la integración***. Abedel – Perrot, Buenos Aires, Argentine, 1999, pp. 538-543.

BASTO, Celso Ribeiro. ***Curso de Direito Constitucional***. 14ª Edição. Editora Saraiva: São Paulo, 1992.

BECKER, Alfredo Augusto. ***Teoria Geral do Direito Tributário.*** 3ª Edição. Ed. Lejus: São Paulo, 1998.

BELTRAME, Pierre e MEHL, Lucien. ***Techniques, politiqueset institutions comparées.*** Presses Universitaires de France, 1999.

BERLIN, Dominique, ***Droit Fiscal Communautaire.*****Presses Universitaires de France**, 1988

BERLIRI, Antonio. ***Corso Istituzionale di Diritto Tributario.*** Volume Primo. Milano – Dott. A . Giuffrè Editore – 1985.

BERTI, Clélio. ***O Processo Fiscal – Teoria e Prática.*** Ed. Cone Editora: São Paulo, 1996.

BEETSCHEN, Ariane et DUPARC, Marie--Odile. **L'autoliquidation de la TVA – La nouvelle donne pour le opérateurs français et étrangers.** Editions Francis Lefebvre: 2006.

BEETSCHEN, Ariane. **Déduire la TVA – Les clés de la réforme.** Editions Francis Lefebvre: 2007.

Boeters, Stefan.**Economic effects of VAT reform in Germany**. 2006.

BONAVIDES, Paulo. ***Curso de Direito Constitucional.*** 7ª Edição. Malheiros: São Paulo, 1997.

—.***Do Estado Liberal ao Estado Social.*** Saraiva: São Paulo, 1961.

BORIA, Pietro. ***Il Leasing nel Diritto Tributario.*** **Rivista di diritto finanziario e scienza delle finanze (e rivista italiana di diritto finanziario).** Vol. I, Parte I.

BOUCHAUD, Jean-Philippe. ***The (unfortunate) complexity of the economy***, Physics World, April 2009, p.28-32 https://arxiv.org/abs/0904.0805v1

BUNJES, Johann/GEIST, Reinhold. ***Umsatzsteuergesetz.*** Verlag C. H. Beck München, 2005.

BULHÕES, Octávio Gouvêa. ***Considerações sobre a Reforma Tributária.*** 2ª Edição.

FOGB – Fundação Octávio Gouvêa de Bulhões: Rio de Janeiro, 2000. ***Bulletim des Communautés Europeénnes Supplément 1/80.*** **Rapport sur les Perspectives de Convergence des Systèmes Fiscaux das la Communauté.**

Cadernos IVA 2014 (Coordenação Sérgio Vasques). Almedina: Coimbra, 2014.

CAMPANHOLE. ***Constituições do Brasil.*** Jurídico Atlas: São Paulo, 1999.

CAMPELO, Dyle. ***O Direito de Concorrência no Direito Comunitário Europeu: uma Contribuição ao Mercosul.*** Biblioteca Teses e Renovar: Rio de Janeiro / São Paulo, 2001.

CAMPOS, Diogo Leite de e CAMPOS, Mônica Horta Neves de. ***Direito Tributário.***2ª Ed. Almedina: 2000.

CAMPOS, Diogo Leite de. ***Globalização e Regionalização em matéria de impostos.*** Revista Brasileira de Direito Comparado. Instituto de Direito Comparado Luso-Brasileiro. Nº 22 – 1º Semestre 2002.

—. ***Internet e o Princípio da Territoriedade dos Impostos.*** Revista da Ordem dos Advogados. Ano: 58, Lisboa, 1998.

CAMPOS, Diogo Leite de. NÓS – Estudos sobre o Direito das Pessoas. Almedina: Coimbra, 2004.

—.**O Sistema Tributário no Estado dos Cidadãos.** Almedina: Coimbra, 2006.

CAMPOS, Diogo Leite de , RODRIGUES, Benjamim Silva, SOUSA, Jorge Lopes. **Lei Geral Tributária – Anotada e Comentada.** Encontro da Escrita: Lisboa, 2012.

CANOTILHO, J. J. Gomes. ***Direito Constitucional e Teoria da Constituição.*** Coimbra, 1998.

—.e STRECK, Lênio Luiz. Entre Discursos e Culturas Jurídicas. Coimbra Editora: Coimbra, 2006.

CARRAZZA, Roque Antônio. ***ICMS***. Malheiros, São Paulo: 2015.

—.***Grupo de Empresas – Autocontrato – Não- incidência de ISS – Questões Conexas***. Revista Dialética de Direito Tributário nº 94, Julho-2003.

CÁRCOMO LOBO, Maria Teresa de. ***O Direito Tributário no Mercosul.*** Editora Forense. Rio de Janeiro: 2000.

CARVALHO FILHO, José dos Santos. ***Manual de Direito Administrativo***. 6ª Edição. Lumen Juris: Rio de Janeiro, 2000.

CARVALHO, Paulo de Barros. **Direito Tributário – Linguagem e Método**. 5ª Edição. Noeses: São Paulo, 2013.

CASSONE, Vittorio. ***Direito Tributário: fundamentos constitucionais, análise dos impostos, incentivos à exportação***, *doutrina, prática e jurisprudência*. 13ª. Edição. Atlas, São Paulo: 2001.

CATARINO, João Ricardo. **O Liberalismo em Questão – Justiça, Valores e Distribuição Social**. Universidade Técnica de Lisboa – Instituto de Ciências Sociais e Políticas: Lisboa, 2009.

—. **Para uma Teoria Política do Tributo**. 2ª Edição. Cadernos de Ciência e Técnica Fiscal: Lisboa, 2009.

—. **Princípios de Finanças Públicas**. Almedina: Coimbra, 2011.

CHAMORRO Y ZARZA, José Antonio. **Los principios constitucionales del Derecho Financiero y Tributario y su deseable implementación en el derecho de La Unión Europea**. Estudios de Deusto ISSN: 0423 – 4847, Vol. 60/2, Bilbao, Julio-Diciembre 2012, págs. 323-338.

CNOSSEN, Sijbren. ***Tax Coordination in the European Community***. Kluwer Law and Taxation Publishers. Deventer . Antwerp. London. Frankfurt. Boston. New York.

—. **The case for tax diversity in the European Community.** European Economic Review 34 (1990) 471-479, North-Holland.

—. ***Key Question in Considering a Value-Added Tax for Central and European Countries***. IMF Staff Pappers, Vol. 39, nº 2 (June 1992).

COÊLHO, Sacha Calmon Navarro Coêlho. ***Comentários à Constituição de 1988 – Sistema Tributário***. 6ª Edição. Forense: Rio de Janeiro, 1994.

—. ***Curso de Direito Tributário Brasileiro***. 4ª Edição. Forense: Rio de Janeiro, 1999.

Comunidades Europeias (Organização, Funcionamento, Regime Jurídico). 2ª Ed. Lisboa: Danúbio, 1987.

CONTI, José Maurício (Org.). **Federalismo Fiscal**. Manole: São Paulo, 2004.

Corso di diritto tributario internazionale. Coordinato da Victor Uckmar. Cedam, 1999.

CORREIA, Arlindo. ***As Consequências Globais do Mercado Único na Fiscalidade Portuguesa***. Fisco Dezembro 90 – Ano 2 – Mensal 26.

CORRÊA, Francisco António. ***Estudos de Política Económica Internacional***. Lisboa: 1935.

COSTA, Vamilson José e COOKSON II, Charles W.. ***Tratamento Legal e Regulamentar dos Preços de Transferência na Importação de Bens e Serviços***. Revista Tributária e de Finanças Públicas – 46.

COSTA, Carla Guapo. **Temas de Relações Econômicas Internacionais**. Instituto de Ciências Sociais e Políticas: Lisboa, 2010.

COSTA, Carla Guapo, FERREIRA, Marcos Farias, PEREIRA, Maria João e SOARES, Andreia Mendes. **A União Europeia como Actor Global – Dimensões Económicas e Normativas da Política Externa Europeia**. Instituto Superior de Ciéncias Sociais e Políticas: Lisboa, 2009.

COUNTRY PARTNERSHIP FRAMEWORK FOR THE PEOPLE'S REPUBLIC OF CHINA FOR THE PERIOD FY 2020-2025 November 11, 2019 International Bank for Reconstruction and Development China, Mongolia, and Korea Country Management Unit East Asia and Pacific Region International Finance Corporation East Asia and Pacific Region Multilateral Investment Guarantee Agency.

COVID-19 Measures taken globally on exemptions, reduction of VAT rates and donations. Disclaimer: The overview is based on newsletters issued till May 15, 2020. If you have any news for your country, please send to info@vatupdate.com. Source OECD (up to May 2, 2020) and www.vatupdate.com

CRUCHINHO, Manuel Jorge Pombo. ***O Comportamento Fiscal do Cidadão***. Ministério das Finanças. Direção Geral das Contribuições e Impostos XXX Aniversário 1963-1993.

CUNHA, Paulo e Pitta e. ***Integração Europeia Estudos de Economia, Política e Direito Comunitário***. Imprensa Nacional. Casa da Moeda, 1993.

—. ***Convertibilidade e Unificação Monetária na Europa***, *in* Revista da Faculdade de Direito da Universidade de Lisboa, vol. XVIII. Dicionário Jurídico. Academia Brasileiro de Letras Jurídicas. Planejado, organizado e redigido por J. M. Othon Sidou (Presidente da ABLJ). 3ª Edição. FU – Forense Universitária: Rio de Janeiro, 1985.

DELANEV, Kevin J. **The robot that takes your job schould pay taxes, says Bill Gates**, February, 17, 2017. https://qz.com/911968/bill-gates-the-robot-that- takes-your-job-should-pay-taxes/

Granda da Silva Martins, Ives (Coord.): **Direito Tributário e Reforma do Sistema.** Revista dos Tribunais: São Paulo, 2003.

Dejalma de Campos (Coord.): **Direito Tributário Internacional**. Revista Tributária e de Finanças Públicas – 45. Julho-Agosto de 2002.

DOURADO, Ana Paula. **O Princípio da Legalidade Fiscal – Tipicidade, Conceitos Jurídicos Indeterminados e Margem de Livre Apreciação**. Almedina: Coimbra, 2007.

DUE, John f. . **Tributação Indireta nas Economias em Desenvolvimento**. Editora Perspectiva: São Paulo, 1974.

ECO, Umberto. **Tratamento Geral de Simiótica**. Tradução Antônio de Pádua Danesi e Gilson Cesar Cardoso de Souza. Perspectiva: São Paulo, 2012.

ENGLISCH, Joachim. **Digitalisation and the Future of National Tax Systems: Taxing Robots? University of Münster:** file:///C:/Users/Fabio%20Gomes/Downloads/SSRN-id3244670.pdf

ESCOSURA, Patrícia Herrero de la. ***El IVA en la Jurisprudencia del Tribunal de Justicia de las Comunidades Europeas***. Madrid: Marcial Pons, 1996.

Estudos de direito tributário em homenagem à Gilberto Ulhôa Canto. Forense: Rio de Janeiro, 1998.

FALCÃO, Amílcar de Araújo. ***Fato Gerador da Obrigação Tributária***. 4ª Edição. Atualizado por Geraldo Ataliba. Editora Revista dos Tribunais: São Paulo, 1977.

FANELLI, Roberto. **IVA**. IPSOA – Gruppo Wolters Kluwer, 2008.

FERREIRA, Eduardo Paes. ***Lições de Direito da Economia***. Associação Académica da Faculdade Direito Lisboa. Lisboa, 2001, pp. 361 e ss.

FERREIRA, Rogério Fernandes. ***O Imposto sobre o Valor Acrescentado***. Ed. Rei dos Livros: Lisboa, 1984.

Fiscal. Legislação 4. 3ª Ed. Porto, 1999. Coordenadores ROCHA, Isabel e ROCHA, Joaquim.

Fiscalidade (s) na Vanguarda do Pensamento – 2 anos, 104 reflexões. Almedina: Coimbra, 2015.

FLEISCHMANN, Antonio Carlos, BORGES, Eduardo e SILVEIRA, Rodrigo Maito. **Controvérsias Tributária no Comércio Exterior**. Aduaneiras: São Paulo, 2010.

FREUND, Caroline; MALISZEWSKA, Maryla, RUTA, Michele and MATTOO, **Aaditya. When Elephants Make Peace. The Impact of the China-U.S. Trade Agreement on Developing Countries. East Asia and the Pacific Region Office of the Chief Economist & Trade and Regional Integration Global Unit March 2020**.

FORTE, Francesco. *IVA, **ACCISE e Grande Mercado Europeo***. Milano: Giuffrè Editore, 1990.

GASPAR, Walter. ***ISS – Teoria e Prática***. 2ª. Edição. Lumen Juris, Rio de Janeiro: 1997.

Gavalda e Parléani *apud* SANTOS, António Carlos, GONÇALVES, Maria Eduarda e MARQUES, Maria Manuel Leitão. ***Direito Económico***. 4ª Edição. Almedina: Coimbra, 2001, p. 99.

GIANNINI, Silvia. ***Mercado Interno e Fiscalidade: Aspectos Econômicos***. Tradução: Arlindo N. M. Correia. Ciência e Técnica Fiscal. Janeiro – Março – 2001 – nº 401.

GOMES, Fabio Luiz (Coordenação). **Direito Internacional Perspectivas Contemporâneas**. Editora Saraiva: São Paulo, 2010.

—,Elvino de Carvalho Mendonça e Rachel Pinheiro de Andrade Mendonça (Coordenação). Compêndio de Direito da Concorrência – Temas de Fronteira. Migalhas: São Paulo, 2015.

—,Daniel Freire e Almeida e João Ricardo Catarino. (Coordenação). Garantias dos Contribuintes no Sistema Tributário -Homenagem a Diogo Leite de Campos. Editora Saraiva: São Paulo, 2013.

—,Obrigações Empresariais (Coordenação). Editora Saraiva: São Paulo, 2016. ~ 414 ~

—,Daniel Freire e Almeida e Verônica Scriptore Freire e Almeida (Coordenação) **Panorama do Direito no Terceiro Milénio – Livro em Homenagem ao Professor Doutor Diogo Leite de Campos**. Almedina: Coimbra, 2013

—,Manual sobre o IVA nas Comunidades Europeias e os Impostos sobre o Consumo no Mercosul. Juruá: Paraná, 2006.

—,**Estudos Multidisciplinares sobre Integração.** Lumen Juris: Rio de Janeiro, 2004.

GOMES, Nuno Sá. ***Manual de Direito Fiscal.*** Cadernos de Ciência e Técnica Fiscal n. 174. Centro de Estudos Fiscais, Lisboa, 1996.

GOMES, Orlando. ***Contratos.*** 18ª Edição. Editora Forense: Rio de Janeiro, 1999.

GRAÇA LEMOS, Maria Teresa. ***Alguns aspectos do reforço das garantias dos contribuintes no âmbito da tributação directa e possíveis reflexos no CIVA***. Ciência e Técnica Fiscal, nº 357, Janeiro – Março 1990.

GRANDE ENCICLOPÉDIA PORTUGUESA E BRASILEIRA, Vol. IX.

GREIMAS, A. J.. **Sémantique Structurale. Langue et Langage** Larousse: Paris, 1966.

GUEDES, Francisco Corrêa. ***Economia e Complexidade***. Coimbra: Almedina, 1999.

GÜNTHER, Sven. **Taxation in the Greco-Roman World: The Roman Principate. Classical Studies, Greek and Roman Law, Social and Economic History, Numismatics Online Publication** Date: Apr 2016.
DOI: 10.1093/oxfordhb/9780199935390.013.38.

HARADA, Kiyoshi. **ISS – Doutrina e Prática**. Atlas: São Paulo, 2014.

HARPAZ, Assaf. **TAXATION OF THE DIGITAL ECONOMY: ADAPTING A TWENTIETHCENTURY TAX SYSTEM TO A TWENTY-FIRST CENTURY ECONOMY*** [Forthcoming, Yale Journal of International Law] , 05/04/2020.

HARRIS, Peter. **Income Tax in Common Law Jurisdictions – from the Origins to 1820**. Cambridge Tax Law Series: 2006.

HASSO, Hofmann**. Filosofia del Derecho y del Estado**. Traducción Luis Villar Borba. Universidade Externado Colômbia: Colômbia, 2002.

HYNES, W., M. Lees and J.M. Müller (eds.) (2020), ***Systemic Thinking for Policy Making: The Potential of Systems Analysis for Addressing Global Policy Challenges in the 21st Century,*** **New Approaches to Economic Challenges, OECD** Publishing, Paris, https://doi.org/10.1787/879c4f7a-en

IVA. **Corriere Tributario – Settemanale di Attualità Critica e Opinione**. IPSOA: 2004.

JÚDICE, José Miguel A . e VASCONCELOS, Miguel C. P. Nadais**. *O IVA nos Restaurantes de Portugal*.** Scientia Iuridica. Revista de Direito Comparado Português e Brasileiro. Janeiro – Julho 1998 – Tomo XLII, nº s 271/273.

Jurisprudencia del Tribunal de Justicia de las Comunidades Europeas (seleccion 1982-1985). Centro de Estudos Constitucionales. Madrid, 1992.

KIRCHHOF, Paul. ***Umsatzsteuer Gesetzbuch***. C. F. Müller Verlag: Heildelberg, 2008.

LAGUNA, Francisco A . . ***Tributação sobre consumo, vendas e uso no comércio eletrônico***. . Org. Ronaldo Lemos da Silva Jr. e Ivo Waisberg, RT, 2001.

LARANJEIRO, Carlos. ***Tratado de Roma.*** Coimbra: Almedina, 1993.

LIMA, Emanuel Vidal. ***Imposto sobre o Valor Acrescentado***. Porto Editora: Porto, 2001.

LINOTTE, Didier e ROMI, Raphael. *Services* ***Publics et Droit public Économique***. Quatrième édition. Paris: Litec, 2001.

LOBO, Carlos Manuel Baptista. *In:* ***Revista de Direito Público*** **– Ano 8, n. 16 (1994)**.

LOBO, Maria Teresa Cárcomo. ***Ordenamento Jurídico Comunitário***. Ed. Del Rey: Belo Horizonte: 1997.

MARTÍNEZ LOPEZ MUNIZ, Jos Luis. ***Servicio Público, Servicio Universal y – Obricación del Derecho Comunitario: Los Servicios Esenciales y sus Regímenes Alternativos.*****Boletim da Faculdade de Direito. Os Caminhos da Privatização da Administração Pública**. STVDIA IVRIDICA 60 – COLLOQUIA – 7.

LORIS, Tosi e BAGGIO, Roberto. **Lineamenti di Diritto Tributario Intenazionale**. Quarta Edizione. CEDAM: 2013.

MACEDO, Dimas. ***Política e Constituição***. Lumen Juris: Rio de Janeiro, 2003.

CORDÓN EZQUERRO, Teodoro (Dir.) **Manual de Fiscalidad Internacional**. Lousa. Ministerio de Hacienda: 2008.

MARECKI, Jacek. ***Quel futur pour les GPL en Europe de l'Est***?. Seminaire de Politique Energetique France, Hongrie, Pologne, Tchecoslovaq. CIFOPE – Centre International de Formation en Politique Énergétique. Butapest, 18/10/1991.

MARTINS, Alexandra Coelho. **O Regime dos Preços de Transferência e o IVA**. Instituto de Direito Econômico Financeiro e Fiscal/Almedina: Coimbra, 2009.

MARTINS DA SILVA, Américo Luís. ***A Ordem Constitucional Econômica***. Lumen Juris: Rio de Janeiro, 1996.

MARTINS, Ives Gandra da Silva. ***Questões Atuais de Direito Tributário***. Ed. Del Rey. Belo Horizonte: 1999.

MATTOS, Helio Jaguaribe. ***Mercosul: Problemática Factual e Institucional.*** Revista da Faculdade de Direito da Universidade Federal do Rio Grande do Sul – Volume 21 – Março 2002. Nova Prova Gráfica e Editora.

MAXIMILIANO, Carlos. ***Hermenêutica e Aplicação do Direito***. 19ª Edição. Forense: Rio de Janeiro.

LÓPEZ IBOR MAYOR, Vincente. Colóquio Internacional: "**Energia y Derecho – La Regulación de la Electricidade y del Gas**". Coimbra, 5 de abril de 2001.

MENDOZA, Enrique G. , RAZINB, Assaf and TESAR, Linda. **Effective tax rates in macroeconomics Cross-country estimates of tax rates on factor incomes and consumption.** Journal of Monetary Economics 34 (1994) 297- 323.

MIRANDA, Jorge. ***Manual de Direito Constitucional***. Tomo II. Constituição e Inconstitucionalidade. 3ª Edição. Coimbra Editora.

MELLO, José Eduardo Soares de. ***A Importação no Direito Tributário – Impostos, Taxas e Contribuições.*** Editora Revista dos Tribunais: São Paulo, 2003

—.O Imposto sobre Produtos Industrializados (IPI) na Constituição de 1988. RT.

MEDEIROS, Eduardo Raposo de. **Economia Internacional**. 7ª Edição. Instituto de Ciências Sociais e Políticas: Lisboa, 2003.

MEIRELLES, José Ricardo. ***Impostos Indiretos no Mercosul e Integração***. Ed. Ltr: São Paulo, 2000.

MELLO, Celso D. de Albuquerque. ***Direito Internacional Público.*** 8ª Edição. Biblioteca Jurídica Freitas Bastos: Rio de Janeiro, 1986.

MELLO, Gladstone Chaves de. **Iniciação à Filosofia e à Linguistica Portuguesa**. Ao Livro Técnico SA: Rio de Janeiro, 1981.

MORAIS, Alexandre. ***Direito Constitucional***. Oitava Edição. Jurídico Atlas: São Paulo, 2000.

MILANEZ, A. (2017), **"Legal tax liability, legal remittance responsibility and tax incidence: Three dimensions of business taxation"**, OECD Taxation Working Papers, No. 32, OECD Publishing, Paris. http://dx.doi.org/10.1787/e7ced3ea-en

MORAIS, Fabíola Vianna. **Aproximação do Direito Contratual dos Estados-Membros da União Europeia**. Biblioteca Teses/Renovar: Rio de Janeiro, 2007.

MOREAU, Gérard. ***A C.E.E. Sumários de História e Geografia Política***. Publicações Dom Quixote. Biblioteca de Economia e Gestão.

MOREIRA NETO, Diogo de Figueiredo. ***Curso de Direito Administrativo***. Editora Forense: Rio de Janeiro, 1999.

MOREIRA, Vital. ***Serviço Público e Concorrência. A Regulação do Sector Eléctrico.*** **Boletim da Faculdade de Direito. Os Caminhos da Privatização da Administração Pública**. STVDIA IVRIDICA 60 – COLLOQUIA – 7. P.

NABAIS, José Casalta. ***Direito Fiscal***. Coimbra: Almedina, 2000.

—.***Dever Fundamental de Pagar Impostos – contributo para a compreensão constitucional do estado fiscal contemporâneo***. Almedina: Coimbra, 1998.

—.**Introdução ao Direito Fiscal das Empresas**. Almedina: Coimbra, 2013.

—.**Por um Estado Fiscal Suportável – Estudos de Direito Fiscal**. Almedina: 2005.

—.**Por um Estado Fiscal Suportável – Estudos de Direito Fiscal**. Volume II. Almedina: Coimbra, 2008.

NASCIMENTO, Paulo Nelson Lemos Basto. ***ICMS – Importação de Bens para Uso Próprio e a Emenda Constitucional nº***

33/2001. Revista Dialética de Direito Tributário, Novembro: 2002.

NEVES, A. Castanheira. **Metodologia Jurídica – Problemas Fundamentais**. Coimbra Editora: Coimbra, 1993.

NOGUEIRA, Alberto. ***Globalização, Regionalização e Tributação – A nova matriz Mundial***. Renovar: Rio de Janeiro, 2000.

—.***Os Limites da Legalidade Tributária no Estado Democrático de Direito (Fisco X Contribuinte na arena jurídica: ataque e defesa)***. 2ª Edição. Renovar: Rio de Janeiro, 1999.

NOGUEIRA, Ruy Barbosa. ***Curso de Direito Tributário***. 14ª Edição.Ed. Saraiva: São Paulo, 1995.

NUNES, Manuel Jacinto Nunes. ***Temas Económicos***. Estudos Gerais Série Universitária Ps. 113 e ss.

OECD (2015), **Addressing the Tax Challenges of the Digital Economy**, Action 1 – 2015 Final Report, OECD/G20 Base Erosion and Profit Shifting Project, OECD Publishing, Paris.http://dx.doi.org/10.1787/9789264241046-en

OECD et al. (2020), ***Revenue Statistics in Latin America and the Caribbean 2020***, OECD Publishing, Paris, https://doi.org/10.1787/68739b9b-en-es

OQUENDO, Ángel R. **Democracia e Pluralismo**. De Andréa & Morgado Editores: Rio de Janeiro, 2009.

O Mercosul e a União Europeia. **Faculdade de Direito.** Curso de Estudos Europeus. Coimbra, 1994.

OLIVEIRA, António Fernandes. ***O IVA nas Transacções Internacionais de Comércio Electrónico***. Fiscalidade, nº 2, Abril de 2000.

OLIVEIRA, Fernanda Paula. ***Colóquio Internacional: Regulação da Energia e Ambiente.*** Coimbra, 2001.

O imposto sobre valor acrescentado e a integração na CEE. **Revista de Contabilidade e Comércio.** Nº s 181/2 / Vol. XLVI – Abril de 1982.

OLIVEIRA, Júlio Maria de. ***Competência tributária Estadual e Distrital para a tributação de serviços de comunicação. Internet e Competência Tributária***. Dialética, São Paulo: 2001.

—.***Internet e Competência Tributária***. Dialética: São Paulo, 2001.

OLIVEIRA, Ricardo Mariz de. ***Reflexos do novo Código Civil no Direito Tributário***. Revista de Estudos Tributários – nº 29 – Jan. – Fev. 2003 – Sentenças e Despachos. Ed. Síntese e IET (Inst. de Estudos Tributários).

PALMA, Clotilde Celorico. ***O IVA e o Mercado Interno. Reflexões sobre o Regimes Tributário***. Centro de Estudos Fiscais: Lisboa, 1998.

—.**Estudos de IVA II.** Almedina: Coimbra, 2012. PATRÍCIO, Raquel de Caria. Estudos de Área: América Latina – Uma Visão da América Latina. Instituto Superior de Ciências Sociais e Políticas: 2012.

PEREIRA, Gil Fernandes. ***O IVA nas Operações Internas e Intracomunitárias***. Edição do Autor.

PEREIRA, Manuel Joaquim. Impacto do IVA nas Regiões Froteiras da União Europeia Edição do Autor, Bragança, 2019.

Pesquisas Tributárias Nova Série – 7. ***Tributação na Internet***. Coordenador: Ives Gandra da Silva Martins. Ed. Centro de Extensão Universitária e Ed. Revista dos Tribunais. Ano: 2001, São Paulo.

PHILIPP, Caroline / RÜTH, Henning H., ***Umsatzsteuer – Grenzüberschreitende Leistungen in der Praxis.*** **Steuerpraxis**: 2008.

PINHEIRO, Gabriela. ***A Fiscalidade Directa na União Europeia***. Porto: Universidade Católica Portuguesa, 1998.

PINTO, José Alberto Pinheiro. ***O IVA e o Novo Regime Contabilista-Fiscal da***

Locação Financeira. Trimestrário da Cultura Económica. Revista de Contabilidade e Comércio. N. 201. V. LI, Maio de 1994.

Pereira, Caio Mário da Silva. ***Instituições de Direito Civil*. Vol. II. Teoria Geral das Obrigações**. Atualizador: Luiz Roldão de Freitas Gomes. Editora Forense: Rio de Janeiro, 2003.

Philippe, Jean-Jacques. ***La TVA à l'heure Européenne***. Litec: Paris, 1996.

Portale, Renato. **Imposta sul Valore Aggiunto**. Il Sole 24 ORE, Milano: 2008

—.***Instituições de Direito Civil***. Vol. III. Contratos. Atualizador: Regis Fichtner. Editora Forense: Rio de Janeiro, 2003.

Porto, Manuel Carlos Lopes. ***Teoria da Integração e Políticas Comunitárias***. 3ª Ed. Almedina, 2001.

—.***Portugal, O Uruguai Round e a União Europeia***. Grupo LDR (PSD), 1994.

Prates, Manuel. ***A Localização das Prestações de Serviços no IVA e nos Seguros***. Ano 2. N. 25. Fisco, Novembro de 1990.

Ranse, Jean. ***Les Rélations Extérieures de la Communauté Économique Europlénne***. Paris : Cuja.

Reforma Tributária & Mercosul / Instituição do IVA no Direito Tributário Brasileiro. Organizador: Ubaldo Cesar Baltarzar. Editora Del Rey: Belo Horizonte, 1999.

Revista de Contabilidade e Comércio. Nº 231/Vol. LVIII.

Revista LatinoAmerica de Derecho Tributario. Marcial Pons, ediciones jurídicas y sociales, S. A ., Madrid, 1996.

Rito Lousa, Maria dos Prazeres. ***Aspectos Gerais Imposto sobre Valor Acrescentado (IVA)***. Revista de Contabilidade e Comércio – Outubro de 1984.

Rosa Jr., Luiz Emydio F.. ***Manual de Direito Financeiro & Direito Tributário***. 10ª Edição. Renovar: Rio de Janeiro, 1995.

Rosas, Roberto. ***Direito Sumular***. 9ª Edição. Malheiros: São Paulo, 1998.

Rose, Gerd. ***Umsatzsteuer – mit Grunderwerbsteuer und Kleineren Verkehrsteuern***. Erich Schmidt Verlag, 2006.

Russo, Pasquale. ***Manuale di Diritto Tributario***. Seconda Edizione. Milano – Dett. A. Giuffrè Editore, 1996.

Santos, António Carlos dos e Alexandre, Márcio Alberto. ***O IVA Comunitário na Encruzilhada: rumo a um novo sistema comum***. Ciência e Técnica Fiscal. Nº 397, Janeiro – Março de 2000.

Santos, J. Albano. **Teoria Fiscal. Instituto Superior de Ciências Sociais e Políticas:** Lisboa, 2013.

Sarmento, Joaquim Miranda e Marques, Paulo. **IVA – Problemas Actuais**. Coimbra Editora: Coimbra, 2014.

Scherer, Matthew U. REGULATING ARTIFICIAL INTELLIGENCE SYSTEMS: RISKS, **CHALLENGES, COMPETENCIES, AND STRATEGIES.** Harvard Journal of Law & Technology Volume 29, Number 2 Spring 2016.

Schoueri, Luís Eduardo. Direito Tributário. Editora Saraiva: São Paulo, 2011.

Seixas Filho, Aurélio Pitanga. ***Princípios Fundamentais do Direito Administrativo Tributário***. 2ª Edição. Forense: Rio de Janeiro, 2000.

Schenk, Alan and Oldman, Oliver. **Value Added Tax**. Cambridge Tax Law Series: 2007.

Schenk, Alan. Value Added Tax – **A Model Statute and Commentary (A Report of the Committee on Value Added Tax of American Bar Association Section of Taxation.** American Bar Association Section of Taxation: 1989.

Silva, Carlos e Gomes, Elisabete. ***Manual Prática Lidel IVA/RITI***. Lidel: Lisboa-Porto-Coimbra.

SILVA, Fernando Castro. ***Direito Real de Habitação*** *Periódica*. Ano 2. Mensal 27. Fisco, Janeiro de 1991.

SILVA, José Afonso da. ***Aplicabilidade das Normas Constitucionais***. 3ª Edição. Malheiros: São Paulo, 1998.

SILVA JUNIOR, Ronaldo Lemos da. ***Perspectiva de Regulamentação da Internet no Brasil – uma análise social e de direito comparado*****. Comércio Eletrônico**. Org. Ronaldo Lemos da Silva Jr. e Ivo Waisberg, RT, 2001.

SOARES DE MELO, José Eduardo. ***O Imposto sobre Produtos Industrializados (IPI) na Constituição de 1988.*** Ed. Revista dos Tribunais, São Paulo: 1991.

SOUSA, Rubens Gomes de. ***Compêndio de Legislação Tributária.*** **Editora Resenha Tributária** São Paulo: São Paulo, 1981.

SPRANGIN, Verônica. *Imposto sobre Serviço –* ***As sociedades profissionais e a LC 116/2003.*** Revista Tributária e de Finanças Públicas. Ano: 11, Nº 52/ Set. – Out. 2003, SP/RJ.

SUNDFIELD, Carlos Ari. *Fundamentos de Direito Público*. Malheiros: São Paulo, 1998.

Temas de Integração. 1º Volume, 2º Semestre de 1996.

Teoria dos Direitos Fundamentais. Organizador: Ricardo Lobo Torres. Renovar: Rio de Janeiro, 1999.

TERRA, Ben e WATTEL, Peter. ***European Tax Law***. Kluwer Law International – Lodon- Boston- The Hague, 1997.

The World Bank Economic Review. Vol. 16, 2002, number 1, Oxford. THURONYI, Victor. Comparative Tax Law. Kluver Law: London/New York, 2003.

TIPKE, Klaus e YAMASHITA, Douglas. ***Justiça Fiscal e Princípio da Capacidade Contributiva***. Malheiros: São Paulo, 2002.

TIPKE, Klaus e LANG, Joachim. **Direito Tributário (Steuerrecht).** Traduzido por Luiz Dória Furquim. Volume I Sergio Antonio Fabris Editor: Porto Alegre, 2008.

TÔRRES, Heleno. *Direito* ***Tributário Internacional (Planejamento Tributário e Operações Transnacionais).*** Revista dos Tribunais, São Paulo: 2001.

TORRES, Ricardo Lobo. ***Sistemas Constitucionais Tributários***. Tratado de Direito Tributário Brasileiro. Forense, Rio de Janeiro: 1986.

—.***Normas de Interpretação e Integração do Direito Tributário.*** Ed. Forense: Rio de Janeiro, 1991.

—.***Curso de Direito Financeiro e Tributário***. 3ª Edição. Ed. Renovar: Rio de Janeiro, 1996.

—.***Direitos Humanos e Tributação nos Países Latinos.*** Arquivos de Direitos Humanos. Diretor: Celso Albuquerque de Mello. Vol. 3. Renovar: Rio de Janeiro/ São Paulo, 2000.

—.***A idéia de liberdade no Estado patrimonial e no Estado Fiscal***. Renovar: Rio de Janeiro, 2001.

—.***O Orçamento na Constituição***. Renovar: Rio de Janeiro, 1995.

Trattato di diritto tributario. Diretto da Andrea Amatucci. IV Volume. I Tributi in Italia.

Tributação Brasileira em Evolução – Estudos em Homenagem ao Professor Alcides Jorge Costa. Editora IASP: São Paulo, 2015.

Tributação do Comércio Electrónico: Uma perspectiva Jurídico-Fiscal. Julho – Setembro – 2001 – nº 403.

Tributação na Internet. Organizador: Ives Gandra da Silva Martins. Centro de Extensão Universitária e Revista dos Tribunais. Pesquisas Tributárias Nova Série: 7.

Tributação no Mercosul. Coordenador: Ives Gandra da Silva Martins. 2ª Edição. Centro de Extensão Universitária e Revista dos Tribunais: São Paulo, 2002.

Tributação sobre consumo, vendas e uso no comércio eletrônico. Org. Ronaldo Lemos da Silva Junior e Ivo Waisberg. RT – 2001.

UCKMAR, Victor. ***Princípios comuns de direito constitucional tributário***. Tradução de Marco Aurélio Greco. Editora Revista dos Tribunais: São Paulo, 1976.

UCKMAR, Victor. **Curso de Derecho Tributario Internacional**. Tomo II. Temis: Bogotá – Colombia, 2003.

VILLEMOT, Dominique. ***La TVA européenne – les régimes de TVA applicables aux échanges avec les autres Etats membres de la CEE.*** Gestion puf, 1996.

VELLOSO, Carlos Mário da Silva. ***Temas de Direito Público***. 1ª Edição. Editora Del Rey: Belo Horizonte, 1997.

VILLEN NETO, Horácio. ***A Incidência do ICMS na Atividade Praticada pelas Concessionárias de Transmissão e Distribuição de Energia Elétrica***. RET nº 32 – Jul.-Ag./2003 – Doutrina. Ed. IET – Inst. de Estudos Tributários Síntese.

Vinte Anos de Imposto sobre o Valor Acrescentado em Portugal: **Jornadas Fiscais em Homenagem ao Professor José Guilherme Xavier de Basto.** Alindo Correia, Antônio Carlos dos Santos, Clotilde Celorico Palma, Paulo de Pitta e Cunha, Miguel Poiares Maduro, Antônio Frada de Sousa, Mário Alberto Alexandre, José C. Gomes Santos, Miguel Silva Pinto, Alexandra Martins. Almedina: Coimbra, 2008.

VÖLKEL, Dieter/KARG, Helmut. ***Umsatzsteuer.*** Shäffer-Poeschel Verlag Stuttugart, 2007.

World Trade Organization. WT/GC/208/Rev.1 G/AG/30/Rev.1 14 May **2020 (20-3595)** Page: ½. RESPONDING TO THE COVID-19 PANDEMIC WITH OPEN AND PREDICTABLE TRADE IN AGRICULTURAL AND FOOD PRODUCTS. STATEMENT FROM: AUSTRALIA; BRAZIL; CANADA; CHILE; COLOMBIA; COSTA RICA; ECUADOR; EUROPEAN UNION; GEORGIA; HONG KONG, CHINA; JAPAN; REPUBLIC OF KOREA; MALAWI; MALAYSIA; MEXICO; NEW ZEALAND; PARAGUAY; PERU; QATAR; KINGDOM OF SAUDI ARABIA; SINGAPORE; SWITZERLAND; THE SEPARATE CUSTOMS TERRITORY OF TAIWAN, PENGHU, KINMEN AND MATSU; UKRAINE; UNITED ARAB EMIRATES; UNITED KINGDOM; UNITED STATES; AND URUGUAY.

World Trade Organization. EXPORT PROHIBITIONS AND RESTRICTIONS. INFORMATION NOTE. 23 April 2020 Page: 1/17.

XAVIER DE BASTO, J. . ***Perpectivas de Evolução do Imposto sobre Valor Acrescentado em Portugal***. Coimbra, 1987.

XAVIER, Alberto. ***Direito Tributário Internacional.*** 5ª Edição. Editora Forense: Rio de Janeiro, 1998.

XAVIER DE BASTO, José G. ***A tributação do Consumo e a sua Coordenação Internacional***. Partes I e II. Boletim Ciências e Técnica Fiscal, nº 361.

ZIMMERMANN, Augusto. **Curso de Direito Constitucional**. Lumen Juris: Rio de Janeiro, 2003.